围棋与国家系列丛书

林建超 著

围棋与哲学

中国财经出版传媒集团
经济科学出版社

图书在版编目（CIP）数据

围棋与哲学 / 林建超著．—北京：经济科学出版社，2017.12（2018.8重印）

ISBN 978-7-5141-8860-8

Ⅰ．①围… Ⅱ．①林… Ⅲ．①围棋 - 哲学

Ⅳ．① G891.3

中国版本图书馆CIP 数据核字（2017）第 320441 号

项目策划：龚　勋　杨　戎
责任编辑：龚　勋　李　喆
特约编辑：杨　诚
责任印制：王世伟

围棋与哲学

林建超　著

经济科学出版社出版、发行　新华书店经销

社址：北京市海淀区阜成路甲 28 号　邮编：100142

总编部电话：010-88191217　发行部电话：010-88191522

网址：www.esp.com.cn

电子邮箱：esp@esp.com.cn

天猫网店：经济科学出版社旗舰店

网址：http://jjkxcbs.tmall.com

北京新华印刷有限公司印装

787×1092　16 开　20.25 印张　190000 字

2017 年 12 月第 1 版　2018 年 8 月第 2 次印刷

ISBN 978-7-5141-8860-8　定价：58.00 元

（图书出现印装问题，本社负责调换。电话：010-88191510）

（版权所有 侵权必究 举报电话：010-88191586

电子邮箱：dbts@esp.com.cn）

《围棋与国家》系列丛书

作　　者：林建超
项目推荐：王汝南　林　泰
编审指导：罗超毅　聂卫平　华以刚　刘思明　杨俊安
　　　　　刘明晖　陈祖源　何云波　周　刚
项目策划：龚　勋　杨　戎
编写协助：袁巍伟　张振华　李　莉　张大勇　燕十三
　　　　　杨　诚　刘宝东　李　喆　刘知青　刘莲英
　　　　　左　兴

作者简介

　　林建超，作为长期在战略机关工作的将军，同时也是中国围棋文化公认的领军人物，中国围棋事业的参与者、支持者、组织者。

　　生于1952年11月。祖籍陕西大荔，出生湖北汉口，成长首都北京。1955年至1966年，受教、就读于军委保育院、北京十一学校。1968年参加中国人民解放军，1971年加入中国共产党，1979年参加边境自卫还击作战并立战功。在野战部队14年，从战士至正营。参战后入军事院校学习，大学学历。1984年调入总参谋部工作，1994年任总参谋部政治部宣传部部长，1998年任总参谋部政治部副主任，2000年晋升少将军衔，2001年至2011年任总参谋部办公厅主任，正军职，同时为总参谋部党委委员。党的十七大代表，国防大学特聘教授、研究生导师，军队战略规划咨询委员会委员。2012年12月退休。

　　从少年时起即热爱围棋。11岁学棋，入伍后在艰苦条件下自制围棋与战友对弈，曾被中央电视台报道。1994年获授围棋5段。公憩偶暇弈棋可通宵达旦，翌日正常工作。积极参与、支持和推动中国围棋事业发展。对围棋有深刻见解并作出多方面贡献。从事围棋文化研究近20年，撰写、发表重要围棋文论50余篇，包括《将军棋谋》《思维制胜》《围棋与国家》《围棋与战略》《中国围棋的战略》《围棋申遗研究报告》《围棋思维与海洋战略博弈》《从围棋思维解读习主席治国理政思想》《围棋人机大战对指挥决策智能化的挑战与抉择》《从"围棋脑"到"指挥脑"的跃升》《兵棋·兵圣·兵经》《围棋与当代世界》《围棋的战略智慧与改革》《围棋市场化运营的特殊规律》《围棋大数据研究》《围棋与工匠精神》《智能围棋时代的文化解读》《新时代中国围棋文化之路》，等等。其中，《围棋与国家》入选2012年全国高考语文试卷，并获中国围棋年度大奖文化奖。关于围棋人机大战与指挥决策智能化的研究受到中央、军委有关领导重视，获2016年度军事科研成果奖。其余均在业界乃至社会产生较大影响。从2013年起，主撰、主编国家出版基金项目《围棋与国家》系列丛书，十部360万字，为当代中国围棋文化理论奠基之作。筹划组织中国围棋反击"韩流"的重要步骤——国家围棋队首次军训；推介促动中国围棋队获CCTV"体坛风云人物"评委会大奖；参与筹划推进央视"谁是棋王"中国围棋民间争霸赛32界别全覆盖电视直播系列工程；论证提出中国围棋改革发展的战略目标和总体构想。先后为国家围棋队，中央、国家、军队机关，地方有关机构，大中小学，社会各界，以及各种重要围棋活动，作围棋文化理论和实践发展问题的主旨讲话、学术报告、理论讲座、专题讲课200多场。

先后兼任第七、第八届中国围棋协会副主席，第九届中国围棋协会副主席兼围棋文化委员会主任。经中央军委政治工作部、中央军委联合参谋部批准同意，国家体育总局批准，2017年12月中国围棋协会换届会议选举，出任第十届中国围棋协会主席。

《围棋与国家》系列丛书
前 言

一

  《围棋与国家》系列丛书为首个围棋主题的国家出版基金项目。这部丛书是第一次从围棋与国家相互关系的高度进行全方位系统研究的系列专著；是从围棋思维角度学习理解习近平新时代中国特色社会主义思想包括治国理政新理念新思想新战略的研究探索；是把围棋置于中华文化大系的整体背景下进行定位性研究的宝贵尝试；是把围棋文化与哲学文化、政治文化、历史文化、战略文化、才艺文化、宗教文化以及人生感悟，等等，结合起来进行综合研究的创新成果；是对围棋发展本身所涉及的一系列根本性问题，包括起源、特质、内涵、功能、价值、地位、思维、形态、传播、沿革、衍生等进行深入诠释与解答的理论教科书；是以当代文化视野为背景，全面梳理古今浩瀚围棋史料的集大成实用平台；也是以21世纪科技发展带来的冲击性影响为参照，对围棋竞技与文化发展进行前瞻式分析展望的思想窗口。可以说，《围棋与国家》系列丛书，构建了当代围棋理论崭新、独特的学术体系，为围棋文化的创新发展奠定了重要基础。《围棋与国家》系列的问世不是偶然的。

她是时代的产物，是实现中华民族伟大复兴的中国梦在围棋领域的必然响应，是揭示围棋数千年发展客观规律的理论探索，是当代蓬勃发展的围棋实践在思想认识上的再现与升华，是满足社会特别是广大围棋爱好者对于围棋文化迫切需求的回馈工程；同时，也是当代中国围棋界集体智慧的结晶。

二

围棋在当代中国是一件大事情。中国围棋的发展正际临盛世强国到来的大背景、大趋势。新时代我国社会主要矛盾已经转化为人民日益增长的美好生活需要和不平衡不充分的发展之间的矛盾。美好生活需要由很多内容组成，能使数千万爱好者愉悦、快乐、受益的围棋也是内容之一。以习近平同志为核心的党中央大力倡导弘扬传承中华民族优秀传统文化，而围棋在其中占有特殊的位置。古代"四艺""六艺""八雅"，都离不开围棋。从一定意义上说，围棋是特殊形态的"国学"，是树立中华民族文化自信的一项重要内容和精神支撑。喜爱围棋是我党我军领导层从革命战争时期就形成并传承至今的优良传统，是党领导人民创造的革命文化的一个组成部分。从毛泽东到习近平，党的主要领导人都下围棋并有重要论述。党政军许多高级领导干部喜爱围棋，是新中国成立后，推动当时社会上已经濒于衰亡的围棋重新走上振兴之路的主要力量和基础。在当代中国，围棋是一项为国家争得巨大荣誉的智力竞技运动。30余年前，以中日围棋擂台赛的胜利为标志，新中国围棋获得了新生，不仅彻底改写了当代围棋的走向，而且为叫响"振兴中华"的口号立下了汗马之功。进入21世纪，中国围棋创造了新的辉煌。从2008年到2017年的10年中，共产生围棋世界冠军44个，中国夺得其中的29个；从2013年到2017年的5年中，共产生围棋世界冠军21个，中国夺得其中的18个。特别是2013年中国包揽当年举行的所有6项世界围棋大赛的个人冠军，标志着中国围棋已经重回世界围棋的巅峰。围棋最重要的是为"两家"，即国家和大家。在当代中国，围棋是给广大人民群众带来精神快乐和心理愉悦的智力活动，具有广泛的群众基础。当代围棋的发展体现了以人民为中心，以快乐围棋、大众围棋为基础来推动和普及。围棋作为中国的国粹，是中华文明和智慧的结晶，凝聚了民族的思维特征和精神特质，是提升民族整体思维素质，特别是提高青少年智力水平与心理品质的特殊教育模式。围棋已经成为国家智力形态的重要内容，在国民生活的各个领域衍生和延伸，围棋智慧中的哲学思维、战略文化和治国之道，与当今党和国家治国理政的思路和举措内在相通。围棋是整个中华民族大家庭共同的精神财富，不仅是在汉族地区，而且在其他民族地区包括西藏、新疆、内蒙古、宁夏等地早有传播。在宝岛台湾也一直有围棋的传承，特别是近些年来，两岸围棋和围棋文化交流更加密切，实显我中华民族融合、兴盛的运势。围棋作为中华民族对人类文明和世界文化的重要贡献，成为国家"软实力"的有机组成部分，是世界人民认知中华文化的窗口，是世界各国和平外交的桥梁，是大国战略博弈的平台。当代人工智能围棋迅猛发展，新的围棋智能时代已经开启，在这个过程中，中国将成为最大的受益者，并终将成为这台大戏的主角。当代围棋的发展，凸显了围棋在国家文化建设中的价值、功能和地位，迫切需要拓宽视野、提高境界，把思想认识上升到国家层面来看待和研究围棋。

三

围棋史上新的文化高峰期正在来临。围棋从诞生之日起，就是竞技与文化的统一体。中国古代围棋文化的博大精深和浩瀚繁荣，达到了今人难以想象的程度。在系统研究整理的过程中，往往令人掩卷称绝，叹为观止。近代以来，棋运随国运沉浮，围棋文化也一度陷于萧寂。新中国的成立，改革开放的兴起，特别是实现中华民族伟大复兴中国梦的实践，使际临盛世强国的中国围棋及其文化走向了全面振兴。在新时代，推动社会主义文化繁荣兴盛，也包括围棋文化的繁荣兴盛。对于围棋文化复兴发展的历史机遇以及围棋史上新文化高峰期的到来，习近平总书记早有洞见，并做出重要指示："围棋文化要进一步提高运作水平，开展一些有影响的活动。"[1] 这具有行动指南的意义。围棋是思想性、文化性、艺术性最高的智力竞技运动。在围棋竞技高度发展的今天，围棋文化在曾经辉煌过的基础上再度出现复兴和高潮，这既是一种回归与宿命，更是一种发现和飞跃。人们在充分享受围棋竞技带来的快乐和愉悦的同时，也在重新深入思考着围棋文化的本质与功能，感受着围棋史上新文化高峰期到来的震撼。新时代围棋文化由三个方面的基因组合构成，即传统文化基因、红色文化基因和时代文化基

---

[1] 《全面贯彻落实党的十六届四中全会精神，推动欠发达地区经济社会加快发展——习近平同志在衢州调研时的讲话》，载中共衢州市委办公室通报 2004 年第 70 期。

因。在当代中国，围棋文化作为围棋本身所具有的思想艺术内涵和精神成果，日益被社会所重视和关注；围棋竞赛活动与围棋文化活动融合举办成为新的时尚；更多的人在喜爱和享受围棋竞技的同时，崇尚和欣赏围棋文化；围棋文化研究的新成果不断涌现，围棋文化研究正在向前所未有的高度和深度发展。当前，无论是从思想认识、理论阐述还是推进举措上，围棋文化建设特别是文化理论研究，都面临新的形势、新的目标、新的需求。实践的发展，呼唤和期待具有更深层次、更高立意，更具代表性、权威性和体系性的扛鼎之作。

四

围棋文化研究的核心是价值研究，而围棋价值的最高境界表现为国家和民族意识。围棋是高度个性化的智力活动，但从事围棋的人都是社会的人，都是在国家属性和范畴内存在和生活的人。正所谓围棋没有国界，棋手有祖国。认识围棋的价值不能只从个人情趣、需求出发，而必须着眼相关的国家、民族文化属性。正确解释围棋价值关键在哲学思维。围棋的哲学体系包含宇宙论、认识论、方法论、审美论、道德论和价值论，围棋的价值研究是围棋文化论研究的本原和终极课题。围棋在本质上是一种思维博弈游戏和工具，围棋的原生价值直接与它的博弈本质相关联。博弈和竞技是围棋的表层价值，围棋具有更深层的文化战略价值。围棋与不同领域的思想内容相结合呈现出多样的价值形态，而围棋价值的多样化反映了文明升华的历史进程。围棋既是中华文明发展历程的亲历者，又与国家、民族文化主体具有高度的一致性，使得围棋在发展过程中凝结了中国文化的精华，成为中国文化的经典形式，围棋价值上升为国家和民族意识。在当代，围棋以里程碑的形式与人工智能相结合，而目前的智能围棋仍然遵循人类的规则和价值体系，从根本上说仍然是人类智慧的产物和延伸，如何让智能围棋更好地服务于人类、更好地凸显围棋文化的价值，是智能围棋时代的重要课题和发展方向。围棋的价值地位，反映的并不仅仅是对围棋的认识，而是国家、民族的精神状态和文明程度，反映和测度了整个民族的心态状况、理性水准、智力渴望、包容程度和文明追求。围棋的价值认识，是伴随着民族精神的成熟而发展前行的。正确认识围棋价值的出发点，应当是"国艺"价值观。围棋是国艺，围棋的价值与国家民族有深厚渊源，能够反映国家和民族的精神需求。"国运盛，棋运盛"，只有通过对围棋文化的研究和阐释，充分地发掘围棋的丰富价值，更好地对待围棋、享受围棋、发展围棋，才能让更多的人从围棋中受益，进而有益于国家社会，有益于人类文明的升华进步。

五

《围棋与国家》命题的产生始于 2011 年 6 月林建超将军在中国棋院给国家围棋队和围棋工作者所作的报告。这个报告，第一次明确、系统地提出了围棋与国家思想理论体系的基本观点，包括：围棋的价值在文明进步中深化和升华、围棋集中体现了中华民族的思维特征、围棋已成为国家智力形态的重要组成部分、围棋的命运与国家的命运紧紧相连、围棋承载着对国家民族的特殊责任。报告引起了强烈反响，各大媒体和网站争相连载。2011年7月1日《围棋天地》杂志特稿全文刊登；2011年8月至9月，《中国体育报》以8个专版全文刊发；2011年10月10日，根据国家体育总局领导指示，《中国体育报》以头版头条半版篇幅刊登对《围棋与国家》作者的专访；《新华文摘》等权威媒体以上万字篇幅刊登文章精要；2012年，《围棋与国家》入选全国高考语文试卷（山东卷）。在这期间，网上点击率和网友评论高达200余万次（条）。之后，林建超将军陆续发表了《围棋与战略》《围棋申遗研究报告》《围棋思维与海洋战略博弈》《从围棋思维解读习主席治国理政思想》《兵棋·兵圣·兵经》《从"围棋脑"到"指挥脑"的跃升》等几十篇力作，将围棋研究拓展到国家层面与战略视野进行深入系统探讨，正式提出当代中国围棋的战略目标是中国要重新成为世界围棋中心性大国，引起高度关注。林建超将军的创新性研究成果获得第二届"陈毅杯"中国围棋年度大奖首设的文化研究奖。中国财经出版传媒集团深刻理解《围棋与国家》的重大学术价值和社会意义，迅速筹划决策出版《围棋与国家》系列丛书。中国围棋协会王汝南主席和清华大学年秩八旬的林泰教授郑重推荐。该丛书于2015年成功入选国家出版基金项目。《围棋与国家》系列丛书是围棋界与文化界、出版界高效合作的成果，成为当代中国围棋文化史上的一道亮丽风景线。

六

《围棋与国家》系列丛书共十部，360万字。其中，《围棋与国家》《围棋与战略》《围棋与哲学》《围棋与文化》《围棋与人生》五部为文论原创作品，《弈史》《弈论》《弈诗》《弈画》《弈典》五部为史料文献作品。《围棋与国家》：是丛书的核心著作和主纲主线。从围棋与国家关系的角度，从围棋是中华民族思维标本的高度，从中国是世界围棋中心性大国的定位出发，系统阐述了围棋发源于中华文明母体、中国长期居于世界围棋之巅、围棋在国家民族的精神生活中占有特殊位置、围棋集中体现了中华民族的思维特征、围棋已成为国家智力形态的重要组成部分、围棋在国家文化软实力中的一席之地、围棋在国民生活各个领域的衍生与延伸、围棋的命运与国家的命运紧紧相连、围棋承载着对国家民族的特殊责任、大数据和智能化时代中国围棋的发展等，涉及围棋产生、发展的根本性问题。该书立意高远、逻辑严密、分析精辟、创新开拓，是当代围棋文化研究的领军之作。《围棋与战略》：用战略的眼光看围棋，从围棋的角度讲战略，围绕围棋的战略特质与属性、围棋战略思想的来源、围棋战略理论的发展、传统和最新的围棋战略理念、围棋的战略体系与谋略元素、围棋战略思维的影响与延伸，以及围棋人机大战的战略思考等内容，深刻阐述了21世纪围棋战略思想、战略艺术和战略素养的根本性问题。《围棋与哲学》：首次构建了围棋哲学体系。围棋的数千载传承和超越国界的全球风靡，不仅仅是因为其自身的无穷魅力，更重要的是围棋蕴含着中国传统哲学宇宙论、认识论和方法论的精华；西方哲学、日本的围棋哲学也在某些方面引领和帮助人们深化对围棋的认知。许多的"棋理"富含哲理，表现为对辩证法的高度理解，具有很强的普遍性，从而可以作用于各种事物。

这些围棋哲学思想的精华，充分体现了中华民族的思维品质与高度。《围棋与文化》：宣示了围棋史上新文化高峰期的到来。系统分析了围棋文化的本质与功能，围棋文化的历史演进，围棋文化与其他文化形态的关系，围棋文化的体系结构、主要载体及其表现形式，提出围棋申遗的历史任务和战略对策，做出了智能围棋时代的文化解读。《围棋与人生》：全书分为真谛篇、品性篇、智慧篇、阅历篇、修养篇和情趣篇，深入探讨围棋与人生境界的广泛话题，从围棋棋理与人生哲理诗意的融合，漫谈和围棋相关的种种人生况味，既神游局内，又出乎局外，超越于棋枰之上，悠游于人生之天地胜境。《弈史》：从浩如烟海的古籍文献中，辑录与围棋相关的史料分类汇编而成，分为综合编、人物编、事例编、文化编、著述编五部分，所收史料之广泛丰富，梳分之合理适用，为现有出版物中所罕见。《弈论》：专注于围棋历史和思想文论的汇集，按照体裁分为五编：言论、辞赋、文论、序跋、传记。各编之内以时代为序，依次排列，共收录围棋文论620余篇（条）。其时代范围，上起先秦，下迄民国。所收数量为迄今同类书籍之最。《弈诗》：古往今来，弈人好诗，诗人好弈。所选弈诗依朝代而分，按作者生年先后排序。上起两汉，下迄晚清，跨越两千余年，总计收录诗家758人，诗作3600余首。重在存诗，对作者、出处作简要介绍。所收数量，为迄今同类书籍之最。《弈画》：收录以围棋为题材的画作180余幅，按先唐、唐代、五代、辽代、宋代、金代、元代、明代、清代、民国，共分为十编。所收数量，为迄今同类出版物之最。《弈典》：选录三国魏晋至今两千年中的100局围棋谱成书。以中国棋手对局为主，日韩经典名局为辅，加入最新人机大战棋谱。其中，前20局为古代、近代棋谱，后80局为现当代棋谱。中国棋手对局70局，外国棋手30局。遴选原则侧重于棋局的代表性、典型性，考虑其对围棋历史进程、对当时棋界更替变迁的影响，兼及棋谱内容的精彩程度等因素，力图真实还原历史，凸显围棋精神流脉。

七

《围棋与国家》系列丛书既是一个重大的文化出版工程，也是当代中国围棋文化研究的重量级作品，得到了各方的重视与支持。中央党政军机关和省市区有关领导给予了很大的关注和帮助；国家体育总局、棋牌运动管理中心、中国围棋协会等行业领导机构给予了大力支持；各新闻媒体和网站长期跟进报道；围棋文化研究领域的专家学者们给予了重要的指导、教正；有关机构和相关人士提供了多方面的帮助，如敦煌研究院专门授权本书使用相关资料，侨居海外的前围棋国手寄来了当年的重要信函；欧洲围棋协会、美国围棋协会、日本棋院、韩国棋院领导多次表示期待早日读到《围棋与国家》的外文版。整个编写团队团结一心、夜以继日、刻苦工作，保证了全书编创的进度与质量。中国财经出版传媒集团精心组织《围棋与国家》申报国家出版基金，成为首个获得国家出版基金资助的围棋专项研究项目。可以说，《围棋与国家》的问世，是时代的产物；《围棋与国家》的出版，是集体智慧的结晶，是围棋界、出版界与各界共同合作的成果。

伴随新时代的到来，《围棋与国家》生逢其时。

导 语

一

围棋的灵魂在哲学。总体上说，围棋博弈规律和文化特质最高层次的表现，是哲学的表现。具体地说，对围棋思维最准确的诠释是哲学诠释，对围棋价值最深刻的认识是哲学认识，对围棋智慧最真切的感悟是哲学感悟，对围棋之道最通透的理解是哲学理解。围棋的神奇与深奥源于其深邃的哲学精神与丰富的文化内涵。围棋的哲学体系包含宇宙论、认识论、方法论、审美论、道德论和价值论等多个方面。认识围棋、学习围棋和理解围棋，初级阶段是从娱乐情趣、个体需求和竞技方法出发；而到高级阶段则须着眼于整个中华民族的文化和哲学，从文化和哲学的高度来认识、学习和理解围棋。

二

对围棋魅力的透彻认识靠哲学。在当今中国，各个领域的认识和研究都离不开哲学。恩格斯说："一个民族要想站在科学的最高峰，就一刻也不能没有理论思维。"[①] 习近平总书记

---
① 《马克思恩格斯选集》第三卷，人民出版社2012年版，第476页。

指出："哲学社会科学是人们认识世界、改造世界的重要工具，是推动历史发展和社会进步的重要力量，其发展水平反映了一个民族的思维能力、精神品格、文明素质，体现了一个国家的综合国力和国际竞争力。"[①] 围棋的数千载传承和超越国界的全球风靡，不仅仅是因为其自身的无穷魅力，更重要的是围棋蕴含了中国传统哲学的宇宙论、认识论和方法论；印证了欧洲古典哲学的基本理念、方法和范畴；同时在一定程度上表现了日本古代、近代文化及其哲学精神的转型和发展。围棋哲学思想的精华，充分展示和体现了中华民族的思维能力、精神品格及文明高度。

三

围棋的哲学解读，从根本上说是围棋博弈价值、规律的辩证阐释，而不是简单的意识形态宣示。围棋本身并无意识形态特征，从哲学的角度研究围棋，并不是，也不可能给围棋添加意识形态色彩。但是，任何与人和社会相关联的文化现象与文化课题，都不可避免的会有哲学的介入，都无法离开哲学的指引，围棋文化研究也不例外。围棋与哲学的交集，主要集中在围棋博弈本身所包含的本体论、认识论、方法论的内容中，体现在与围棋文化密不可分的世界观、人生观、价值观的特征上。这是围棋与哲学研究所特有的规定性。

[①]《习近平关于社会主义文化建设论述摘编》，中央文献出版社2017年版，第70页。

四

围棋哲学的本质是下围棋的人所进行的哲学思考和所具有的哲学理念。围棋本身并没有脱离博弈实践和弈法之外的、独立存在的哲学观念或体系。围棋的哲学思想，归根到底是具有不同哲学观念、哲学思维的人，通过对弈体验与对弈实践，不断感悟、总结和提升出来的哲理解读，是对围棋最本质、最深刻、最丰富的理解和认识。一方面，具有不同哲学观念和倾向的弈者，通过围棋所获得的哲学认知往往是不同的，他们会赋予围棋不同的哲学理念和哲学精神。另一方面，围棋以其自身的无限魅力，吸引着秉持不同哲学立场和理念的弈者，借助围棋来展示哲学思维，寄身围棋以寻求哲学共鸣。所以，围棋能带给弈者丰富多样的哲学感受、慰藉与指引。围棋的哲学思想和体系，正是在人与围棋这种双向需求、双向互动的过程中形成和建构起来的。

五

围棋哲学体系的建构是学术研究升华的必然趋势与客观要求。理论体系的构建是一个复杂的系统工程和探索工程。本书站在哲学的高度，坚持马克思主义哲学的基本立场，贯彻辩证唯物主义和历史唯物主义的基本原则，围绕围棋特有的哲学现象和特征，采取从个性到共性、从具体到抽象、从现象到规律的分析方法和认识路径，进行了系统化的创新研究和体系构建。从学术的角度看，《围棋与哲学》一书是首部关于围棋哲学的完整研究论纲。全书分为上、中、下三篇。上篇是对围棋哲学的思想溯源，从中国传统哲学、中国古代名著、欧洲古典哲学以及日本哲学精神等多个方面回顾了围棋哲学的形成背景、理论渊源和互证理念；中篇是对围棋哲学的体系构建，内容包括围棋哲学中的宇宙论、认识论、方法论、审美论、道德论、价值论；下篇则是对围棋哲学的时代思考，不仅论述和阐释了科技哲学、人生哲学、政治哲学在围棋哲学中的体现，而且探索和揭示了科技、人生、政治领域的重大突破、重大课题、重大决策对围棋哲学未来发展走向的影响。

目 录

《围棋与国家》系列丛书前言

导语

上篇 围棋的思想溯源

第一章 思想之源：中国传统哲学

第一节 易学：围棋图形本体的发端　　3
一 阴阳：知白守黑的棋原　　3
二 河洛：数算演化的棋式　　4
三 八卦：图形定式的棋语　　6
四 研几：高深莫测的棋艺　　7
五 五行：时空转合的棋理　　7
六 三易：无所不变的棋道　　8
七 生生：带生为先的棋旨　　9

第二节 儒家：围棋才艺德性的滋养　　10
一 弈之为数：儒家的六艺之属　　11
二 据德游艺：儒家的修德之方　　11

三　教化丹朱：儒家的养性之具　　　　　　　　　　13
　四　棋如其人：儒家的识人之器　　　　　　　　　　15

第三节　道家：围棋自然辩证的缘起　　　　　　　　20
　一　道法自然：围棋自然理念的生发　　　　　　　　21
　二　相辅相成：围棋辩证思想的贯通　　　　　　　　21
　三　逍遥物外：围棋人生态度的升华　　　　　　　　22
　四　坐隐方式：围棋玄学精神的物化　　　　　　　　23

第四节　佛家：围棋超然境界的追求　　　　　　　　24
　一　超然：围棋对弈中的出世精神　　　　　　　　　24
　二　境界：围棋对弈中的觉悟过程　　　　　　　　　27

第二章　经典之启：中国古代名著

第一节　群经之首——《周易》　　　　　　　　　　30
　一　棋局象易数　　　　　　　　　　　　　　　　　31
　二　棋子法阴阳　　　　　　　　　　　　　　　　　32
　三　棋之妙在变化　　　　　　　　　　　　　　　　33
　四　棋之神在知几　　　　　　　　　　　　　　　　34
　五　棋之用在时位　　　　　　　　　　　　　　　　35

第二节　儒家经典——《论语》《孟子》　　　　　　36
　一　《论语》对围棋的启示　　　　　　　　　　　　37
　二　《孟子》对围棋的启示　　　　　　　　　　　　40
　三　孔孟围棋之说的意义与影响　　　　　　　　　　44

第三节　道家经典——《老子》《庄子》　　　　　　45

一 《老子》对围棋的启示	46
二 《庄子》对围棋的启示	48
第四节 佛家经典——《金刚经》《坛经》	50
一 《金刚经》对围棋的启示	52
二 《坛经》对围棋的启示	54
第五节 兵家经典——《孙子》《鬼谷子》	56
一 《孙子》对围棋的启示	57
二 《鬼谷子》对围棋的启示	59

第三章 西方之证：欧洲古典哲学

第一节 西方自然哲学的观照	63
一 米利都学派视域内的围棋理念	64
二 艾菲斯学派视域内的围棋理念	66
第二节 西方形而上学的印证	67
一 毕达哥拉斯学派视域内的围棋理念	68
二 爱利亚学派视域内的围棋理念	71
第三节 西方哲人的围棋情缘	73
一 利玛窦：中国之旅与欧洲对围棋的初识	73
二 莱布尼兹：伟大成就与围棋理念密切相关	75
三 翟理斯：正确评介围棋的欧洲汉学家	78
四 科歇尔特：欧洲围棋的播种者	80
第四节 相通之证与本源之证	82
一 东西方文明之间的相通性	83

3

二　中华传统文化及其哲学的本源性　　　　　　　　　86

第四章　转型之领：日本哲学精神

第一节 围棋在日本的转型与哲学引领　　　　　　　90
一　由"求道"转入"竞技"　　　　　　　　　　　90
二　转型的哲学根源　　　　　　　　　　　　　　93
三　弈术交流是古代日本围棋提升的重要原因　　　96

第二节 武士道精神在御城棋中的体现　　　　　　　97
一　织田信长的生死荣辱——"三劫循环"　　　　98
二　铁骨铮铮的算悦——"棋道犹如武士道"　　　100
三　日本围棋史上的"喋血之战"　　　　　　　　101

第三节 日本的围棋革命与社会变革　　　　　　　　103
一　日本的围棋革命与"明治维新"　　　　　　　103
二　日本围棋革命的社会背景　　　　　　　　　　109
三　日本围棋从巅峰到低谷的哲学探本　　　　　　110

中篇　围棋的哲学体系

第五章　围棋中的宇宙论

第一节 本体论视角：气为本原　　　　　　　　　　115
一　棋子的生命性本原——气　　　　　　　　　　117
二　宇宙的本体性基质——气　　　　　　　　　　119

第二节 生成论视角：道统阴阳　　120
一 生成论的两种路径　　121
二 "道统阴阳"在围棋生成论中的实际体现　　123

第三节 模式论视角：法象天地　　124
一 围棋中包含的三种宇宙模式　　125
二 围棋中的天文星象　　129

第六章　围棋中的认识论

第一节 围棋的认知方式：逻辑思维　　137
一 围棋对弈中逻辑思维的本质及表现　　138
二 围棋对弈中逻辑思维的实证分析　　140

第二节 围棋的演绎方式：数算思维　　141
一 围棋数算思维的实质与价值　　142
二 围棋对弈中数算思维的综合运用　　145

第三节 围棋的表达方式：图形思维　　147
一 围棋的图形思维与中华传统文明重视图形思维和表达的特征高度一致　　147
二 围棋图形思维的核心是棋形　　149
三 围棋对弈中图形思维的具体表现　　151

第七章　围棋中的方法论

第一节 目的与手段范畴　　154

一　围棋方法论中的目的范畴　　　　　　　　154
　二　围棋方法论中的手段范畴　　　　　　　　157

第二节　价值与状态范畴　　　　　　　　　　　161
　一　围棋方法论中的价值范畴　　　　　　　　162
　二　围棋方法论中的状态范畴　　　　　　　　164

第三节　过程与结果范畴　　　　　　　　　　　168
　一　围棋方法论中的过程范畴　　　　　　　　168
　二　围棋方法论中的结果范畴　　　　　　　　169

第四节　时间与空间范畴　　　　　　　　　　　172
　一　围棋方法论中的时间范畴　　　　　　　　173
　二　围棋方法论中的空间范畴　　　　　　　　175

第八章　围棋中的审美论

第一节　围棋美感的本质　　　　　　　　　　　179
　一　棋具形状美　　　　　　　　　　　　　　180
　二　棋形结构美　　　　　　　　　　　　　　181
　三　内在逻辑美　　　　　　　　　　　　　　182
　四　行棋效率美　　　　　　　　　　　　　　182
　五　弈棋境界美　　　　　　　　　　　　　　183

第二节　围棋审美的标准　　　　　　　　　　　184
　一　围棋审美标准中的效率评价　　　　　　　185
　二　围棋审美标准中的价值取向　　　　　　　185

第三节　围棋美学的意义　　　　　　　　　　　186

一 围棋美学体现时代的属性	187
二 围棋美学展现民族的特性	188
三 围棋美学张扬弈者的个性	189

第九章 围棋中的道德论

第一节 围棋的道德品性	191
一 围棋之"仁"	192
二 围棋之"义"	193
三 围棋之"礼"	193
四 围棋之"智"	194
五 围棋之"信"	195
第二节 对弈的道德规范	196
一 遵守对弈的礼仪规范	196
二 恪守对弈之道	199
第三节 弈者的道德情操	201
一 节制	202
二 谦逊	203
三 忠义	203
四 守道	204

第十章 围棋中的价值论

| 第一节 围棋价值认识的视角演变 | 207 |

一　围棋价值认识的表述形式　　　　　　　　　　　207
二　围棋价值认识的主体态度　　　　　　　　　　　210
三　围棋价值认识的方法途径　　　　　　　　　　　213

第二节　围棋价值地位确立的曲折进程　　　　　　214

一　围棋的价值和地位是在与各种掷彩博累活动的比较中
　　确立起来的　　　　　　　　　　　　　　　　　215
二　围棋的价值和地位是在与传统礼教观念斗争中确立起
　　来的　　　　　　　　　　　　　　　　　　　　216
三　围棋的价值和地位是从正反两方面的社会实践对比中
　　确立起来的　　　　　　　　　　　　　　　　　216

第三节　围棋价值功效论争的历史归宿　　　　　　217

一　论争的过程　　　　　　　　　　　　　　　　　217
二　论争的焦点　　　　　　　　　　　　　　　　　221
三　论争的结果　　　　　　　　　　　　　　　　　222

下篇　围棋的时代哲思

第十一章　围棋中的科技哲学

第一节　围棋：人工智能理论的重要目标和标尺　　229

一　人工智能围棋的发展引爆"思维革命"　　　　　230
二　围棋是人工智能理论的重要目标和标尺　　　　　233

第二节　围棋：建构拓扑结构理论的理想模型　　　241

一　围棋图形思维与拓扑结构理论的共同本质　　　　242

二 围棋图形定式是建构拓扑结构的理想模型　　**243**
第三节 围棋：阐释系统科学理论的最佳途径　　**244**
一 系统科学理论的核心观念　　245
二 围棋的大局观与系统科学理论整体观的对话　　246
三 动态平衡：围棋对弈与系统科学的共同追求　　247

第十二章　围棋中的人生哲学

第一节 积极入世的人生哲学　　**250**
一 围棋中的"修齐治平"　　250
二 围棋中的"三立"　　253
三 围棋中的圣贤观　　255
第二节 清净出世的人生哲学　　**257**
一 围棋中的"隐逸超然"　　258
二 围棋中的"梦幻泡影"　　259
第三节 待隐遁世的人生哲学　　**259**
一 围棋中的"待隐"之源　　260
二 围棋中的"忘忧清乐"　　261
第四节 围棋九品与人生四境　　**262**
一 棋之九品　　262
二 人生四境　　264

第十三章 围棋中的政治哲学

第一节 "弈之大义"饱含治国之方　　268
一　保民而王：保子与保民　　269
二　崇德谋势：德政与势治　　271
三　慎用攻伐：攻守兼备与杀伐有道　　273
四　围地而胜：从"围城"到"围天下"　　275

第二节 "弈之时义"启迪为政之道　　277
一　围棋中的自由模式　　277
二　围棋中的平等理念　　278
三　围棋中的效率意识　　279
四　围棋中的转换机制　　281
五　围棋中的共存状态　　282
六　围棋中的大局观念　　283
七　围棋中的以和为贵　　285
八　围棋中的创新精神　　286
九　围棋中的生态意识　　287
十　围棋中的法治精神　　288

上篇

围棋的思想溯源

第一章　思想之源：中国传统哲学

　　从整个人类文明史的高度俯瞰，任何理论、制度以及器物的发明和产生，都不是凭空而来，其背后都有深刻的思想根源。围棋作为中华五千年文明的独特象征、中华传统文化中最为精彩的"智力魔方"、民族文化的瑰宝以及高度智慧的结晶，之所以能够历经千载而传承至今，超越国界而风靡全球，不仅是因为其自身所具有的无穷魅力，更重要的是它背后所蕴示的思想根源——中国传统哲学。

　　中国传统哲学有两个基本特质：一是易学本源，即易学是中国传统哲学的本源和发端，中国传统哲学中最为重要的儒、道两家都源出于易学；二是三教合一，自东汉佛教传入之后，中国传统哲学便呈现出儒释道三教相互影响、相互融合、共同发展的趋势。围棋脱胎于中华文明的母体，必然带有中国传统哲学所赋予的深刻而显著的烙印。

第一章 思想之源：中国传统哲学

第一节 易学：围棋图形本体的发端

《四库全书总目提要》云："易道广大，无所不包，旁及天文、地理、乐律、兵法、韵学、算术，以逮方外之炉火，皆可援易以为说，而好易者又援以为易，故易说至繁。"① 易学是中国传统哲学的本源和发端，也是中华民族文化的"大道之源"。易学作为一门具有东方独特思维方式、集中华数千年文明智慧于一体、以探索天道人理变化规律为目的、以实现天人合一为旨归的学术体系，其中所包含的阴阳、河图洛书、八卦、研几、五行、三易、生生等思想，对围棋的图形本体理论具有深刻影响。

一 阴阳：知白守黑的棋原

阴阳是易学体系的核心概念，具有对立、互化和统一的特点。《周易·系辞上》云："一阴一阳之谓道。"《庄子·天下》也说："易以道阴阳。"在易学体系中，阴阳既是宇宙万物产生的本原，又是宇宙万物变化的根据，同时也是人类认识宇宙万物的基本法则。

围棋知白守黑，以阴阳为原型。东汉著名史学家班固的《弈旨》云："棋有黑白，阴阳分列。"② 同时代的著名文学家李

---

① 《四库全书总目提要·易类》，上海古籍出版社1987年版，第54页上。
② 陈伉编著：《围棋文化史料大全》，书海出版社2015年版，第313页。以下仅注书名和页码。

尤在《围棋铭》中也说："局为宪矩，棋法阴阳。道为经纬，方错列张。"[1] 成书于宋代的《棋经十三篇·论局》更是明确表示："枯棋三百六十，白黑相半，以法阴阳。"[2] 明代文人许毂的《石室仙机》解释得更为详细："白黑各一百八十。阳明而显，故白子；隐晦而暗，故黑子。是定阴阳之义也。"[3]

根据易学体系中的阴阳观念，处理好阴阳矛盾，把握好阴阳变化，必须合于道，而道的根本点是讲究阴阳平稳、阴阳相错、阴阳相抵，最终达到阴阳平衡。这些思想，都为以后围棋之道的形成，提供了重要的思想来源。

二 河洛：数算演化的棋式

河图洛书是中国古代流传下来的两幅神秘图案，历来被认为是河洛文化的起源，中国古代哲学思想的源头。由于认识程度的局限，很多人常将其神化为"宇宙魔方"。它可以教化民众认识自然，把握天地规律，获得生存技能。它包含了诸多未被人们理解的宇宙奥秘。只要明了这些黑白点的寓意，就可上知天文，下知地理，中通人事。1978年，著名数学家华罗庚在《我国古代数学成就之一瞥》一文中指出，河图洛书极有可能是我们地球文明和另一个星球交流的媒介[4]，可见河图洛书在中国乃至世界文化史上的地位。同时，也正是因为有了它，才有了阴阳、五行、八卦、天干地支，才有了道家学问、丹道之学。

---

[1] 《围棋文化史料大全》，第391页。
[2] 《围棋文化史料大全》，第372页。
[3] 刘善承主编：《中国围棋》，四川科学技术出版社1985年版，第161页。
[4] 华罗庚：《我国古代数学成就之一瞥》，载《文物》1978年第1期，第46页至第49页。

中国传统的医学、哲学、历法等,无一不是依傍河图洛书而建构起来的知识体系。目前,由河图洛书所生发出来的周易、八卦、五行等思想,对整个世界文化都产生了极大的影响。

河图洛书之名,始见于《尚书·顾命》,乃东序之秘宝,圣王之符瑞。相传,华夏文明的始祖伏羲根据河图洛书而创制八卦,因此《周易·系辞上》云:"河出图,洛出书,圣人则之。"①《河洛真数·河洛数序》云:"在昔上古,数隐无朕,肇自羲皇,盛德格天,龙马负图,神龟载书,因而画卦,易数始出,分别阴阳,辨方定位,奇属乎天,偶属乎地,布列于图,成变化,行鬼神,大而天地造化,小而事物细微,皆囿其中。"②由此,不难看出,河图洛书最本质、最直接的特征是数算、图形与方位。首先,河图洛书中的点数之间具有等差、等和的数算关系;其次,河图洛书中的点数由不同的图形表示;最后,河图洛书中的点数与图形也分别表示不同的方位。

河图洛书反映了中国古人高超的数算水平与抽象的时空观念,这深深地影响了围棋的数算表达与图形思维。因此,南宋著名哲学家陆九渊在思索围棋时,"忽悟曰,'此河图数也'"③。南宋大儒朱熹好围棋,曾经游历围棋名山烂柯山并作诗云:"局上闲争战,人间任是非。空叫禾樵客,烂柯不知归。" 由他在释《易》中首列河图,当为其人。清初国手黄龙士所编《弈括》的原序也说:"棋本太极,法象乎天地,统归于河图,有阴阳至德之臻,无微而不在是也。"④ 对河图定位极高。可见,围

---

① 《周易》,中华书局2006年版,第373页。
② 《河洛真数》,九州出版社2013年版,第1页。
③ 《鹤林玉露》,中华书局1983年版,第249页。
④ 《弈括》,甘肃文化出版社2004年版,第3页。

棋实际上就是博弈版、娱乐版的河图洛书。河图洛书与围棋之间有着密切的同源性关系。这种同源性关系主要表现在三个方面。其一，从直观形象上看，河图洛书与同样出现于河洛地区的结绳而治一样，与围棋的基本形制相似。其二，从数量计算上看，河图洛书都是以黑白点相互对应、穿插、平衡的计算结果来表现的，与围棋的子数、目数计算有相通之处。其三，河图洛书所表现的五行学说，与围棋的形制、弈理也有相合之处。

三 八卦：图形定式的棋语

八卦的形成源于河图洛书，是易学体系中由"阳爻"（—）和"阴爻"（--）排列组合而成的八种基本图形，也是世界上最早的符号表达系统。《周易·系辞上》云："易有太极，是生两仪。两仪生四象，四象生八卦。"八卦，即"乾"（☰）、"坤"（☷）、"震"（☳）、"巽"（☴）、"坎"（☵）、"离"（☲）、"艮"（☶）、"兑"（☱）。

易有八卦，八卦交替组合而成六十四卦。其中每一卦都是一个斗争变化的时空构架，实质上也是一种图形定式或图形表达。八卦以阴阳消长来表示和推测自然、社会的变化与规律。卦是画出来的，而围棋的棋格也称为"罫"，意思是格中摆卦。围棋以图形定式和图形表达作为自己的棋语，与八卦有着本质上的相似性。

四 研几：高深莫测的棋艺

研几，亦作"研机"，即穷究精微之理，洞察细微之变。《周易·系辞上》云："夫易，圣人所以极深而研几也。唯深也，故能通天下之志；唯几也，故能成天下之务；唯神也，故不疾而速，不行而至。"①

高深莫测的棋艺，同样需要研几；需要深谙棋道之中的精微之理，需要洞察棋枰之上的细微之变。对此，东汉隐士黄宪曾专门作《机论》来讨论"研机"在弈棋中的重要性。《棋经十三篇·洞微》云："此皆棋家之幽微也，不可不知也。"②这里的"洞微"，实际上也就是"研几"。明代棋论家董中行在《仙机武库·序》中，更是将"研几"定义为弈棋的最高境界。清代国手吴瑞徵在《官子谱·序》中也说："夫弈虽小技，具有至理。先哲拟之天道，合之兵机，非极深而研几者不足知也。"③

五 五行：时空转合的棋理

《尚书·洪范》云："五行：一曰水，二曰火，三曰木，四曰金，五曰土。"④这是现存文献典籍中关于"五行"的最早记载。战国时期的著名思想家邹衍，发展出了一套系统的五行学说。及至西汉经学大家刘歆，将五行学说纳入易学体系。

---

① 《十三经注疏·周易正义》，北京大学出版社1999年版，第285页。
② 《围棋文化史料大全》，第372页。
③ 《围棋文化史料大全》，第251页。
④ 《尚书》，中华书局2009年版，第128页。

易学体系中的五行观念，既是时空转合运动的重要机理，又是一种普通系统论的原始形态。首先，五行揭示和表达了宇宙万物的初始构成、基本属性、运动形式以及转化关系；其次，五行之间具有相生相克的互动关系；最后，五行与天干、地支、四季、时令以及地理方位之间都有密切的对应关系。

棋理源自易理。易理对于时间和空间的深刻把握与整体认识，对棋理产生了巨大的影响和启示，使得弈棋成为一门在时空之间相互转合并寻求动态平衡的艺术。弈者在这种动态的平衡之中领悟弈道，通达人生。

六 三易：无所不变的棋道

三易，即简易、变易、不易，为易学体系的基本内涵。成书于西汉的《周易乾凿度》云："《易》一名而含三义：所谓易也，变易也，不易也。"又云："易者其德也，变易者其气也，不易者其位也。"东汉经学大师郑玄解释说："《易》一名而含三义：易简，一也；变易，二也；不易，三也。"[①]《周易·系辞上》云："乾以易知，坤以简能。易则易知，简则简从。"大道至简，这既是宇宙的普遍法则，也是易道的精髓。又云："天地变化，圣人效之"；"刚柔相推而生变化"。宇宙本身就是一个不断变化、发展的永恒过程；而且，变化是绝对的，唯一不变的是变化本身。

大道至简、无所不变、瞬息万变也是围棋重要的本质特征。其一，大道至简，简单的棋枰之上演绎着复杂的变化、蕴

---
① 《易纬乾坤凿度》，成文出版社1976年版，第11页。

含着丰富而深刻的道理。其二，瞬息万变，围棋最大的特点就是瞬息万变，以至变化无穷；据权威专家计算，每局棋的总变化量约为 10 的 808 次方。其三，万变不离其宗，棋道的变化也有自身不变的规律。如清代国手徐星友所说："弈之为言，易也"，"自一变以至千万变，有其不变，以通于无所不变，变之尽臻于神，神之至而几于化。"[1]

七 生生：带生为先的棋旨

生生乃易学精神的第一要义，即生命繁衍，孳育不绝。《周易·系辞下》云"天地之大德曰生"[2]，《周易·系辞上》云"生生之谓易"[3]。在易学体系中，生生不息是宇宙万物最根本的性质。宋代大儒程颐解释说："生生之谓易，是天之所以为道。"[4] 清代学者戴震更是认为，"生生即为仁德"。"生生之谓易"深刻地揭示了生命的本质，因此，易学也被后世奉为生命之学。

深受易学思想的影响，围棋以人类生存为喻，其目的不是简单的吃子或者杀棋，而是棋子生命的延续和能量的传递，这也是围棋的另一个本质特征。《敦煌棋经》中所记载的梁武帝《棋枰要略》云："棋之大要，当立根源。根源之意，以带生为先。"[5] 宋代重臣李纲的《论天下之势如弈棋》也说："譬如弈棋，先

---

[1] 《兼山堂弈谱》，上海书店出版社 2013 年版，第 6 页。
[2] 《十三经注疏·周易正义》，北京大学出版社 1999 年版，第 297 页。
[3] 《十三经注疏·周易正义》，北京大学出版社 1999 年版，第 271 页。
[4] 《遗书》卷二上，中华书局 1981 年版，第 29 页。
[5] 《围棋文化史料大全》，第 325 页。

当自生。"①

第二节 儒家：围棋才艺德性的滋养

儒家学说是中国传统哲学的主流和基础，是指以周孔之学的发生、发展、演变为对象，以求索自然、社会、人生的所当然和所以然为宗旨，以仁礼贯通天、地、人为核心，以天人、义利、心性的融突和合为目标，以成圣为终极关怀的学说。儒家学说是以人为本之学，是正心诚意之学，是格物致知之学，是修身齐家之学，也是治国平天下之学。自产生以来，儒家学说便对中国的政治、经济、军事、文化、教育、艺术等各个方面产生了广泛而深远的影响，这一影响也辐射东亚并波及全球。

在中国历代棋论中，关于儒家学说与围棋的关系，曾经出现过两种不同的态度和认知。一种是"一致说"，认为围棋与作为圣人之教的儒家学说是一致的；另一种是"异质说"，即认为围棋博弈中争斗谋利的思想与作为圣人之教的儒家学说不符。但从总体上看，儒家学说对围棋是包容的，否则就不会有数千年弈道的繁荣。儒家学说中的精华部分，对当时条件下围棋博弈理论的发展，是有启发作用的；而把儒家学说的道德理念照搬到围棋博弈上来，则不符合棋道规律。所以说，儒家学说以其博大的包容性和对德性才艺的重视，滋养着围棋的产生和发展；儒家学说中关于"仁""礼""中庸""民本""和为贵"的思想，也影响着围棋的博弈理念。

---

① 《围棋文化史料大全》，第338页。

一 弈之为数：儒家的六艺之属

早在公元前1000多年的周王朝的官学体系中，六艺（礼、乐、射、御、书、数）就已经成为国子必须掌握的基本才能。据《周礼·保氏》记载："养国子以道，乃教之六艺：一曰五礼，二曰六乐，三曰五射，四曰五御，五曰六书，六曰九数。"儒家学说"祖述尧舜，宪章文武"，自然也将六艺视为儒士的必备才能。

《孟子·告子上》云："弈之为数，小数也，不专心致志，则不可得也。"这肯定了围棋与"数"的关系。对此，历代棋论多有涉及。晏天章在《玄玄棋经·序》中明确指出："弈之为数，即六艺之数也。"[①] 三国时期，著名文学家兼书法家邯郸淳的《艺经》首立"围棋"一目。西晋文学家蔡洪称围棋"握众巧之至权"；南朝宋文学家刘义庆承继此说，在所著的《世说新语》中也把围棋归入"巧艺"。盛唐时期，文人何延之的《兰亭记》首次将"琴艺书画"并提。及至明末清初，文学家兼戏剧家李渔的《闲情偶寄》最早把书画琴棋合称为"四艺"。"琴棋书画"从此成为儒家士大夫乃至传统文人必备的学识修养、艺术品位，审美情趣和精神追求，成为博大精深的中华文化的重要组成部分。

二 据德游艺：儒家的修德之方

依仁志道，据德游艺，乃是儒家的修德之方。《论语·述

---

① 王汝南编：《〈玄玄棋经〉新解》，人民体育出版社1988年版，第5页。

而》云："志于道，据于德，依于仁，游于艺。"宋代大儒朱熹解释说："据，执守之意。德者，得也，得其道于心而不失之谓也。游，玩物适情之谓。艺，则礼乐之文，射御书数之法，皆至理所寓，而日用之不可阙者也。朝夕游焉，以博其义理之趣，则应务有余，而心亦无所放矣。"[①]朱熹认为，儒士为学修德首先应当立志，志于道，就能够正心诚意而心无旁骛。其次应当执守德行，使道得于心而不失去。再次应当不违仁义，如此才能保持德性常用而物欲不行。最后应该玩物适情，涵泳从容而不丧志。通过这样循序渐进的方式成为圣贤。

儒家对于道、德、仁、艺的重视和追求，在弈棋理念的发展过程中产生了显著影响，使得围棋不再是一种局限于斗争谋伐的智力游戏，而是提升成为修德适情的君子之艺。据《宋史·潘慎修传》记载："慎修善弈棋，太宗屡召对弈，因作《棋说》以献。大抵谓'棋之道在乎恬默，而取舍为急。仁则能全，义则能守，礼则能变，智则能兼，信则能克。君子知斯五者，庶几可以言棋矣。'因举十要以明其义，太宗览而称善。"[②]潘慎修就儒家所倡导的仁义礼智信与弈棋理念之间的关系作了深刻阐述，援引儒家五德，既从思想上给围棋以正统地位，也用儒家学说来阐明棋理，因此得到宋太宗的赏识。这在史料文献的记载中也是第一次。继潘慎修以儒家五德为围棋正名之后，"元儒四家"之一的虞集，也以围棋可以"制胜保德"之名而将其纳入儒家的"仁""礼"体系之中。明清时期，"正"的弈棋理念逐渐得到高度重视，并一度成为弈棋理论中的一个重

[①]《四书章句集注》，中华书局 2010 年版，第 94 页。
[②] 许嘉璐主编：《二十四史全译·宋史》第十一册，汉语大词典出版社 2004 年版，第 6722 页。以下仅注书名和页码。

要概念，甚至出现了以《弈正》为名的棋论棋谱。① 这些都充分说明，围棋已经成为儒家士大夫进德修业与游艺适情之不可或缺的才艺。

三 教化丹朱：儒家的养性之具

在中国传统文化体系中占据主导地位的围棋起源说是："尧造围棋，教子丹朱"。这一说法始见于战国时期史官所撰的《世本·作篇》。《世本·作篇》主要记录上古各种器物、技术的发明及礼乐、图文等的创制，是《世本》中最有价值的部分之一。《作篇》原文早已遗失，现有版本属后人辑佚。东汉郑玄曾在《周礼注》中对《作篇》的内容有过引用，说明确实存在。《作篇》中涉及尧造围棋的内容，后人引用中主要有两种表述：明代王世贞的《弇州四部稿》、方以智的《通雅》、徐应秋的《玉芝堂谈荟》，1957年商务印书馆汇印的《世本八种》中清代雷学淇辑本《畿辅丛书》和茆泮林《十种古逸书》，均为"尧作围棋"；而《世本八种》中清代张澍稡集补注本《二酉堂丛书》，则为"尧造围棋，丹朱善之"。

西晋张华所作《博物志》提出了尧舜造围棋及其动机。张华是西晋大臣、文学家，好弈之寒士，曾任中书令。在与晋武帝司马炎对弈时，鼎力支持杜预等人请命出兵伐吴，立下大功。所著《博物志》是中国第一部博物学著作，多取材于古书，分

---

① 《弈正》为明代国手雍皞如所撰。正，本义正中、平直，不偏倚，引申为平正自然。弈正，棋路中的正着，与奇着相对，指平易而自然的着法。雍皞如认为，"不奇之极，不足以言正，正之外无余法。"故名其曰《弈正》。明代学者陈继儒的《弈正序》云："弈以奇谋人，以巧思参，是犹有童心焉。奇之极而后造于平淡，巧之极而后诣于自然，其真平淡自然也，乃正之至也。"参见赵传仁、鲍延毅等主编的《中国书名释义大辞典》，山东友谊出版社2007年版，第818页。

类记载古代琐闻杂事和异境奇物，包含有大量宝贵的历史资料。原书已佚，存本由后人搜辑而成。对张华关于围棋起源的记载，众多文史学者认为，是比较可靠的说法。因此，历史上引用的名人名著很多，包括南朝刘义庆的《世说新语》，唐代欧阳询的《艺文类聚》、白居易的《白孔六帖》，北宋李昉等的《太平御览》、高承的《事物纪原》、司马光的《资治通鉴》、王安石的《王荆公诗注》，辽代释行均的《龙龛手鉴》，南宋江少虞的《事实类原》、祝穆的《古今事文类聚》，金代韩道昭的《五音集韵》，元代阴弦的《韵府群玉》，明代陈士之的《论语类考》、王世贞的《弇州四部稿》，清代陈元龙的《格致镜物》、张英等的《御定渊鉴类函》、黄俊的《弈人传》以及《御定康熙字典》等，计有三十处之多。上述引用《博物志》关于围棋起源的记载，主要有三种表述：一是"尧造围棋，以教子丹朱。或云舜以子商均愚，故作围棋以教之"。二是"尧造围棋，以教丹朱"。三是"尧造围棋，丹朱善弈"。文字略有不同，但本质相同，即尧（或舜）造围棋是为教化其子。

"尧造围棋，教化丹朱"的起源说，至少说明三层含义：其一，围棋是圣人制器设道；其二，围棋具有教化心性，闲情逸致的功用；其三，儒家学说的本义便是承继圣人制器设道以教化万民，围棋正好满足这两点，因此也被后世儒家士大夫所接受和喜爱，成为他们养性闲情的重要工具。

此外，根据《三国志》裴松之注引《魏略》曹丕《与吴质书》的描述："每念昔日南皮之游，诚不可忘。既妙思六经，逍遥百氏；弹棋既设，终以博弈；高谈娱心，哀筝顺耳。驰骋北场，旅食南馆；浮甘瓜于清泉，沈朱李于寒水。白日既匿，继以朗月，同乘并载，以游后园。舆轮徐动，参从无声，清风夜起，悲笳微吟，乐往哀来，凄然伤怀。"[①] 从这场世界上最早的围棋雅集中，也可以看出围棋具有教化心性、闲情逸致的功用。

四 棋如其人：儒家的识人之器

中国历史上有一个值得注意的现象，就是：不少朝代的当政者通过下围棋，来发现、识别、选拔人才。特别是考察他们所关注或要任用的人。行于世，当识人。能识人，则知人。知人而善任，是儒家士大夫实现修齐治平、致君尧舜这一理想的重要途径。因此，识人、知人对于儒家士大夫而言显得尤为重要。围棋，不仅可以作为他们进德修业、养性闲情的重要工具，同时也可以为他们识人、知人提供参考和借鉴。

围棋本身并不具有识人用人的机制和功能，但是围棋之道与识人用才之道相通。围棋特有的内涵、特征和过程，给当政者提供了一个观察、考评人才的特殊视角。围棋当然不会是全部尺度，但可以作为尺度之一来品评人物。从一定意义上可以说，一局棋，有时就是一堂综合考评课，或是一场特殊的面试。这方面，历史留下了许多耐人寻味的佳话。

（一）围棋与识人之道

围棋博弈作为心灵沟通、才智争流、意志比拼的过程，可以使人的内心世界、人格品性和综合素质得到自然和充分的显现。其中有些因素，在其他场合是不易被发现的。因此，通过围棋观察人、识别人，有时会相当准确。这突出表现在

[①] 《三国志》，中华书局1999年版，第453页。

六个方面：①辨志向。通过围棋，看人究竟想要什么，志在何方。《南史·羊玄保传》载，出身泰山羊氏名门的羊玄保"善弈棋，品第三。文帝亦好弈，与赌郡，玄保戏胜，以补宣城太守"。① 宋文帝的做法看似有点儿拿典章制度当儿戏，但羊玄保上任后做的第一件大事，就是上奏免除了前任所设的一道恶法，证明了文帝识人的眼光。后来，文帝又先后让羊玄保去几个富庶之地做地方官，但他依然是"不营财利，产业俭薄"。难得的是，每一任地方官做下来，看上去似乎没有什么了不起的业绩，但"去后常必见思"——他离去后，百姓总是怀念不已。文帝也感叹说："人仕宦非唯须才，亦须运命。每有好官缺，我未尝不先忆羊玄保。"② 其实，羊玄保能够每每被文帝想到，当然主要不是在于运气，而在于宋文帝通过下棋对他有了充分了解，但也不能说没有一点儿运气的成分——如果不是君臣二人都爱好围棋，这段佳话也就无从说起了。②辨智略。通过围棋，看人的心智谋略如何。《三国志·吴书·陆逊传》记载，东吴大将陆逊在出兵攻打襄阳时，敌情发生重大变化，大臣诸葛瑾写信给陆逊请他速退兵。但逊未答，方催人种葑豆，与诸将弈棋射戏如常。瑾曰："伯言多智略，其当有以。"③ 意思是说，陆逊（伯言）多有智略，他这样做一定有相应的安排。果然，陆逊对局势有充分的估计和冷静的分析，经与诸葛瑾密谋，以攻为守，全师而退。诸葛瑾对陆逊的评价，可谓深知其智略。③辨定力。通过围棋，看人在面临大事、担当重任时能否淡定镇静，从容应对。据《三国志·蜀

---

① 《二十四史全译·南史》第一册，第796页。
② 《二十四史全译·南史》第一册，第797页。
③ 《二十四史全译·三国志》第二册，第891页。

书·费祎传》记载，公元245年，蜀国大将军费祎奉命率军迎击来犯的魏军，光禄大夫来敏至军前与费祎对弈，观察其神色，断言其"必能办贼"，结果如是。原文如下："魏军次于兴势，假祎节，率众往御之。光禄大夫来敏至祎许别，求共围棋。于时羽檄交驰，人马擐甲，严驾已讫，祎与敏留意对戏，色无厌倦。敏曰：'向聊观试君耳。君信可人，必能办贼者也。'祎至，敌遂退。"① 其实，费祎在当尚书令时，一边处理繁忙的军政事务，一边插空下围棋，十分镇静有序，足见其定力、胆识过人。④辨性情。通过围棋，看人的真实性情如何。《世说新语·方正》载，东晋首位宰相王导曾与少年才子江彪对弈。他明知自己要被江彪让两子，却仍要平下，以此试探江彪反应。江彪不立即下子，问其原因，江彪不加掩饰直接回答：你可能不行。旁边有客人说，这孩子开玩笑不懂事。王导却慢慢抬头说："此年少非唯围棋见胜。"后来江彪果然成为国家栋梁之材，官至吏部尚书、宰相。原文如下："江仆射年少，王丞相呼与共棋，王手尝不如两道许，而欲敌道戏，试以观之。江不即下。王曰：君何以不行？江曰：恐不得尔。傍有客曰：此年少戏乃不恶。王徐举首曰：此年少非唯围棋见胜。"② 王导从江彪袒露的真性情中看到了他的长处和前途。⑤辨人品。通过围棋，观察人的品格德行。南朝梁时，尚书令沈约观察青年才俊朱异，说"卿年少何乃不廉？"朱异茫然，沈约解释说："天下唯有文义棋书，卿一时将去，可谓不廉也。"③ 这虽是戏言，且当时为褒奖之意，但已有某种不祥的

---

① 《二十四史全译·三国志》第二册，第691页。
② 《世说新语》上册，中华书局2011年版，第316页。
③ 《南史》，中华书局1975年版，第1515页。

预感在其中，这表现了沈约作为思想家、文学家和围棋理论家的观察力与敏锐性。《南史·朱异传》载："异博解多艺，围棋上品，而贪财冒贿，欺罔视听，以伺候人主意，不肯进贤黜恶。"① 不幸而为沈约言中。⑥辨潜质。通过围棋，看人特别是青少年的综合素质和发展潜力。《新唐书·李泌传》载，李泌七岁时在唐玄宗面前应答大学士张说所出围棋方圆诗，表现出极高的才赋，显现出其后发展的前景。"泌即至，帝方与燕国公张说观棋，因使说试其能。说请赋方圆动静，泌逡巡曰：愿闻其略。说曰：方若棋局，圆若棋子，动若棋生，静若棋死。泌即答曰：方若行义，圆若用智，动若聘材，静若得意。说因贺帝得奇童。帝大悦，曰：是子精神要大于身。赐束帛，敕其家曰：善视养之。"② 后来，李泌果然事四帝，出入中禁，官至宰相，有大作为。

（二）围棋与用人之道

在《玄玄棋经》的"礼卷"中，收录了唐朝著名政治家思想家文学家，唐宋八大家之一柳宗元的"序棋"。这是一篇专门以棋理讲用人之道的文章。作者根据弹棋中先天把棋子分成贵贱两种的规则，批评了当朝者把人分成高低贵贱，使人才得不到重用的做法。这虽然不是讲围棋，但寓意深刻，所以被选入了围棋的棋经中。真正以围棋讲国家用人之道的，是北宋著名政治家文学家，也是唐宋八大家之一的欧阳修，在他编撰的《五代史》中有一段著名的评论。原文见《五代史·王朴传》："作器者，无良材而有良匠。治国者，无能臣而有能君。盖材待匠

---

① 《南史》，中华书局1975年版，第1516页。
② 《二十四史全译》第六册，第3247页。

而成，臣待君而用。故曰：治国譬之于弈，知其用而置得其处者胜，不知其用而置非其处者败。败者临棋注目，终日而劳心，使善弈者视焉，为之易置其处则胜矣。胜者所用，败者之棋也。兴国所用，亡国之臣也。"① 意思是说，治国好比下围棋，知道把棋子摆在它最能发挥作用的地方，就会胜利，否则就会失败。善下围棋的人把不善下棋的人摆错位置的棋子摆对了，也就胜利了。治国用人也是这个道理。

此外，历史上还有很多以围棋察识人的品性、命运的经典案例。其中，最早以围棋作为察识品性、命运之器的是儒家的亚圣孟子。据《孟子·告子上》记载："弈秋，通国之善弈者也。使弈秋诲二人弈。其一人专心致志，惟弈秋之为听；一人虽听之，一心以为有鸿鹄将至，思援弓缴而射之。虽与之俱学，弗若之矣。为是其知弗若欤？曰：'非然也。'"② 通过弈秋教二人下棋这则故事，我们至少可以解读出如下两层含义：其一，两人一起跟弈秋学棋，但会产生差距，并非他们二人智力有高下，而关键在于能不能专心致志；其二，学得好的那个人，做事情能够专心致志，而学得不好的那个人，做事情则往往不能专心致志。据《南史·谢弘微传》记载："弘微性宽博，无喜愠，末年常与友人棋。友人西南棋有死势，复一客曰：'西南风急，或有覆舟者。'友悟，乃救之。弘微大怒，投局于地。识者识其暮年之事，果以此岁终。"③ 谢弘微，即谢密，宋文帝（刘义隆）时，官至侍中，掌机要，被誉为当世名臣。可是，他不明儒家君子之三戒："少之时，血气未定，戒之在色；及其壮也，血

---

① 《二十四史全译·新五代史》，第269页。
② 《孟子》，中华书局2006年版，第251页。
③ 《二十四史全译·南史》第一册，第457页。

气方刚,戒之在斗;及其老也,血气既衰,戒之在得。"(《论语·季氏》)因此,识者通过他与友人下棋而投局于地的行为,知道其老之将至,命不久矣。

第三节 道家:围棋自然辩证的缘起

道家学说是中国传统哲学的主干之一,主要是以先秦老庄之学为代表,以战国秦汉黄老道家和魏晋玄学为流裔的思想流派。魏晋之后,道家在传统文化的思想和精神层面产生了持久而深远的影响。英国著名科学史家李约瑟博士曾经这样评价道家思想:"中国人性格中有许多最吸引人的因素都来源于道家思想。中国如果没有道家思想,就像是一棵某些深根已经烂掉的大树。"[1]

道家思想起源很早,可以一直追溯到泰古二皇。道家之名则始于汉代,史学大家司马迁的父亲司马谈在《论六家要旨》中称其为"道德家"。《汉书·艺文志》改称"道家",列为"九流"之一。道家学说以"道"为核心,主张道法自然,唯变所适;提出"有无相生,难易相成""重为轻根,静为躁君""知雄守雌""柔弱胜刚强""负阴抱阳,冲气为和"等带有朴素而又深刻的辩证思想的观点。因此,被奉为中国传统自然辩证思想的起源。

道家学说所展示的朴素而深刻的自然辩证思想,也是围棋

---

[1] [英]李约瑟(J. Needham):《中国科学技术史·科学思想史》,上海古籍出版社1990年版,第178页。

自然辩证思想的源头活水。围棋对道家自然辩证思想的承继，主要体现在以下四个方面：

一 道法自然：围棋自然理念的生发

《老子·第二十五章》云："人法地，地法天，天法道，道法自然。"法，即效法、遵循。道法自然的本义就是道效法或遵循自然，也就是说万事万物的运行法则都是遵守自然规律的。道法自然，不仅是老子为我们提供的最高级的方法论，也是围棋自然理念的生发。

首先，围棋象天法地，以分阴阳，是对宇宙自然最形象且最具体的阐释和表达。其次，围棋"体希微之趣，含奇正之情""任其自然，而与物无竞"，也是对自然之道最精微、最准确的把握和体认。最后，围棋当断则断，须长则长，顺势而为，自然而行，更是对自然之理最本质、最严格的效法和遵循。以"宇宙流"著称的日本超一流棋手武宫正树，更愿意以"自然流"自诩；特别是当执白棋时，他更是追求顺应棋势，自然而为。

二 相辅相成：围棋辩证思想的贯通

相辅相成的自然辩证思想是道家学说中最深刻、最玄妙、最精彩也最具影响力的部分。相辅相成的辩证思想在道家学说体系中俯拾即是，譬如"有无相生，难易相成""高下相盈，前后相随""重为轻根，静为躁君""柔弱胜刚强""不争而莫能与之争"等。这些思想对围棋产生了极为广泛而深刻的影响，在历代弈论中随处可见。清代名谱《弈墨·后序》云："用弈之道，柔以克刚，弱以制强。"清代大国手施襄夏也有诗云："静能制动劳输逸，实本攻虚柔克刚。"[①] "不向静中参妙理，纵然颖悟也虚浮。"[②]

相辅相成的辩证思想贯通围棋的始终。弈棋的过程中充满了辩证关系，辩证法的基本要素、范畴和规律，包括矛盾双方的相互斗争、相互依存、相互关联以及相互转化，都在围棋中有着充分的体现。

三 逍遥物外：围棋人生态度的升华

老子讲道法自然，庄子则讲逍遥物外。《庄子·逍遥游》云："若夫乘天地之正，而御六气之辩，以游无穷者，彼且恶乎待哉？"庄子所谓的逍遥之游，是指"无所待而游无穷"，对世俗之物无所依赖，与自然化而为一，不受任何束缚自由地游于世间。体味逍遥，即是超越了世俗观念及其价值的限制而达到的最大程度的精神自由；心游物外，即是精神摆脱形态以及外物的束缚，自然恬淡地悠游于世。可以说，逍遥物外所追求的就是超脱万物、无所依赖、绝对自由的精神境界。这种境界体现了"道通天地"与"天人合一"的完美结合。

围棋作为"忘忧"之物，深受道家这种逍遥物外、超脱尘世，追求精神自由理念的影响。在这种影响和升华之下，围棋

[①]《凡遇要处总诀》，见《围棋文化史料大全》，第378页。
[②]《弈理指归续编》，见《围棋文化史料大全》，第690页。

逐渐成为道家追求自由精神外化的一种生活方式和人生态度。因此，历代许多文人都被围棋所蕴示的逍遥物外、恬淡自由的人生态度和生活方式所吸引、所折服，并且留下了很多咏叹的名篇佳句，如唐代诗人白居易的"晚酌一两杯，夜棋三四局"[①]，刘禹锡的"地灵草木瘦，人远烟霞逼；往往疑列仙，围棋在岩侧"[②]，宋代诗人王禹偁的"声拂琴床生雅趣，影侵棋局助清欢"[③]，刘敞的"何以消烦忧？谢墅观弈棋"[④]。

四 坐隐方式：围棋玄学精神的物化

围棋又名"坐隐""手谈"。这些别称，说明围棋在发展过程中受到道家玄学精神的影响，为谈玄论道的人士所钟爱。可以说，在他们的思想体系中，围棋实际上是玄学精神的一种物化。

玄学是道家学说在魏晋时期的一种演变或者发展。语出《老子·第一章》："玄之又玄，众妙之门。"王弼《老子指略》说："玄，谓之深者也。"因此，玄学即深奥玄远之学，其精神特质是淡泊名利，与世无争，雅言高趣，玄远旷达。沈约《棋品序》云："支公以为手谈，王生以为坐隐。是以汉魏名贤，高品间出，晋宋盛士，逸思争流。"[⑤] 由此可见，围棋被魏晋名士所喜爱和追捧的同时，也被他们赋予了玄学精神的特质，使得围棋成

---

① 白居易：《郭虚舟相访》，见《全唐诗》卷四百三十。
② 刘禹锡：《海阳十咏·蒙池》，见《全唐诗》卷三百五十五。
③ 王禹偁：《官舍竹》，见《小畜集》卷九。
④ 刘敞：《酬某》，见《公是集》卷十一。
⑤ 《围棋文化史料大全》，第 324 页。

为玄学精神的物化，成为名士们寄寓闲情、明达玄理的一种特殊方式。

第四节 佛家：围棋超然境界的追求

佛教虽起源于印度，却繁盛于中国。两汉之际，佛教传入中国，经过近千年的发展，殆至隋唐佛教宗派的出现与成熟，特别是具有中国本土特色的禅宗的兴起，使得佛教终于由外来文化转化成为中国传统文化的重要组成部分。不仅如此，佛教中国化的理论成果影响并且传播到韩国、日本、越南以及东南亚诸国，实际上形成了以中国佛教为核心的东亚佛教文化圈。这不仅是中国佛教对于世界文化的特殊贡献，也是中外文化交流史上的一大奇迹。

著名哲学家冯友兰认为，自东汉佛教传入以降，中国传统哲学在总体上呈现出儒释道三教相互斗争、相互融合从而共同发展的态势。儒家积极入世，道家逍遥遁世，佛家则超然出世。超然是佛家区别于儒道两家的一个本质特征。而这一特征，也深深地影响了围棋。围棋不仅成为弈者追求超然境界的不二法门；也成为弈者表达超然心境的独特方式。

一 超然：围棋对弈中的出世精神

超然出世，是佛家赋予围棋的一大精神特质。在围棋对弈中，这种超然出世的精神特质集中体现在三个层面：第一个层面是对胜负的超然,第二个层面是对外物的超然,第三个层面是对自我的超然。

(一)"胜固欣然,败亦可喜"——对胜负的超然

棋力有高下,棋局也有胜负。胜负对于弈者而言是非常重要的,因此,日本一些棋手也被誉为胜负师(意谓具有强烈争胜欲望和坚韧耐力的棋士)。与日本近现代的竞技围棋单纯追求胜负不同,中国围棋深受佛家超然精神的熏陶和洗礼,具备超然于胜负的基本品格。

宋代大文豪苏东坡《观棋》诗云:"胜固欣然,败亦可喜。优哉游哉,聊复尔耳。"[①] 苏东坡一生仕途坎坷,依然不改乐观超然的心境。不能不说与他精通儒释道三家的要义有密切关系。其中,儒家的积极入世,使他无论遇到多少艰难险阻,哪怕身陷囹圄,也不改"致君尧舜"的政治理想。而佛家的超然出世,则使他无论经历多少坎坷磨难,也依旧不改其超然旷达的乐观心态。这首《观棋》诗便是明证。棋如人生,围棋可以超越胜负,"胜固欣然,败亦可喜";人生也可以超然旷达,"优哉游哉,聊复尔耳"。

(二)"山僧对棋坐,局上竹阴清"——对外物的超然

佛家之所以能够超然物外,其哲学基础在于佛教的根本教义"缘起性空"。佛家认为,世间没有独存性的东西,一切都是因缘和合而生;因为世间万物皆是因缘和合而生,所以本性为空。"缘起性空"是佛教的四法印之一,被视为宇宙人生的真谛。世间的森罗万象,如山河大地、花草树木、一人一物,乃至微尘沙砾等,都是因缘和合而生,也都将随着因缘分散而

---

① 《围棋文化史料大全》,第462页。

灭。因此，肉眼所看到的一切现象"有"，都是缘起而有；因为缘起而有，所以它的本性是"空"。

既然世间万物都是缘起性空，那就不是真实存在，因此也就不执着于外物；不执着于万物，自然能够超然物外而乐在其中。正如唐代大诗人白居易《池上二绝（之一）》所描绘的场景一样："山僧对棋坐，局上竹阴清。映竹无人见，时闻下子声。"[①] 山僧对弈，见无所见，就是进入了超然物外的境界；而时闻落子，则是乐在其中的乐感之美。正是在佛家缘起性空的熏染之下，对弈者和观棋人都实现了对外物的超然。

（三）"斧烂仙棋路，花飞佛雨天"——对自我的超然

诸法无我，破除我执。这既是佛家能够超然于自我的哲学基础和理论诉求，也是佛教的判教依据和三法印之一；另外两个法印是诸行无常、涅槃寂静。"无我"是梵文 Anatman 的意译，如《金刚经》云："无我者非我、非我所，非我之我。"佛教认为，人身是"五蕴"的假和合，由因缘条件形成，并受其制约；人生流迁是"十二缘起"的过程，遵循严格的因果律；人生"无常"，毕竟空无。世人没有认识到"无我"的真谛，追求和执着有"我"的观念，是作茧自缚，即被称为"我执"。在佛教哲学中，无我有"人无我"和"法无我"之分。"法无我"旨在破除"法执"，即对于佛法的执念。"人无我"旨在破除"我执"，即实现对自我的超然。

佛家超然自我而破除我执的理念，通过僧人习弈、对弈的过程逐渐赋予围棋，并影响到传统社会的文人和士人，使得围棋也具备了超然自我的功用和境界。如宋代诗人宋祁在《寄题

---

① 《全唐诗》卷四百五十五。

元华书斋》中所描绘的超然自我的境界"斧烂仙棋路,花飞佛雨天";又如宋代僧人释怀古在《烂柯山》中的感叹:"百年容易客,等闲一局棋。"① 在佛教的影响下,弈棋不仅可以超越时空,还可以超越物我,从而使心境达至超然自由的状态。

二 境界:围棋对弈中的觉悟过程

王国维在《人间词话》中将诗词艺术的境界分为"有我之境"与"无我之境"。② 所谓"有我之境",即"以我观物,故物皆著我之色彩";所谓"无我之境",即"以物观物,故不知何者为我,何者为物"。如"泪眼问花花不语,乱红飞过秋千去"是"有我之境","采菊东篱下,悠然见南山"则是"无我之境"。

佛教亦有小乘与大乘之分。简单而言,二者的区别在于,小乘旨在实现个体解脱,在境界上属于"有我之境",从觉悟上讲就是自觉;而大乘旨在实现普度众生,在境界上属于"无我之境",从觉悟上讲则是觉他。在围棋的对弈过程中,同样也有"有我之境"与"无我之境"的区别,有自觉与觉他的对比。

(一)"有我之境"——围棋对弈中的自觉

围棋对弈过程中的自觉,在境界上属于"有我之境"。"有我之境"的弈者无论是弈棋还是观棋,都是以自我为主体,旨在满足自我的某种心理或者精神需求。或聊以自慰,如"晚酌一两杯,夜棋三四局"③;或寓情寓乐,如"万事翛然只有棋,

---

① 释怀古:《烂柯山二首·其一》,见《围棋史料文化大全》,第430页。
② 《人间词话》,上海古籍出版社2014年版,第5页。
③ 白居易:《郭虚舟相访》,见《全唐诗》卷四百三十。

小轩高净簟凉时"①；或打发时日，如"送春唯有酒，销日不过棋"②。对他们而言，对弈的过程实际上是实现自我修炼、自我提升、自我满足、自我解脱的过程。因此，属于"有我之境"。

（二）"无我之境"——围棋对弈中的觉他

围棋对弈中的觉他，在境界上属于"无我之境"。在"无我之境"中，无论是弈棋还是观棋，他们不再仅仅停留于满足个体的精神需求，而是更进一步，参悟棋理，阐释棋道，成就自己，觉解他人。如唐代诗人张乔的《咏棋子赠弈僧》云："黑白谁能用入玄，千回生死体方圆。空门说得恒沙劫，应笑终年为一先。"③诗中以围棋的黑白子为喻，解说佛理中的生死轮回、缘起性空以及劫数报应，既是诗人表达自我的觉解方式，也是对弈僧觉解他人布施他人的赞许和回应。因此，应是属于"无我之境"。

---

① 吴融：《山居即事四首·其三》，见《全唐诗》卷六百八十四。
② 白居易：《官舍闲题》，见《全唐诗》卷四百三十九。
③ 《围棋文化史料大全》，第414页。

第二章 经典之启：中国古代名著

中华文明、印度文明、伊斯兰文明以及古希腊罗马文明是存续至今的世界四大文明体系。这四大文明体系之所以能够延续至今，一个必不可少的条件就是依靠文字的记载和经典的传承。正如古希腊罗马文明有《荷马史诗》《神谱》《伊索寓言》，伊斯兰文明有《古兰经》《圣训》，古印度文明有《吠陀》《奥义书》《罗摩衍那》，中华文明则有《周易》《论语》《孟子》《老子》《庄子》《鬼谷子》《孙子》等。如果没有文字的记载和经典的传承，那么这一文明体系必然会走向灭亡，并最终被历史所遗忘。因此，经典是文明体系得以延续的物质载体。

经典之所以成为经典，是经过了时间考验和历史选择的。经典是人类在认识世界、改变世界的过程中积累起来的丰厚智慧沉淀。中华文明上下五千年的悠久历史，形成了自己的经典体系。这一经典体系中的古代名著，对于围棋哲学的形成和发展具有深刻而明显的启示意义。

第一节 群经之首——《周易》

在中华文明的经典体系之中，《周易》被奉为"群经之首，大道之源"。它既是迄今流传最久远的一部经典，也是影响最深远的一部经典。它是自然哲学与人文实践的理论根源，是中华民族思想智慧的结晶。无论孔孟之道，还是老庄学说；无论《孙子兵法》，抑或《黄帝内经》，无一不和《周易》有着密切的联系。

《汉书·艺文志》云："易道深矣，人更三圣，世历三古。"[①]伏羲根据河图洛书手创阴阳八卦，奠定《易经》体系基础。夏商时，《易经》相继有《连山》《归藏》等版本，遗憾的是主体均已散佚，唯一流传后世的是据记载由周文王推演注释的《易经》，所谓"周易"也正是由此得名。《周易》文字简略古奥，至春秋战国已极为难解，故孔子做《彖》上下、《象》上下、《文言》、《系辞》上下、《说卦》《序卦》《杂卦》共十篇来予以阐释（一说出自他人之手），合而为《易传》。于是，后世所谓《周易》，便为《易经》和《易传》的合称。"三圣""三古"即指上古伏羲、中古文王、下古孔子，经这三人，整个易学体系得以建立和初步完善。

孔子著《易传》以解释和阐发易之道；《老子》和《庄子》沿袭"象以尽意"，超越语言而追求"得意忘言"；禅宗则"不立文字，以心传心"，弘扬"自性"开悟之道；可见，

---
① 《二十四史全译·汉书》第二册，第772页。

中国传统的儒释道三家，实际上都有以《周易》为源头活水的意味。

《周易》是中国传统哲学思想的渊薮，奠定了中国哲学的一些基本范畴和思维方式；如象数、阴阳、变化、知几、时位等。而这些基本范畴和思维方式，对围棋形制及其理论的演变和发展都具有深刻启示。

在《围棋与国家》当中的围棋起源章节，已经初步厘清了由伏羲而尧帝，由《易经》八卦而围棋的发展脉络，而本节则将从更加具体的角度去剖析围棋与《周易》所代表的易学体系之间千丝万缕的联系。

一 棋局象易数

"象""数"最早见于《左传·僖公十五年》："龟，象也；筮，数也。物生而后有象，象而后有滋，滋而后有数。""象"与"数"是《周易》特有的运思模式；也是中国传统哲学中具有典范性的思维方式。在《周易》中，"象"的含义主要有：物象、卦象、爻象等；"数"的主要含义有：大衍之数、阴阳之数、卦数、爻数、策数、天数以及地数等。《周易》中的"象"是从具体物象中抽象而来，"象"的变化可以通过"数"来表达，"数"的变化则反映了物象中对立因素的消长。

棋局象易数，是《周易》哲学启示"围棋之道"的主要体现之一。首先，《棋经十三篇》云："夫万物之数，从一而起。局以之路，三百六十有一。"[①]这说明，棋盘的路数与

---
① 《围棋文化史料大全》，第372页。

《周易》的大衍之数是相符合的。其次，《棋经十三篇》又云："三百六十，以象周天之数。分而为四，以象四时。隅各九十路，以象其日。外周七二路，以象其候。"① 这说明，围棋之象也是遵循《周易》象天则地的理念而提出来的；围棋之象的提出具有重要意义，揭示出围棋的思维方式本质上的象的思维——以象达意。最后，《弈喻》曰："弈之为言，《易》也。弈之数，周天之数也。弈之子分黑白，阴阳之象也。数也，象也，而运之者心也。善弈者，不泥象数而求心，不遗象数而求心者也。泥象数，是以心为有外也；遗象数，是以心为有内也。心无内外也，无内外者，弈之心也。"② 可见，弈之数即是《易》之数，弈之象即是《易》之象。因此，弈道与《易》道相通，无内无外，既在象数之中，又在象数之外。

二 棋子法阴阳

《周易·系辞上》云："一阴一阳之谓道，继之者善也，成之者性也。"首次将"阴阳"提升到形而上的"道"的高度，认为"阴阳"的相互交替作用是宇宙间的根本规律，是自然万物必须遵守的大道。经过《周易》的阐发，"阴阳"具备了形而上的哲学特质，并且渗透到中国传统文化的各个层面，由此也启示了围棋之道。

东汉李尤的《围棋铭》云："局为宪矩，棋法阴阳。"③《棋

---

① 《围棋文化史料大全》，第372页。
② 《汪子文录》卷一，见《续修四库全书》影印清嘉庆十年王芑孙刻汪子遗书本。
③ 《围棋文化史料大全》，第391页。

经十三篇》也说："枯棋三百六十，白黑相半，以法阴阳。"①《石室仙机》注解指出："白黑各一百八十，阳明而显，故白子，阴晦而暗，故黑子。是阴阳之义也。"②由此可见，历代棋论家对于"棋子法阴阳"的认识。

"棋法阴阳"有外在和内在两层含义：就外在层面而言，围棋的棋子分为黑白两种不同的颜色，象征黑夜和白昼两种自然现象，也象征阴阳两种自然状态和力量。就内在层面而言，阴阳二爻是《周易》六十四卦的成卦基础，阴阳二爻依据阴阳二气的消长，排列组合成各种不同的卦象；而围棋的棋局则是以黑白棋子为基础，黑白棋子依据弈者的构思相互作用，勾连列布形成棋局。二者的形式相近，不同之处主要在于阴阳二爻的变化是自然界阴阳二气此消彼长的实际映现，而黑白棋子的勾连列布则是弈者构思与智力较量的产物。当黑白棋子的勾连列布符合阴阳消长的自然规律时，即"近乎于道"。

三 棋之妙在变化

《周易》，又名"变经"。《周易乾凿度》云："《易》一名而三义，所谓易也，变易也，不易也。"③变易是《周易》的核心思想。《周易》认为，宇宙万物都是变化着的，只有"道"本身是不变的；宇宙万物的变化都是依循"道"而展开的。《周易》每卦六爻，代表天地人三才之道，三才之道又分别有阴阳、刚柔、仁义之分。六位的阴阳与六爻的刚柔，彼此交错，相互

---

① 《围棋文化史料大全》，第372页。
② 《围棋文化史料大全》，第372页。
③ 《周易乾凿度》卷上，《钦定四库全书》卷六，经部六，易类六。

迭用，构成了易卦的演变规律。

围棋最明显的特征和最精妙的所在即是变化。《棋经十三篇》云："自古及今，弈者无同局。"强调的就是围棋的变化之妙。清代翁嵩年在《兼山堂弈谱》序中也说："弈之为言，易也，自一变以至千万变，有其不变，以通于无所不变。变之尽而绩于神，神之至而几于化也。合乎周天，尽其变化，握几于先，藏神于密，非通于造化之原者未易语此也。"[①] 翁嵩年认为，"变化"是围棋的一个显著特征。在围棋之中，"变化"有三个层次：一是"变"；二是"不变"；三是"通变"。他强调了"变化"在围棋中的重要地位，并且指出只有"合乎周天，尽其变化，握几于先，藏神于密"的"通变"，才是围棋变化的最高境界。

弈道变化规律与《易经》变化规律如出一辙，绝不是偶然，而是有着深远的认识和文化发展渊源。

四 棋之神在知几

所谓"知几"，就是预知事之几微。《周易·系辞下》云："子曰：知几其神乎？几者动之微，吉凶之先见也。君子见几而作，不俟终日。" 棋之神在知几，围棋也深受《周易》知几思想的启发。

"几"在古文中亦训作"机"。东汉隐士黄宪曾专门作《机论》来讨论弈棋中"知几"的重要性。《机论》全篇以阐释"机"之涵义为主，以围棋之"机"为例，说明在一切社会活动中"机"的普遍性，强调"机"可"流于众妙"，"天地万物皆机也"，

---

① 《兼山堂弈谱》，上海书店出版社2013年版，第6页。

并从哲学层面阐发了围棋对弈中把握变化规律，"知机"并且趁机而动的重要性。

南朝宋的沈约在《棋品序》中也说："弈之时义大矣哉！体希微之趣，含奇正之情，静则合道，动必适变。……虽复理生于数，研求之所不能涉；义出乎几，爻象未之或尽。"① 沈约认为，围棋之义在其幽微之处，围棋幽微之处变化万端，卦爻也未必能够穷尽。围棋与《周易》一样变化无穷，非"知几"无以通其妙，无以成其务。

明代的董中行在《仙机武库·序》中更是将"知几"定义为弈棋的最高境界："棋乎？仙乎？非镜于至精，达于至变，而入于至神者，孰知其机乎？"② 董中行认为，只有"知几"，才能"镜于至精"，"达于至变"，"入于至神"，如此才是弈棋的最高境界和追求。

五 棋之用在时位

"时"与"位"是《周易》哲学思想中的重要概念。"时"主要有两层含义：一是"四时"之"时"，如"变通莫大乎四时"；一是"时机"之"时"，如"君子藏器于身，待时而动。"《周易》认为，六爻的吉凶由于所处的条件不同，而所处的时机也不同，能够顺时而行，因时而变者为吉。反之则为凶。因此，《周易》强调"与时偕行""时止则止，时行则行，动静不失其时"。

"位"同样也有两层含义：一是指六十四卦的每个卦体中

---

① 《围棋文化史料大全》，第 324 页。
② 《围棋文化史料大全》，第 245 页。

每一爻的爻位；一是指人的社会政治地位，如"天尊地卑，乾坤定矣；卑高以陈，贵贱位矣"。《周易》认为，每卦六爻，每爻所处的位置都有其特殊性。如一、三、五爻为阳位；二、四、六爻为阴位。判断卦爻吉凶的基本原理之一就是阳爻居阳位，阴爻居阴位，这也被称为当位或者得位。当位或者得位则吉，不当位或者失位则凶。

棋之用在时位，意思是说，棋枰上的每颗棋子的作用大小，跟棋子在棋枰上所处的"时"与"位"有着密切关系。对此，清人汪缙在《弈喻》中已有解释："易以刚柔相间而文成，弈以黑白相间而文成，各有位焉。依乎天理而不可畔也。是故爻当位者吉，爻不当位者凶。弈当位者吉，弈不当位者凶。"[①]

汪缙的解释是说，棋子在棋盘上的位置如同爻在卦中的位置，当位则吉，不当位则凶，是否当位则要依据与天地之道相通的弈道来判断。如果棋子当位，棋势就会向有利的方向发展变化，呈现吉兆；反之，如果棋子不当位，棋势就会向不利的方向发展，呈现凶兆。

第二节 儒家经典——《论语》《孟子》

儒家经典是儒家哲学的典范之作，被世人奉为"经"，其地位之尊崇，影响之深广，是其他任何典籍无法比拟的。在传统社会，最高统治者不但从中寻找治国平天下的方针大计，而且对臣民思想的规范、伦理道德的确立以及民风民俗的导向，

---

① 《汪子文录》卷一，《续修四库全书》影印清嘉庆十年王芑孙刻汪子遗书本。

无一不依从儒家经典。儒家经典施于社会的影响无时不在，无处不在。

儒家经典有"四书五经"和"十三经"之分。"四书五经"是指《论语》《孟子》《大学》《中庸》《诗经》《尚书》《礼记》《周易》《春秋》；"十三经"是指《诗经》《尚书》《周礼》《仪礼》《礼记》《周易》《左传》《公羊传》《穀梁传》《论语》《尔雅》《孝经》《孟子》。无论是"四书五经"还是"十三经"，《论语》和《孟子》都赫然在列，它们是中国普通民众最为熟知和经常诵读的；它们也多次提及围棋，对围棋的性质、功用以及习弈方法等都具有重要的启示意义。

一 《论语》对围棋的启示

1988年1月，75位全世界诺贝尔奖获得者发表宣言指出："如果人类要在21世纪生存下去，必须回头2500年前，去吸取孔子的智慧，去研读《论语》。"[①] 这是人类对孔子精神和《论语》思想的最高认同和褒奖，也是对中华民族古代智慧最忠实的肯定和倾服。

《论语》主要是记载孔子的言语和行事的一本书，也记有少量孔子弟子如有子、曾子等的言论，集中体现了孔子的政治主张、伦理思想、道德观念及教育原则等。全书共20篇492章，首创"语录体"，是了解孔子思想的最基本的一本书，同时也是了解儒家思想和中国传统文化的最基本的一本书。

[①] 环境保护部宣传教育司编：《全国公众生态文明意识调查研究报告（2013）》，中国环境出版社2015年版，第5页。

《汉书·艺文志》说："《论语》者，孔子应答弟子时人及弟子相与言而接闻于夫子之语也。当时弟子各有所记，夫子既卒，门人相与辑纂，故谓之《论语》。"[①]《论语》的"语"是指"谈说"，与他人讨论应答中所说的话，"论"是指论纂、编纂，"论语"就是把孔子与弟子的对话记录下来，编纂起来的意思。

《论语》对于中华民族的历史文化发展有着极重要的影响。在两千多年的发展中，儒学成为中华文化的主干，《论语》的思想成为中国人生活的准则，安身立命的精神支柱，是民族精神最重要的思想基础。

《论语》和孔子其他有关言论对围棋的影响和启示主要体现在三个层面：一是"弈可为贤"，阐明了围棋与儒家理想人格之间的关系，为儒家知识分子接纳围棋奠定了基调；二是"君子不博"，区别了"博"与"弈"的不同，指出"君子"虽不"博"，但不是不可以"弈"；三是"艺通于道"，将棋艺与道道贯通，而不是仅仅视为单纯的竞技游戏。

（一）弈可为贤

贤人，是儒家一种理想的人格境界。据《孔子家语·五仪解》记载："所谓贤人者，德不踰闲，行中规绳，言足以法于天下而不伤于身，道足以化于百姓而不伤于本。富则天下无宛财，施则天下不病贫，此则贤者也。"[②]意思是说，贤人是德才兼备而受人敬仰的人，是品德没有越界，行为合乎规矩，言语行事完全顺应天道、地道、人道的人。而孔子在《论语》中

[①] 《二十四史全译·汉书》第二册，第 778 页。
[②] 《孔子家语》，中华书局 2009 年版，第 53 页。

论及围棋时也指出，当一个人终日无所用心时，不如下下围棋；因为下围棋还是符合贤的标准的。《论语》中关于"贤"的使用，都是非常郑重的。这里所说的"贤"并不是相对于"饱食终日，无所事事"的比较之词，而是指符合"贤"的本来意义与尺度。对此，《围棋与国家》中已作深入分析。可见，先秦儒家对待围棋总体上是持一种包容的态度。孔子"弈可为贤"的观点，既阐明了围棋与儒家理想人格之间的关系，也为儒家知识分子接纳围棋奠定了基调。

（二）君子不博

在古代典籍中，"博弈"虽经常连用，但二者是完全不同的游戏。"博"是指"六博"，又作陆博，在汉代非常流行，出土的汉俑就有二人对坐六博者。南北朝时期的鲍宏所著的《博经》记载："用十二棋，六棋白，六棋黑，所掷头，谓之琼。"[①]鲍宏所说的"琼"，就是"六博"。"弈"则是指围棋，早在先秦时期就已经非常流行。"博"与"弈"之间的不同，孔子是熟悉的。与《论语》同属孔子话语体系的《孔子家语》中说的是"君子不博"，而非"君子不博弈"，或者"君子不弈"。这说明孔子对六博是轻视的，对掷采行棋也是反对的。但他刻意回避了"弈"，这又说明他区别对待"博"与"弈"。"君子不博"的思想，实际上表明了他对智力游戏界限的一种认识。

（三）艺通于道

《论语·述而》："子曰：志于道，据于德，依于仁，游于艺。"意思是说，一个人的志向要在于道，根据要在于德，凭藉要在于仁，活动要在于六艺（礼、乐、射、御、书、

---

① 《后汉书人物全传》，北京时代华文书局2014年版，第763页。

数），只有这样才能成为真正的儒家君子。这句话完整地概括了孔子关于修身的主要观点，是对人的精神生活与文化才艺的全面性要求，因此被古往今来许多学者视为理解孔学原旨的关键。如国学大师钱穆就指出："《论语》此章，实已包括孔学之全体而无遗。"[1] 所谓"志于道"，就是立志要高远，有志达到天人合一的"道"的境界；所谓"据于德"，就是为人处世要以德为根据，遵循"道"从道德行为开始；所谓"依于仁"，就是内心修养和外用发挥都要依靠和凭藉"仁"，以仁爱之心对人对物；所谓"游于艺"，就是以游历、游玩的心态和方式，学习掌握各种才艺。孔子把"游于艺"与"志于道，据于德，依于仁"这三项在儒家看来如同醍醐灌顶一般的大义放在一起，构成了一个完整统一的思想体系和话语体系，对围棋具有特别重要的意义。

由于围棋总体上属于"艺"的范围，确定了"艺"的地位，也就从根本上确定了围棋的地位。换言之，孔子"游于艺"的思想，为包括围棋在内的艺，于修身养性之道中留下了存在的空间。可见，孔子将艺与道贯通，说明不能仅仅视"弈"为单纯的游戏。如果不能理解这一点，也就无法理解孔子对围棋的包容态度。

二 《孟子》对围棋的启示

孟子，名轲，字子舆，是战国时期伟大的思想家、政治家、教育家、文学家，也是先秦儒家的另一位代表性人物。他的地

---

[1] 钱穆：《学籥》，九州出版社2010年版，第4页。

位仅次于孔子,被后世尊为"亚圣"。孟子继承发展了孔子的学说,并提出了自己的哲学思想:其一,以民本、仁政与王道三位一体的为政之道;其二,以"四端说"为基础的性善论;其三,以"尽心""知命""知天"为次第的天命观;其四,以"教亦多术"为理念的教育观;其五,以"与民同乐""以气品人"的文艺论。

《孟子》是儒家的一部重要典籍,该书主要记载了孟子及其弟子的言行。据《史记·孟荀列传》记载:"孟轲所如不合,退与万章之徒序《诗》《书》,述仲尼之意,作《孟子》七篇。"[①] 这七篇分别是:《梁惠王》《公孙丑》《滕文公》《离娄》《万章》《告子》《尽心》。宋代以前,《孟子》属于经史子集分类中的"子部";到了宋代,《孟子》被列入《九经》,成为经书,学术史上称之为"超子入经"。宋代的大儒朱熹称赞孟子说:"《六经》如干斛之舟,而孟子是运舟之人。"可见评价之高。

《孟子》中涉及围棋的内容虽然只有两处,但是却对围棋后来的发展产生了巨大的影响和重要的启示。这集中体现在四个方面:其一,为围棋正名,"弈之为数,小数也";其二,为围棋立贤,"弈秋,通国之善弈者也";其三,以弈棋为喻来说明为学之法——专致;其四,论及弈棋与孝道之间的关系,即弈棋并不是直接违背孝道。

(一)正名:弈之为数,小数也

所谓"名不正则言不顺",最早为围棋正名的便是《孟子》:"今夫弈之为数,小数也"。"礼""乐""射""御""书""数"是儒家六艺,也是儒门弟子必须具备的六种基本技能。孟子将

---
① 《二十四史全译·史记》第二册,第997页。

围棋归入"数"的范畴,实际上就是将围棋纳入儒家六艺之属。陈毅元帅也曾明确地引用《孟子》一书的观点,他甚至说"弈就是数"。

"弈之为数",不是孟子毫无根据地凭空独断,而是在充分了解围棋的基础上所做的正确判断。原因在于:其一,"弈""数"同源,二者都是易学的延伸,都是河图洛书、五行八卦的演化;其二,弈道与数理相通,二者都是对阴阳五行相生相克的运动规律的表达和揭示。

(二)立贤:通国之善弈者——弈秋

弈秋,名秋,姓不详。明末书画鉴赏家冯元仲在《弈旦评》中将他奉为"弈道鼻祖";清代学者焦循解释说,"古之以技传者,每称之为名,如医和、卜徒父是也。此名弈秋,故知秋为其名,因通国皆谓之善弈,故以弈加名称之"。[①]

弈秋是第一个史上有记载的围棋专业棋手,也是史上第一个有记载的从事围棋教育的名人。关于弈秋的记载,除了《孟子·告子上》中的:"弈秋,通国之善弈者也"之外,还有东汉赵岐的《孟子章句》:"有人名秋,通一国皆谓之善弈,曰弈秋";以及《汉书·张衡传》:"弈秋以棋局取誉"。

在《孟子》一书中,弈秋的形象完全是正面的。孟子不仅称赞他为"通国之善弈者",还将他塑造成为一个专门教授围棋的教育家。因此,在孟子眼中,弈秋绝对是一个儒家意义上的贤人。

(三)专致:不专心致志,不可得

孟子不仅是一位伟大的哲学家,同时也是一位杰出的教育

---
① 《孟子正义》,中华书局1987年版,第782页。

家。首先,"教育"一词就是孟子首次提出来的:"得天下英才而教育之,三乐也"。可见,在孟子看来,教育也是君子之乐。其次,孟子非常强调教育的目的与方法。孟子认为,教育的目的是使人成为君子,成为道德高尚的人;而教育的方法则是"因材施教""教亦多术"。此外,孟子还非常重视学习的方法,主张学习要专心致志,坚持不懈,不可三心二意,一曝十寒。

关于这一点,孟子特意以"弈秋诲弈"为例来加以解释和说明:"弈秋诲二人弈,其一人专心致志,惟弈秋之为听。一人虽听之,一心以为有鸿鹄将至,思援弓缴而射之,虽与之俱学,弗若之矣,为是其智弗若与?曰:非然也。"

孟子的教育哲学对围棋教育和学习的重要启迪在于:一方面,习弈应当专心致志,坚持不懈,否则不可得。另一方面,对弈也应当心无旁骛,冷静沉着,否则不可胜。

(四)孝道:弈棋不违孝道

弈棋是否违背孝道,历来看法不一,而问题的关键在于对《孟子·离娄下》中"博弈好饮酒,不顾父母之养,二不孝也"一句的误读和误解。那么,孟子的这句话到底是什么意思呢?如果读者略懂形式逻辑,便不难理解孟子的本义。

以逻辑哲学的方法来解读,我们就会发现:"博弈好饮酒",是条件之一,是必要条件,但不是充分条件,还有第二个条件"不顾父母之养"。如果用 P 表示"博弈好饮酒",用 Q 表示"不顾父母之养",用 C 表示"不孝",那么这句话的逻辑表达式为:$P \wedge Q \rightarrow C$,而不是 $P \vee Q \rightarrow C$。二者的区别在于:前者是合取关系,只有 P、Q 同时为真,C 才能为真;后者是析取关系,P、Q 只要有一个为真,C 即为真。

因此，"博弈好饮酒"只是条件一，"不顾父母之养"是条件二，两个同时满足，才能得出"不孝"的结论。从孟子的话来看，弈棋本身并不等于违背孝道。

三 孔孟围棋之说的意义与影响

孔孟围棋之说，从总体上看，是儒家关于身心修养学说体系中的有机组成部分。他们关于围棋的论述，概括起来有四个特点：一是有肯定。包括对围棋价值的肯定，"为之犹贤乎已"；对围棋地位性质的肯定，"弈之为数，小数也"；对围棋人物的肯定，"弈秋，通国之善弈者也"。二是有保留。认为围棋仍属小数、小道、小技；作为艺的组成部分，对于修养德性还是"下学上达""末技体用"；即使可称贤，还要加上"犹"。三是有区别。对博和弈区分得很清楚，"君子不博""弈之为数"，都是专指，实际上表明了对智力游戏界限的一种认识。四是有限度。围棋作为有益的智力游戏，也不能过度、过分，不能触动基本道德标准；不可玩物丧志，不可乐而无德，不可因戏废道。需要指出的是，在孔孟围棋之说的注解中，有一些是后世儒者自己的认识和看法。这些内容附着在孔孟的思想上，产生了不小的影响，但却未必符合孔孟的原义，这是我们今天应当加以重新认识的。

从汉武帝"废黜百家，独尊儒术"开始，儒家学说逐渐成为中国传统社会占统治地位的指导思想。孔孟之道成为历代朝廷构建官方意识形态的基本理论依据，并内化为士大夫阶层的行为规范。正因为如此，孔孟围棋之说对官方和士人看待围棋的态度产生了极为重要和深刻的影响。一方面，孔孟对围棋的基本肯定，成为了围棋得以生存发展的重要条件与保护因素；另一方面，他们对围棋的某些保留态度，也成为一些"正统"儒者、文人攻击、诘难围棋的口实。但总体看，孔孟所奠定的儒家对围棋的包容态度，在围棋的传承、发展上起到了一定的积极作用。特别是孔子"游于艺"的思想，涉及到有关围棋定位的深层次问题，在后世乃至当代人心目中，留下了开放的印象，对今天的年轻一代认识和解读孔孟学说，具有积极的影响。

第三节 道家经典——《老子》《庄子》

道家哲学及其经典，在中国传统文化中占据极其重要的地位。道藏更是规模宏大，汗牛充栋。最具代表性的经典名著有《老子》《庄子》《列子》《皇极经世》《文子》《田子》《黄帝四经》《老莱子》等。其中，《老子》《庄子》又与《周易》合称"三玄"。

《汉书·艺文志》记载："道家者流，盖出于史官，历记成败存亡祸福古今之道，然后知秉要执本，清虚以自守，卑弱以自持，此君人南面之术也。"[1]继老子之后，道家主要沿两条路线继续发展：一条是"无为主义"的政治学，盛行于战国和西汉初期的黄老学派，主张"无为而治"；另一条是"任自然"的人生哲学，对后世产生深远影响的老庄学派。而老庄一派的"大道""自然""水德""逍遥""隐机"等思想理念，

---

[1] 《二十四史全译·汉书》第二册，第786页。

对围棋的影响和启示是非常深刻的。

一 《老子》对围棋的启示

《老子》，亦名《道德经》《老子五千文》，是先秦道家哲学的经典之一，相传为春秋末期老子所作。老子，姓李名耳，字聃，楚国苦县厉乡曲仁里人，曾做过周收藏室之史。相传，孔子也曾问礼于老子。

关于《老子》的成书，司马迁在《史记·老子申韩列传》里说："老子修道德，其学以自隐无名为务。居周久之，见周之衰，乃遂去。至关，关令尹喜曰：'子将隐矣，强为我著书'。于是老子乃著书上下篇，言道德之意五千余言而去，莫知其所终。"[1]

《老子》是中华文化典籍中的瑰宝，是一部不朽的哲学著作，集中体现了老子的哲学思想。它对中国传统的哲学、科学、政治、宗教、军事、法律等都产生了深刻而巨大的影响；它的世界意义也日渐凸显，越来越多的西方学者不遗余力地探求其中奥秘，寻求人类文明的源头，深究古代智慧的底蕴。

老子哲学思想的核心是"道"，其涵义十分深刻和广泛，反映了先秦道家哲学对于宇宙本体和万物变化的总体认识。《老子》一书最具价值和魅力的是充满思辨哲学的辩证法思想，老子已经认识到任何事物都具有相辅相成、对立统一的辩证关系。更为重要的是，《老子》中关于"大道""自然""水德"的理念，对围棋的棋道、棋理以及棋势都有重要启示。

---

[1] 《二十四史全译·史记》第二册，第887页。

（一）大道与棋道

"道"是中华文化的精髓。中华文化上下五千年，其实都源自于"道"；所以中国文化及其哲学的中心要点不外乎一个"道"字。《老子》对于"道"的阐释最为深刻和精当，可以说是形而上学的巅峰。在老子的哲学体系中，"道"主要有三层含义：一是宇宙万物产生和发展的总根源；二是不以人的意志为转移的自然规律；三是人类社会中的规则和法则。

棋道与老子所说的"道"相通，实际上是"道"在围棋领域中的延伸和体现。棋道与大道具有多个方面的相似性：首先，二者都具有客观性；其次，二者都具有普遍性；最后，二者都包含对立统一；此外，二者也都具有包容性与蕴含性。

（二）自然与棋理

"自然"也是老子哲学中的一个重要概念。在《老子》一书中，"自然"的含义有三种：一是自然万物，如"道法自然"；二是指天地，如"希言自然"；三是指自然而然，如"百姓皆谓我自然"，"夫莫之命而常自然"。

所谓"自然而然"，即顺应自然，无为而无不为。《老子》特别强调，不论是治国理政还是为人处事，都应该坚持自然无为。这种理念延伸到棋理之中，就是在对弈时要行于所当行，止于所当止；当断则断，当连则连；不能违背棋理自然，不走无理之棋，否则必败无疑。

（三）水德与棋势

在自然万物中，老子最为欣赏的是水。在他看来，"水德"最接近"道"。《老子·第八章》说："上善若水。水善利万物而不争，处众人之所恶，故几于道。居善地，心善渊，与善仁，言善信，正善治，事善能，动善时。夫唯不争，故无尤。"对于老子而言，"水"具有七个重要品德：一是守拙，二是齐心，三是坚忍，四是博大，五是灵活，六是透明，七是公平。此外，"水"不仅有"德"，也有"势"，或飞流直下，或川流不息，或波涛汹涌，或风平浪静。

《老子》对于"水德"的推崇，不仅深深地影响了中国人的文化审美和价值理念，也逐渐地渗透到棋理棋势之中，使得棋手在棋枰上攻城掠地的同时，更加注意到"德"与"势"的重要性。

二 《庄子》对围棋的启示

《庄子》，又名《南华经》或《南华真经》，是先秦道家哲学的另一部代表性经典，为战国中期庄子及其后学所著。庄子，名周，字子休，宋国蒙人，是中国著名的思想家、哲学家以及文学家。庄周因崇尚自由而不应楚威王之聘，生平只做过宋国地方的漆园吏。史称"漆园傲吏"，被誉为地方官吏的楷模。

《庄子》与《周易》《老子》《论语》等同为中华文化的源头性经典，不仅是道德与文化的重要载体，同时也是古代圣哲修身明德、体道悟道、天人合一的智慧结晶。该书现存三十三篇，其中有内七篇，外十五篇，杂十一篇。内七篇是《庄子》一书的精华，也是庄学的真谛。

《庄子》的内容包罗万象，涉及哲学、艺术、美学、人生、政治、自然等多个领域。文笔更是汪洋恣肆，瑰丽诡谲，鲁迅先生称赞说："其文则汪洋辟阖，仪态万方，晚周诸子之作，莫能先也。"① 此外，该书在世界上的影响也非常巨大。英国著名科学技术史家李约瑟、美国著名物理学家卡普拉、德国著名物理学家、量子力学的创始人海森堡等都曾受到庄子哲学思想的影响。日本物理学家诺贝尔奖得主汤川秀树也曾表示，他之所以能够获得诺贝尔奖，就是因为受到庄子"倏与忽相遇于浑沌之地"的启发。

（一）手谈体悟"逍遥"

所谓"手谈"，是指以手对弈，犹如无语之交谈，语出《世说新语·巧艺》："支公（即支遁，又称支道林）以围棋为手谈。"② 《南史·武陵昭王萧晔传》云："豫章文献王谓晔曰：'汝与司徒手谈，故当小相推让。'"③ 唐代薛戎的《游烂柯山》诗中也说："不语寄手谈，无心引樵子。"④

手谈体悟"逍遥"，是《庄子》对围棋的启示之一。《庄子》为"三玄"之一，而"手谈"一词的由来与魏晋风骨清谈之风有密切关系。魏晋时期，政治昏暗，士人阶层深受《庄子》逍遥自由思想的影响，不愿出仕为官，好玄谈而乐逍遥。最为著名的竹林七贤便是代表。及至两晋，谈风尤胜，支道林虽属佛门，但他既好老庄，又善弈棋，借助"玄谈"之风将围棋喻为"手谈"，旨在说明对弈中所展现出的无声的交流。这是一种中国式的对话方式，也是《庄子》所强调的"得意忘言""逍遥自在"等精神的体现。

---

① 《汉文学史纲要》，凤凰出版社 2009 年版，第 21 页。
② 《世说新语》下册，中华书局 2011 年版，第 708 页。
③ 《二十四史全译·南史》第二册，第 925 页。
④ 《围棋文化史料大全》，第 402 页。

（二）坐隐形同"隐机"

所谓"坐隐"，是指二人对坐，以弈棋为隐语，同样语出《世说新语·巧艺》："王中郎（坦之）以围棋是坐隐。"[①]《颜氏家训·杂艺》中说："围棋有手谈、坐隐之目，颇为雅戏。"[②]唐代杜牧也有诗云："行吟值渔父，坐隐对樵人。"[③]

坐隐形同"隐机"，是《庄子》对围棋的启示之二。《庄子·齐物论》中说："南郭子綦隐机而坐，仰天而嘘，荅焉似丧其偶。""隐机"的关键在于"隐"，只有"隐"，才能达致精神自由的境地。王坦之之所以将围棋喻为"坐隐"，也是受此启发，认为对弈之间，只有棋局凸显，而无人事纷扰，故而形同"隐机"。这其中所展现的，实际上是魏晋士人的精神世界与处世哲学。

第四节 佛家经典——《金刚经》《坛经》

佛教经典统称为《藏经》或《大藏经》，分经、律、论三藏，十二大部经，一万多卷，八万四千法门，可谓是典籍浩瀚，博大精深。其内容也不仅仅是宗教，还包括哲学、历史、语言、文学、艺术、音韵、天文、地理、历算、医学、建筑、科技、民族、社会、中外关系等诸多领域。因此，它是人类文化的宝贵遗产，对中国文化、世界文化都产生过不可估量的影响。

佛教与围棋之间的关系密切，在佛教传播与发展的过程中，

---

① 《世说新语》下册，中华书局 2011 年版，第 708 页。
② 《颜氏家训》，中华书局 2007 年版，第 322 页。
③ 杜牧：《宣城赠萧兵曹》（一作许浑诗），见《全唐诗》卷五百二十六。

佛教与围棋的关系先后经历了对抗期、磨合期以及融合期。

对抗期大约在佛教开始传入中国内地的东汉至三国时期。这个阶段，佛教对围棋的基本态度是反对和排斥。如《佛说长阿含经》明文禁止僧人参与棋局博弈之类的游戏；《佛说梵志阿颰经》也设立戒规，"不得樗蒲（今之麻将）、博弈"；《央掘魔罗经》则明令佛门弟子"善学诸明处，远酒离博弈"。

磨合期大约在两晋南北朝时期。在这个时期，由于历代皇帝和社会名流的提倡，围棋的社会地位大大提高，已经由此前的"游戏"成为文人士大夫追求的"艺术"，同时，随着佛教的广泛传播及其与中国传统文化之间的日渐融合，佛教对围棋的基本态度也开始由最初的对抗而变得宽容。这期间，佛教高僧鸠摩罗什、支道林以及梁武帝起到了重要作用。

融合期大约在隋唐之后，历宋、元、明、清直至当代。隋唐之后，佛教彻底接纳了围棋，围棋与佛教已水乳交融。僧人们把围棋作为社交手段，广交社会名流，借以弘法布道。

据《弈史》的统计，《大藏经》中涉及围棋的论述竟然多达48部62处；主要包括四个方面的内容：一是作为戒禁游戏的内容之一出现，计36处。如《大般涅盘经》提出，"除供养佛，樗蒲、围棋、波罗塞戏、师子象斗、弹棋、六博、拍鞠、掷石、投壶、牵道、八道行城，一切戏笑悉不观作"[①]。《佛说长阿含经》禁信徒"棋局博弈"[②]。 二是作为宣传赌博游戏危害的内容之一出现，计15处。如《正法念处经》说，"见此众生，因节会日，相朴、射戏、樗博、围棋种种博戏，因此事故，行不净施，无

---

① 《乾隆大藏经》第二十九册，第194页。
② 《乾隆大藏经》第五十三册，第133页。

心无思，亦无福田，是人身坏堕于恶道"①。《别译杂阿含经》说，"博弈相侵欺，损丧钱财尽"②。三是作为佛教允许的随顺世间法的内容之一出现，计5处。如《大般泥洹经》说，"或入酒会博弈戏处，为教化故不同彼业……于阎浮提种种异业无不现化，其实如来不与同事，现为其像，随顺世间"③。《维摩诘经》说，"若在博弈戏乐，辄以度人。受诸异道，导以佛教。不离圣典，因诸世间俗教善语，以法乐而乐之。一切见敬，为供养中最"④。四是作为展示智慧全能的技艺内容之一出现，计6处。如《佛本行集经》说：当年佛陀身为太子时，"或试音声，或试歌舞，或试相嘲，或试漫话、戏谑、言谈，或试染衣，或造珍宝及真珠等，或画草叶，和合杂香，博弈摴蒱，围棋双陆，握槊投壶，掷绝跳坑，种种诸技，皆悉备现。如是技能，所试之者，而一切处，太子皆胜"⑤。可见，佛教经典与围棋之间关系密切。

一 《金刚经》对围棋的启示

《金刚经》，全称为《能断金刚般若波罗蜜经》，最早由姚秦三藏法师鸠摩罗什于弘始四年（402年）译出。此经的宗旨是阐述般若性空之理。卷末四句偈文"一切有为法，如梦幻泡影，如露亦如电，应作如是观"，被称为全经的精髓。禅宗

---

① 《乾隆大藏经》第五十六册，第315页。
② 《乾隆大藏经》第五十三册，第489页。
③ 《乾隆大藏经》第三十一册，第448页至第449页。
④ 《乾隆大藏经》第三十三册，第740页。
⑤ 《乾隆大藏经》第五十七册，第405页。

六祖惠能也是因听闻此经中的"应无所住而生其心"开悟。

《金刚经》中所宣说的"众生平等""六如之法"等思想观念与棋道、棋理有很多相通之处。对此,南宋诗人兼棋手徐照在《赠从善上人》中也说:"诗因缘解堪呈佛,棋与禅通可悟人。"[1]

(一)围棋与"众生平等"

在佛教哲学中,"众生"可分为"有情众生"与"无情众生"。"有情众生"指人和一切有情识的生物,包括天、人、阿修罗、地狱、饿鬼、畜生六种。"无情众生"指没有情识的东西,如草木、山河、大地、土石等。大乘佛教认为,无论"有情众生"还是"无情众生"都是平等的,这一平等主要体现在三个方面:一是都平等地遵守"缘起性空,性空缘起"的不二法门;二是都平等的具备佛性真如;三是都平等地具有成佛的可能。

与"众生平等"所解释的理念相似,围棋的棋道、棋理也有平等的理念。弈棋中的平等主要表现在两个方面:一是棋子平等,不存在任何的等级差别;二是弈者平等的遵守对弈规则,一人一手,循环往复。

(二)围棋与"六如之法"

《金刚经》云:"一切有为法,如梦幻泡影,如露亦如电,应作如是观。"这便是"六如之法",佛教以如梦、如幻、如泡、如影、如露、如电来比喻世事之空幻无常,变化万千。围棋也是如此。棋枰之上,风云际会,瞬息万变,攻守转化,生死得失。棋理与人生梦幻交融,因而也形成了围棋"六如":如真、如性、如慧、如历、如养、如趣。围棋"六如"是围棋

---

[1] 见清代吴之振等编《宋诗钞》卷八十六,亦见傅璇琮等编《全宋诗》卷二六七。

与人生具有交集的明证，也是弈者们对佛家"六如之法"的理解与感悟。

二 《坛经》对围棋的启示

《坛经》，又名《六祖坛经》，是唯一一部由中国僧人撰述的被称作"经"的佛典；也是六祖惠能大师将印度佛教文化与中国传统文化融合的结晶。既保留了佛陀原始的"以心传心"的禅法思想，又融入了中国的传统文化，在中国禅法发展上，建立了真正的中国禅宗。其禅法思想的特点是民族化、系统化、通俗化和大众化。其中的许多名句被大众所熟知、接受。如"叶落归根""如人饮水冷暖自知""迷时师度悟了自度""非幡动风动人心自动"等。

惠能（636—713），唐代高僧，是中国佛教史上一位富于传奇色彩的人物。关于"惠能"一名的由来，据经上所载：惠能刚出生时，曾有二异僧造谒，专为之安名，上惠下能，"惠者，以法惠施众生；能者，能作佛事。"这预示着惠能是因弘法而来，今后必将大兴佛法、惠施众生。"惠能"亦作"慧能"，二者通用。

《坛经》代表了中国佛教一种特殊的本质所在，也表现了中国文化，或者说民族性中一份奇特的生命智慧。在中国文化艺术方面，《坛经》的影响不可忽视，尤其是围棋。围棋所追求的"品格""境界""超越""忘忧"等，都深受禅宗"顿悟"思维方式的影响。"顿悟"所要求的"不住于念""不住于相""教外别传，不立文字"，对于棋手超越胜负、超越定式、超越语言都具有重要的启示意义。

（一）无念：对胜负的超越

"顿悟成佛"的第一个要件是"不住于念"，即"无念"。什么是"无念"呢？《坛经》云："若见一切法，心不染著，是为无念。"因此，所谓的"无念"，就是心中没有杂念，没有执念，思虑精纯，妄想自除。但是，"无念"绝不是一无所想，一无所念。对于围棋而言，棋手在对弈时若能够做到"无念"，不执著于胜负，不住念于胜负，才能超越胜负，从而进入一种较高的对弈境界。

（二）无相：对定式的超越

"顿悟成佛"的第二个要件是"不住于相"，即"无相"。所谓"无相"，是与"无念"相对而言；"无念"的对象是内心思虑，"无相"的对象是外在境相。因为"一切相皆是虚妄"，所以不应执着于相，被相所迷惑。在围棋中，最容易执着和迷惑的相就是定式。因此，棋手在对弈时只有做到"无相"，不执著于定式，敢于打破定式而勇于创新，才能超越定式。

（三）不可说：对语言的超越

禅宗心法的最大特色就是"教外别传，不立文字"，也就是常说的"以心传心"。成语"拈花一笑"便是由此而来。根据《五灯会元》记载："世尊于灵山会上，拈花示众。是时众皆默然，唯迦叶尊者破颜微笑。世尊曰：吾有正法眼藏，涅盘妙心，实相无相，微妙法门，不立文字，教外别传，付嘱摩诃迦叶。"

"不立文字，以心传心"，这实际上就是对语言的超越。因为佛法第一义"不可说"，只能以心来领会。这与对弈并无二致，"手谈"之名，也揭示出棋道真谛不可说，只能于棋枰之上传授；之所以说围棋也是对语言的超越，原因就在于此。

第五节 兵家经典——《孙子》《鬼谷子》

在先秦诸子百家中，兵家的思想和智慧独树一帜，它是在激烈的军事斗争实践中形成的一个独特的学术流派。《汉书·艺文志》说："兵家者，盖出于古司马之职，王官之武备也。"[①]

兵家主要代表人物有鬼谷子、孙武、司马穰苴、孙膑、吴起、尉缭、庞涓等，汉初有张良、韩信等。兵法理论也十分丰富，现存于世的有：《孙子兵法》《吴子兵法》《六韬》《黄石公三略》《尉缭子》《鬼谷子》《司马法》《唐太宗李卫公问对》，以及1972年山东临沂银雀山汉墓出土的《孙膑兵法》等。此外，还有唐代李筌的《太白阴经》，北宋仁宗命曾公亮、丁度编著的《武经总要》，南宋陈规、汤璹的《守城录》和陈傅良的《历代兵制》，以及明代戚继光的《纪效新书》《练兵实纪》等。

兵家与围棋的关系极为密切。东汉马融的《围棋赋》开宗明义："略观围棋兮，法于用兵。三尺之局兮，为战斗场。陈聚士卒兮，两敌相当。怯者无功兮，弱者先亡。"[②] 应场的《弈势》也说围棋"有相军戎战阵之纪"。宋代张拟（一说张靖）更是模仿《孙子兵法》而撰写《棋经十三篇》，足见弈道与兵道同源无二，相映成趣。

[①] 《二十四史全译·汉书》第二册，第798页。
[②] 《围棋文化史料大全》，第316页。

一 《孙子》对围棋的启示

《孙子》，又名《孙子兵法》，位列兵家"武经七书"之首，是中国现存最早的兵书，也是世界上最早的兵书，被后世奉为"谈兵之祖""兵学圣典"。

《孙子》的作者是孙武，齐国人，经由伍子胥推荐，"以兵法见于吴王阖庐"，被吴王用以为将。后随吴王攻楚，大破敌兵。后人说吴王"西破强楚，入郢，北威齐晋，显名诸侯，孙子与有力焉"。

现存的《孙子》共十三篇，总结了春秋时期军事斗争的经验，提出了一系列精辟的军事学理论，内容包括对战争、军队的基本问题的论述和战略、策略、作战原则和方法等；并深刻地指出了战争与政治、经济的关系，提出决定战争胜负的五个基本因素是政治、天时、地利、将帅、法制。它不仅为中国历代兵家所重视，也为各国军事家所重视。不少国家的军校把它列为教材，1991年海湾战争期间，交战双方都曾研究《孙子》，借鉴其军事思想以指导战争。《孙子》与围棋关系密切，对围棋的影响明显而深刻。其中的"庙算""不战屈人""出奇制胜""知己知彼""以利诱敌""因形措胜""虚实相加""奇正并用"等思想对围棋弈理的发展都有重要的启示意义。

（一）庙算与计算

"庙算"是孙子提出的重要概念。《孙子·始计篇》说："夫未战而庙算胜者，得算多也；未战而庙算不胜者，得算少也。多算胜，少算不胜，而况于无算呼！"《尉缭子》《商君书》《六韬》《吴子》以及《文子》等也都普遍运用这一概念。

实际上,庙算是基于全面分析国家之间政治、经济以及战争诸因素基础上,所做的战略决策的高度概括。究其本质,庙算是在战争前制定克敌制胜的方略,也即后来的军事家曹操注解所说的"选将、量敌、度地、料卒、远近、险易,计于庙堂也"①。

弈棋与用兵相通。用兵需要庙算,弈棋则离不开计算,二者的本质都是筹划谋算。因此,《棋经十三篇》说:"棋者,以正合其势,以权制其敌。故计定于内而势成于外。"②"计定于内",就是要在对弈之前,分析敌我双方的情况,构思、盘算作战的整体方略。整盘棋的战略构想、战役组织、战斗实施正确与否,都建立在计算是否正确的基础上,通过算度的深浅反映出来。这就是《孙子》"多算胜"思想的体现。

(二)兵经与棋经

《棋经十三篇》是模仿《孙子》而作,因此二者之间有着密切的"亲属关系"和家族相似性。

首先,就谋篇布局而言,《孙子》分为十三篇,《棋经》也是分为十三篇。其次,就思想内容而言,《孙子》重视"庙算""谋攻""兵势""虚实""知几"等战略、战术思想,《棋经》也非常强调"得算""虚实""布势""自知"等弈棋要领。最后,就哲学精神而言,二者都秉承辩证唯物主义的观点,富含辩证法思想,都重视矛盾的对立统一与转化。

(三)兵法与弈法

《孙子》被誉为"兵经",而围棋也被誉为最古老的"兵

---

① 《孙子兵法·三十六计》,江西教育出版社 2014 年版,第 276 页。
② 《围棋文化史料大全》,第 372 页。

棋"。"兵经"中几乎所有的观点和思想都可以运用于"兵棋"，其中深刻影响弈法的主要有八个方面：一是强调周密筹划和预先计算；二是强调不战而屈人之兵；三是强调用兵的上策是挫败敌人的计谋；四是强调先使自己立于不败之地而又不放过击败敌人的任何机会；五是强调奇正相生，出奇制胜；六是强调势的力量和谋势、造势、用势的重要；七是强调避实击虚，根据敌情变化而改变战略战术；八是强调用谋略制敌，攻其不备，出其不意。

兵法与弈法，相映成趣。《孙子》所揭示的军事规律和战略原则，在围棋弈理的发展进程中产生了巨大而深远的影响。对此，唐太宗李世民曾作《咏棋》诗，来说明围棋就是玩味孙子、吴起的意境，表达围棋与兵法之间的密切联系。如"治兵期制胜，裂地不要勋。半死围中断，全生节外分。雁行非假翼，阵气本无云。玩此孙吴意，怡神静俗氛。"[①]

二 《鬼谷子》对围棋的启示

《鬼谷子》，又名《捭阖策》，相传是战国时期纵横家、军事家的鼻祖鬼谷先生所作。鬼谷先生，姓王名诩，又名禅，楚国人，因隐居清溪之鬼谷，故自称鬼谷先生，苏秦、张仪、孙膑、庞涓等均为其徒弟。他精通数学星纬、兵学韬略，擅长持身养性、心理揣摩，深明刚柔之势、捭阖之术，因此也被誉为千古奇人。

《鬼谷子》一书，是纵横家及兵家哲学思想的经典之作，

[①]《全唐诗补编》上册，中华书局1992年版，第663页。

历来被人们称为"智慧禁果，旷世奇书"。它在中华传统文化中颇具特色，是实用主义哲学的典型代表，讲求顺应时势、知权善变、揣情度意、知微见著、纵横谋略等思想，对围棋的发展具有重要启示。

（一）纵横与战略运筹

《鬼谷子》十分擅长纵横之术与战略运筹。战略运筹虽源于军事，但也适用于围棋对弈。战略的本意是指导战争全局的方略，现在广泛地延伸为各个领域指导全局的根本性政策。战略的突出特点是全局性、关联性、发展性，而围棋最重要的是大局观。围棋战略在很大程度上就是度势、布势和张势的智慧，这与一般战略筹划、指挥和操控具有高度的相似性。因此，围棋实际上是一门关于战略运筹的艺术。

战略意识和大局观，是围棋博弈思想的核心。战略具有全局性、关联性、发展性、对抗性以及谋略性等特点。围棋对弈也是如此。弈者必须具备开阔的胸襟、视野和思路，善于从整体态势、全局关联以及发展趋势上分析判断，采取应对之策，始终围绕总体目标，根据全局需要来进行筹划、计算和处置。这是一种很高的境界。对这种境界的追求，贯穿于围棋思想的发展之中。东汉桓谭的《新论》从战略战术的角度把围棋博弈的境界分为上中下三等："及为之，上者远棋疏张，置以会围，因而伐之，成多得道之胜。中者则务相绝遮要，以争便求利，故胜负狐疑，须计数而定。下者则守边隅，趋作罫目，以自生于小地，然亦必不如。"[①]

---

① 《全后汉文》上册，商务印书馆1999年版，第121页。

（二）谋略与制胜之法

《鬼谷子》是一部谋略与制胜之法的宝库，书中的谋略智慧与制胜之法历来被人们所推崇，所实践，所验证。狭义的谋略主要指抗争谋略，特别是军事谋略。广义的谋略指思维技巧，是解决复杂问题的巧妙方法，具体表现为政治统御、军事指挥、社会管理、经济运营以及体育竞赛等各个方面的智谋运用。

围棋谋略运用主要体现在"权变"和"诡道"上。权变就是奇正之变，权衡利弊而变化，不拘常规，不守一术；诡道就是在增强构思和行棋手段、步骤上的隐蔽性和伪装性上下功夫，示假隐真，虚实结合，麻痹对方，最后战而胜之。围棋谋略不仅可应用于军队作战，也可应用于商业经营和社会治理。围棋的许多重要理念和思路是社会管理文化的鲜活内容，包括目标确立、总体筹划、步骤安排、过程控制和各种情况的处置等内容。

第三章 西方之证：欧洲古典哲学

  纵览东西方文明交流史，从汉武帝时期张骞开通丝绸之路，打开了中华文明走向世界的大门，开启了延续两千多年的东西方政治、经济、文化、科技、军事等多领域的交流；到明成祖时期郑和七下西洋，打通了经南海、印度洋、红海、波斯湾通往西亚、非洲近40个国家，乃至连接欧洲的海上通道。在这场历时千载、波澜壮阔的文明大交流和大传播中，围棋有没有参与其中，有没有传至欧洲，有待新的史料或考古的发现和研究。但据现存史料可知，欧洲人真正知道和了解围棋，始于西方基督教文明和中华文明最初的碰撞，卷入这一交集的主要是传教士、朝廷官员、科学家、汉学家以及旅行家，时间大约从16世纪起到19世纪中后期；而欧洲人真正开始围棋活动，则是19世纪末期以后的事情。

  屈指算来，欧洲人接触围棋的历史不过两三百年。但就在这短暂的二三百年里，欧洲人从一开始的不知围棋为何物，到了解围棋和熟悉围棋，热爱围棋甚至迷恋围棋，学习围棋并且研究围棋，并率先突破了人工智能在围棋上的瓶颈，开发出了具有超强棋力的 AlphaGo（阿尔法围棋）、AlphaGo-Master（阿尔法围棋大师）以及 AlphaGo Zero（阿尔法元）。

欧洲人面对围棋时的种种反应，让我们觉得他们接受围棋似乎并不困难，他们对围棋似乎也并不陌生。原因何在？为什么欧洲人会对产生于中华民族文化母体之中的围棋，有着如此天然的亲近性和接受能力？为什么欧洲人会对承载着中华传统哲学思维与智慧的围棋，有着如此强烈的痴迷性和研究力度？研究发现，原来欧洲古典哲学中的很多思想观念与围棋哲学所统摄的围棋理念都是可以相互印证、相互比照的。或者说，西方传统的哲学思维和文化观念与围棋所承载的中国传统的哲学思维和文化观念之间，有着惊人的相通性、相似性、相近性和相容性。

第一节 西方自然哲学的观照

欧洲古典哲学的历史应当从古希腊开始。古希腊哲学是欧洲古典哲学乃至整个西方文明及其哲学的源头活水，它不仅奠定了西方文明及其哲学的根基，而且提出并探讨了几乎所有的哲学问题。诚如恩格斯所说："在古希腊哲学的多种多样的形式中，差不多可以找到以后各种观点的胚胎、萌芽。"[1]

古希腊哲学的产生，源自于哲学的第一个基本问题：世界的本原是什么？对于它的思考和回答有两种路径：一种是世界

---
[1]《马克思恩格斯选集》第三卷，人民出版社 1972 年版，第 468 页。

是由什么构成的,被称作自然哲学;一种是世界万物成为其本身的根据是什么,被称作形而上学。在古希腊哲学的四大学派中,米利都学派和艾菲斯学派属于自然哲学的路径;而毕达哥拉斯学派和爱利亚学派则属于形而上学的路径。四大学派所提出的许多概念、范畴、观念以及思想,都有可以与围棋理念比量齐观,相互印证的部分。

一 米利都学派视域内的围棋理念

米利都学派因产生于米利都城邦而得名,这是古希腊哲学史上的第一个学派,它的创始人是著名的希腊七贤之一——泰勒斯。从亚里士多德开始,泰勒斯就被尊为"西方哲学之父",他的学生阿那克西曼德以及阿那克西曼德的学生阿那克西美尼也是该学派的重要代表人物。

泰勒斯的鼎盛年约在公元前585年,他出生于米利都的名门望族,天资聪颖,并精通天文学、数学。泰勒斯虽被誉为"西方哲学之父",但他留下来的只有两句话:一句是"大地浮在水上",另一句是"万物充满神灵"。第一句回答了什么是万物的本原,第二句则解决了本原生成万物的动力。

阿那克西曼德的鼎盛期约在公元前570年。他认为,万物的本原是一种没有固定形态或性质的始基,他称之为"无定形之物"或"无限"。这种观念是对泰勒斯"水本原"说的改进和超越;因为在他看来,任何单一的自然物均不能成为万物的本原,只有各种"无定形之物"所构成的原始混沌"无限",才可作为万物的本原。

阿那克西美尼的鼎盛期约在公元前546年。他的哲学思想包含三个层面：首先，万物的本原是气，气的聚散离合构成了万物。其次，气的凝聚和稀散依靠冷、热，冷则凝聚，热则稀散。最后，气有双重属性，即自然属性和精神属性。阿那克西美尼关于世界本原的思考可以被概括为"气本论"，而这种"气本论"又与围棋理念中的"气本论"异曲同工。

（一）殊途同归的"气本论"

围棋理念中的"气为本原"与阿那克西美尼所提出的"气本论"殊途同归。"殊途"是因为一个是东方文明的产物，一个是西方文明的产物；"同归"是由于二者都具有本原性，都是对哲学的第一个基本问题的思考和回答。

对于阿那克西美尼而言，气是宇宙万物存在的基础，也是宇宙万物得以生存的条件。对于围棋而言，"棋以气生，气尽棋亡"。"气"是棋子存在的基本条件。一枚棋子要在棋枰上存活而不被提取，前提条件是这枚棋子必须有"气"，否则的话，就是死子一枚。在棋枰之上，双方都没有落子之时，是一片原始混沌的"气"。子落在盘上之后，每个子就开始围绕着"气"展开了一场激烈的争夺战。棋子对生存空间的争夺主要体现为对生命之气的争夺。对局中的黑白双方，也总是采取各种可能的手段抑制或灭绝对方的生存之气。

（二）对"无限"的认知和把握

在古希腊哲学中，阿那克西曼德首先注意到"无限"，并将它定义为宇宙万物的本原。在他看来，"无限"具有永恒性、普遍性、无终点性以及绝对支配性。这实际上是对万物本原的一种否定式的表述，同时也意味着哲学思维层次的提高。

在围棋理念形成发展过程中，也有对"无限"的认知和把握；但与古希腊哲学中的"无限"略有同异：一方面，围棋理念中的"无限"有时表现在棋手的潜力与境界上，也就是"潜力无限"和"艺无止境"，即无终点性，这是相同之处；另一方面，围棋理念中的"无限"侧重于变化性，而不是本原性，这是不同之处。

二 艾菲斯学派视域内的围棋理念

艾菲斯学派因产生于伊奥尼亚的艾菲斯城邦而得名，主要代表性人物是赫拉克利特以及他的弟子克拉底鲁。

赫拉克利特的鼎盛期约在公元前504年。他是一位形单影只、特立独行的哲学家。出身王族的他，性格孤傲，将王位让给了自己的兄弟，自己却隐居山林。赫拉克利特的哲学晦涩而艰深，连苏格拉底都承认，他的著作深邃难懂，要钻透它，需要像勇敢的游泳者那样。赫拉克利特是西方哲学史上辩证法的奠基人，连黑格尔都非常重视他的辩证法思想，他曾说："没有一个赫拉克利特的论点不被我采纳到我的逻辑学中。"[1]

赫拉克利特的哲学思想主要包含四个方面：其一，火是万物的本原，"世界是一团永恒不灭的活火"；其二，一切皆流，无物常住，"人不可能两次踏入同一条河流"；其三，道（或译逻各斯）是万物运动变化的尺度和规律；其四，辩证法思想。

如果从艾菲斯学派的视域下，特别是以赫拉克利特的哲学视角来审视围棋理念，我们会发现二者不仅有共同的追求——

---

[1] 转引自《列宁哲学笔记》，中共中央党校出版社1990年版，第289页。

"道",还有相通的路径——"五行""四元素"。

(一)共同的追求——"道"

从比较哲学的角度来看,艾菲斯学派赫拉克利特的思想与深受中国传统道家哲学影响的围棋理念有着共同的追求——"道"。

赫拉克利特所追求的"道",是万物运动变化所具有的尺度,即规律性。他认为,"道"是一种非人的理智,能够将世界中相分离的元素组织成一个相联系的整体。换言之,"道"就是宇宙万物的秩序。围棋理念中所追求的"道"与此类似,既有规律性,也有秩序性。二者的区别在于前者非人的理智,后者则是贯通天人,是人的理性可以认识和把握的。

(二)相通的路径——"五行""四元素"

赫拉克利特认为,火是万物的本原,宇宙万物的生成和演变都肇始于火,火浓缩而变成气,气浓缩而变成水,水浓缩而变成土,土融解产生水,水蒸发产生气,气又回到火,如此循环不已。火、水、土、气这四种元素实际上是"火本原论"成立的前提和基础。而这四种元素,与中国传统哲学中的由金、木、水、火、土所构成的"五行"又是如此相似。对此,英国著名科学史家李约瑟不禁感叹,中国的"五行"理论与古希腊哲人赫拉克利特的"四元素"说竟然无比相似!

第二节 西方形而上学的印证

在古希腊哲学乃至黑格尔以前的西方哲学中,"形而上学"

都是一种极其高深玄奥的学问，事实上它构成了哲学的根基。正是因为有了"形而上学"追问的那个背后的东西，哲学才与自然科学分道扬镳。所以，剥离了自然科学之后的哲学，即"形而上学"，也被亚里士多德称为"第一哲学"。

在古希腊四大学派中，如果说米利都学派的泰勒斯以"水是万物的本原"奠定了自然哲学的基础，那么毕达哥拉斯学派的创始人毕达哥拉斯则以"数是万物的本原"开启了"形而上学"的源流。此后，爱利亚学派的巴门尼德以及他的门徒芝诺，更是将"形而上学"推上了高峰。其中，毕达哥拉斯关于"数本论"的思想、"一"与"多"关系的辨析，巴门尼德对于"自然"的思考，以及芝诺对于运动和变化的诡辩，都可以与围棋理念中的相似观点对比研究，交相辉映。

一 毕达哥拉斯学派视域内的围棋理念

毕达哥拉斯学派，因其创始人和首领是毕达哥拉斯而得名。这是一个集政治活动、宗教信仰和学术研究于一身的学派，在古希腊活动的范围很大，影响时间也很长。毕达哥拉斯的鼎盛期约在公元前532年。他自幼好学，四处求教，曾向泰勒斯、阿那克西曼德等求学。

毕达哥拉斯学派有两条最能典型概括他们思想的格言："什么最智慧？——数目"，"什么最美好？——和谐"。这个学派的哲学思想可以概括为三个方面：其一，数是万物的本原；其二，和谐观念，即万物是否和谐与数量比例有关；其三，灵魂理论，即灵魂可以分为感觉的部分和理性的部分，感觉的部分是会死的，而理性的部分是不会死的。

（一）围棋的数算表达与毕达哥拉斯的"数本论"之比较

毕达哥拉斯学派的"数本论"认为，"数"是万物的本原，"数"是众多的，不变的。其主要的理由有两点：其一，一切事物的性质都可以被归结为"数"的规定性；其二，"数"先于事物存在，是构成事物的基本单元。可以说，毕达哥拉斯学派将"数"提升到了前所未有的高度，一是本体的高度，一是信仰的高度。就本体而言，"数"是万物的本原，是作为本体而存在的；就信仰而言，"数"的属性含有"正义""灵魂"以及"理性"，因此被毕达哥拉斯学派视为信仰的根源。

孟子称围棋为"数"，棋理也通于数理。围棋以数算作为自己的表达方式，以黑白子在棋枰上所勾连的图形，来表达对"数"的理解和诠释。这种数算表达的理念与毕达哥拉斯学派"数本论"的比较有四个方面：

第一，在毕达哥拉斯学派的基本观念中，"数"代表了智慧与美好，是一种理想的寄托。这一点，在围棋理念中也有体现。围棋中的"数"，如三百六十一点、十九路、九星位、天元等，都是象天之数，代表了一种宇宙论的理想与寄托。

第二，在毕达哥拉斯学派的基本观念中，"数"不仅仅是智慧与美好的代表，也不仅仅是一种理想的寄托，更是一种信仰。围棋中的"数"也是如此，象天之数的理念背后，不仅是宇宙论的理想寄托，更深层的则是"天人合一"的文化信仰。

第三，需要说明的是毕达哥拉斯学派对"数"的信仰和围棋理念对"数"的信仰，都不是宗教层面上的"信仰"。前者以理性为基础，后者则以文化为根基。

第四，由"数"的路径来看围棋，可以看到有一个总变化数，一个最优变化数。总变化数由空间给定，对弈在某种意义上就是在这个给定的总变化数中去尽力探寻最优变化。理论上，双方都找到最优的数，就达成了棋盘上的和谐。人力无法穷尽围棋，达不到棋盘上最优、最美、最和谐的状态，但弈者对此的追求，就如同人生对美好、和谐的理性追求。

（二）围棋理念中的"一"与"多"

"一"与"多"的关系问题，是哲学史上的中心性问题。围绕着"一"与"多"的关系，形成了哲学中的一个"问题家族"或"问题域"，比如实体与属性、普遍性与特殊性、同一性与差异性、同质性与异质性、一元与多元、本质与现象、中心与边缘、太极与物、理与事等一系列哲学中带有根本性的矛盾关系都可以归结为"一"与"多"的关系问题。纵观哲学发展的历史，对于"一"与"多"的关系的研究基本上可以分为两种思路：一种是强调"一"的涵盖性或者统率性，重视本原、实体、同一性等，这可以称为"以一取万"的思想模式，或者是中国传统哲学中的"月映万川"的模式。另一种是强调"多"的重要性或客观性，重视现象本身的多样性、特殊性、多元性等，因此可以称为"以多解一"的思想模式，或者中国传统哲学中的"物物有一太极"的模式。而毕达哥拉斯的"数本论"，从本质上讲属于后者，即强调多的重要性。

实际上，"一"与"多"是辩证统一的关系，这种辩证关系，在围棋理念中体现得也很明显。每一颗棋子都是一个独立的作战单位，是"一"，但是每一颗棋子的最大效用和生存必须依靠与其他棋子之间的配合以及关联才能发挥出来，这又是"多"。

在围棋对弈中，要辩证地对待一个棋子与多个棋子之间的关系，既要重视一个棋子独立作战的能力和其自身所具备的能量；同时又要善于将一个棋子或多个棋子纳入整盘棋的全局作战中，以便发挥其最大效用。

二 爱利亚学派视域内的围棋理念

爱利亚学派因产生于南意大利的爱利亚城而得名。这个学派的主要代表人物有三位：克塞诺芬尼、巴门尼德和他的学生芝诺。

克塞诺芬尼的鼎盛期约在公元前540年。据说他25岁时离开家乡，在外漫游流浪近70年，是一位长寿的游吟诗人。他的哲学观点主要有两点：一是极力批判神人同形同性论；二是反对多神论，主张一神论。

巴门尼德的鼎盛期约在公元前500年。他是克塞诺芬尼晚年的学生，但是真正引导他走向沉思生活的却是毕达哥拉斯学派的哲学家阿美尼亚。巴门尼德的主要哲学思想就是"存在论"和"真理论"。首先，存在是永恒的，是"一"，连续而不可分；其次，存在是不动的，是真实的，可以被思想；感性世界的具体事物是非存在，是假相，不能被思想。此外，没有存在之外的思想，被思想的东西和思想的目标是同一的，即真理。他第一次提出了"思想与存在是同一的"命题，并著有哲学诗《论自然》。

芝诺的鼎盛期约在公元前468年，是巴门尼德最喜爱的学生。他身材伟岸，气宇轩昂，但性情孤傲，且自视甚高；后来因卷入一场政治斗争而被僭主投入臼中用杵捣死。在哲学上，芝诺并没有新的建树，他所做的工作就是系统地论证了他的老师的基本观点，一是对"运动"的否定，一是对"变化"的否定。

（一）棋道法"自然"与巴门尼德的"自然"之异同

围棋理念中有"道法自然"一说，而巴门尼德也有《论自然》一书，二者都论及"自然"，但含义却不尽相同。

棋道法"自然"理念源于《老子》。这里的"自然"有两层含义：一层是自然万物，一层是自然之理。巴门尼德所谓的"自然"，实际上讲的是"存在"，就是他所说的真理。棋道法"自然"中的"自然"，选择的是形上与形下相结合的路径；巴门尼德的"自然"，选择的则是形而上学的路径。

（二）棋道中的"变化"与芝诺的"变化"之对比

芝诺提出了两个悖论：第一个悖论是"飞矢不动"，顾名思义就是离弦而出的飞箭是不动的。第二个悖论是"阿基里斯永远追不上乌龟"，阿基里斯是希腊半人半神的第一勇士，如果让一只乌龟在他前面1000米处开跑，那么他就永远也追不上这只乌龟。

芝诺利用这两个悖论，否定了"运动"；不存在"运动"，当然也就无所谓"变化"。因此，在芝诺看来，"静止"是绝对的，"变化"是不存在的。但是对于围棋而言，情况却正好相反。棋道中的"变化"是存在的，而且是多样的、时刻都存在的。另外，棋道中的"变化"是可以被认识和把握的，而不是像芝诺所论证的那样是不可知和无法把握的。

第三节 西方哲人的围棋情缘

欧洲人真正知道和了解围棋，始于西方基督教文明和中华文明最初的碰撞，卷入这一交集的主要是传教士、朝廷官员、科学家、数学家、汉学家以及旅行家，时间大约从16世纪起到19世纪中后期。

最初把围棋介绍到欧洲的，是三个著名的传教士：意大利的利玛窦（1552—1610）、比利时的金尼阁（1577—1628）、葡萄牙的曾德昭（1585—1658）。他们的共同特点：都是耶稣会士，都受罗马教廷派遣，都来过中国，都在著述中讲到围棋。其中最著名的，当然是利玛窦。德国著名数学家兼哲学家莱布尼兹对围棋在欧洲的传播也贡献巨大，他较早的接触并研究围棋，他所提出的"二进制"的灵感来自于《周易》，而他关于符号思维的论述也与围棋的图形思维关系密切。此外，英国著名汉学家翟理斯，于清同治、光绪年间曾在中国从事学术研究，并撰写了《围棋：中国的战争游戏》一书。还有"欧洲围棋的播种者"——德国人奥斯卡·科歇尔特，不仅详细比较了围棋与国际象棋之间的异同，而且深刻揭示了围棋的战略特质。

一 利玛窦：中国之旅与欧洲对围棋的初识

利玛窦的名字对中国人来说并不陌生。作为正式介绍西方宗教与学术思想的最重要的奠基人，作为在中国度过半生的西方耶稣会传教士，他对发展中国和欧洲的文化交流做出过历史性贡献。利玛窦不仅给中国带来了西方的数学、天文学、地理学等科学知识，同时也系统学习了中国的传统文化和学术。日本学者认为，利玛窦"是人类历史上第一位集欧洲文艺复兴时期的诸种学艺和中国四书五经等古典学问于一身的巨人"，是"地球上出现的第一位'世界公民'"[①]。罗马教皇评价他"最大的贡献是在文化交融上。"

利玛窦在中国期间，正值北京、南京等地的士大夫好弈成风，出现了"京派""苏派"两大阵营。他周围的官员、学者、名流中喜好下围棋的人很多，这从利玛窦留下的记录中可以看出。与利玛窦结交很深又精通围棋的有两位历史名人，一是晚明"三朝之老"、官至内阁首辅的叶向高；一是被称为"中国天主教三大支柱"之一，任职太仆寺少卿的李之藻。他们在一定程度上帮助利玛窦接触和了解了围棋。

在《利玛窦中国札记》第一卷第八章《关于服饰和其他习惯及奇风异俗》中，他对围棋作了如下描述："中国人有好几种这类的游戏，但他们最认真从事的是玩一种在三百多个格的空棋盘上用两百枚黑白棋子下的棋。玩这种棋的目的是要控制多数的空格。每一方都争取把对方的棋子赶到棋盘的中间，这样可以把空格占过来，占据空格多的人就赢了这局棋。官员们都非常喜欢这种棋，常常一玩就是大半天。有时候玩一盘就要一个小时。精于此道的人总有很多的追随者，他肯定会非常出名，尽管这也许是他唯一的专长。事实上，有些人还请他们作指导，特别优待他们，为的是学会玩这种复杂游戏的精确知

---

① ［日］平川佑弘：《利玛窦传》，光明日报出版社1999年版，第3页。

识。"①

虽然作者和译者没有明确说出这种游戏的名称，但不需要解释，这就是围棋。这是欧洲也是整个西方历史上第一次明确地记载并讲述围棋，距今整400年。这段话不长，但包含的信息量很大：一是记述了当时中国围棋活动的情况，包括受尊重的程度、人们喜爱的程度、下棋时认真的程度，喜欢围棋的人和围棋高手的地位；二是介绍了围棋的基本特点，包括黑白棋子、方格棋盘，棋盘空格和棋子的数量，下一盘棋的时间；三是解释了围棋的规则和着法，包括目的和胜负标准（控制多数空格即"地多为胜"），主要方向（棋盘中央即"高者在腹"），作战手段（驱赶与抢占）；四是点明了围棋属于"复杂游戏"。这些介绍有的是正确的或接近正确的，有的则是不正确的，如围棋的"地"是指交叉点而不是文中所说的空格。总体上看还是初始的、概略的、不够完整和准确的。这种情况说明，作者对围棋有了解但不够深入，有接触但缺少研究，看过但不会下。而译者则对围棋了解更少，以至在最初的拉丁文译本中还有更多的错误（如"棋盘中间有洞"等等）。利玛窦的记述和金尼阁的翻译在当时是难能可贵的，作为初始而有错漏可以理解，我们不能苛求前人。

二 莱布尼兹：伟大成就与围棋理念密切相关

莱布尼兹（1666—1717）是德国著名的哲学家、数学家，被誉为17世纪的亚里士多德。他在数学史和哲学史上都占有

---

① ［意］利玛窦（M. Ricci）等：《利玛窦中国札记》，中华书局2010年版，第86页。

重要地位。在数学上，他与牛顿先后独立发明了微积分，并对二进制的发展做出巨大贡献；在哲学上，他预见并开启了现代逻辑学和分析哲学，与笛卡尔、斯宾诺莎一起被认为是 17 世纪最伟大的三位理性主义哲学家。

莱布尼兹对中国传统文化及其哲学保持着浓厚的兴趣和深入的研究。为此，他甚至"表达出想要亲自到中国旅行的愿望"。他的这种兴趣和研究是通过阅读以及与来华传教士的通信来培养和进行的。就其生活的时代而言，莱布尼兹对中国思想和文化是很精通的；他阅读柏应理翻译的儒家经典《易经》，并尽其所能地了解朱熹和其他儒家学者。

（一）莱布尼兹的围棋之缘

莱布尼兹与围棋有一段不解之缘。他对围棋的兴趣，来自于在莱比锡看到的一本中国书籍。从利玛窦的日记中，莱布尼兹知道了围棋；但从这本中国书籍中，他对围棋产生了好奇。他发现，利玛窦记述的围棋盘上有三百个空格（最初译为"房子"）来放棋子是不对的，是对围棋盘使用的实际是交叉点的误解。莱布尼兹显然不知道同时期海德所做的解释围棋的工作。他试图利用当时少得可怜的有关围棋的知识和信息，来构建一个他自己心目中的围棋模型，显示了一个数学家、哲学家的自信与追求。他专门找人刻印了中国的围棋画作，并在 1710 年的《柏林杂记》里专门提到了那本把他引入围棋的中国书籍。

（二）二进制与《周易》的相互印证

莱布尼兹对《周易》的认识水平和思考角度，在很多中国学者之上。他认为，《周易》所揭示的深刻思想与二进制之间有着特殊的、内在的关联。对此，他在与传教士白晋的信中曾经写道："这个易图（先天八卦图）可以认为是现存科学之最古老的纪念物。依我之见，这种科学虽为四千年以上的古物，但数千年来却无人真正了解它的意义，这是不可思议的。然而，它却与我的新数学（二进制）完全一致。"[1]

在莱布尼兹眼中，由《周易》所解释的阴阳八卦系统，实际上就是二进制的中国翻版。他感到这个来自古老中国文化的符号系统与他的二进制之间的关系实在太明显了，因此断言：二进制乃是具有世界普遍性的、最完美的逻辑语言。

至于莱布尼兹创制二进制是在看到《周易》八卦之前还是之后，这是数学史和哲学史上的一段公案，不必强作结论。但无可否认的是，二进制与《周易》的"阴""阳"之间确实有一种内在的联系，《周易》的阴阳八卦系统，确实有助于对二进制的理解与印证。这与《周易》对围棋的影响是一样的。围棋，是以象征"阴""阳"的黑子和白子在棋枰上的不同排列组合而展开，而二进制，则是以象征"昼""夜"的"1"和"0"在阶位上的不同排列组合而演进。围棋与"二进制"，正是通过这部古老的中国经典《周易》中所阐释的"阴""阳"观念勾连在一起。如果说，二进制是《周易》"阴""阳"思想在近代数学史上的化现；那么同样可以说，围棋也是《周易》"阴""阳"思想在古代才艺史上的化现。二者一中一西，一古一今，共同印证着传统中国易学思想的伟大和深刻。

（三）符号思维与围棋的图形思维

莱布尼兹的二进制所代表的符号思维与围棋的图形思维之

---

[1] 转引自焦树安：《莱布尼兹对中国哲学的理解》，载《国际汉学》（第一期），商务印书馆1995年版，第189页至第190页。

间关系密切，二者也都与易学的阴阳八卦理论有着不解之缘。二进制用"0"和"1"的符号来建构世界，而围棋则用黑子和白子来表示世界。莱布尼兹用阴阳八卦理论来阐释和印证二进制，中国古代的很多棋论家则将弈道归本于易道。

更为重要的是，围棋本身就是符号思维与图形思维的最佳统一。一方面，棋分黑白，本身就是一种符号，内在地蕴含着符号思维的表达；另一方面，棋子在棋枰上的不同落位所构成的图形，则是图形思维的一种表达。而且，这种图形所表达的意义世界是非常丰富和形象的。因此，符号思维与图形思维的统一，是围棋的本质特征。在围棋所表达的意义世界里，图形－符号－意义，这三者之间的关系是自洽的和完整的。

三 翟理斯：正确评介围棋的欧洲汉学家

翟理斯（1845—1935），英国剑桥大学的中文教授，世界著名汉学家，被誉为英国"汉学三大星座"之一。他终生都在为广泛传播中国语言、文学和文化而努力，研究范围遍及中国文学、历史、宗教、哲学、绘画等诸多领域，同时还有不少语言教材传世。

（一）翟理斯在中国

1867年，翟理斯通过了英国外交部的选拔考试，远涉重洋来到中国，成为英国驻华使馆的一名翻译官。此后，他历任天津、宁波、汉口、广州、汕头、厦门、福州、上海、淡水等地英国领事馆翻译、助理领事以及领事等职，直到1893年以健康欠佳为由辞职返英。前后历时25年，除5次返英休假之外，其余时间均在中国度过。

在华工作之余,翟理斯潜心汉学,且成绩斐然。他先后撰写了第一部英文的《中国文学史》《中国绘画史》以及《中国人物传记词典》;他所编撰的《华英字典》影响了几代外国留学生;经他修改和确立后的威妥玛-翟理斯式拼音方案风行80余年而不衰。此外,他的翻译涉及面也非常广,从《三字经》到《洗冤录》,从《佛国记》到《庄子》,均有涉猎。他所翻译的《聊斋志异》至今仍是最全的一个英文译本;他的《古文选珍》第一次向英语读者展示了中国数千年来散文、诗歌的恒久魅力,他的译作以"优雅、鲜活、生机盎然"而著称。

1875年,翟理斯出版了《中国札记》(*Chinese Sketches*)。这本书汇集了翟理斯历年来发表的文章,其中相当一部分曾在《华洋通闻》(*Celestial Empire*)上发表,另外也收入了一些新文章。内容涉及中国社会生活和习俗的方方面面,如妇女的地位、文学、医学、当铺、占卜、赌博、和尚、文字、迷信、新年、鸦片、风水、基督教、反基督的打油诗等等。这本《中国札记》为改变西方人对于中国和中国人的看法起到了一定的作用。

(二)《围棋:中国的战争游戏》

翟理斯对围棋传播的最大贡献是于1877年写了《围棋:中国的战争游戏》这篇13页长文,第一次用英文给了围棋一个完整、准确的说明。

翟理斯在这篇关于围棋的长文中使用了"wei-ch'i"这个单词,专指"中国的围棋"。他介绍了围棋的基本定义和规则,说明这是两个人的作战,关键在于"气"。他介绍了围棋的起源和地位,讲到帝尧发明围棋的悠久历史和《论语》中的有关评论。他还介绍了如何正确吃棋，什么是"真眼"和"假眼"，以及"打劫"的意义（"通过熟练的手法常常能使一个显然无望的棋局力挽狂澜"）。他甚至还介绍了让子棋和"双活"，对后者称之为"休战"。这些介绍极具专业性和想象力，令人钦佩。据此已经可以大致正确地下围棋了。

翟理斯回到英国后，还尽可能与对围棋有兴趣的英国人下棋。他还为由中国外交官徐去疾与丹尼尔·贝谷利尼合著的《围棋》写了序言。而《围棋：中国的战争游戏》这篇著名的长文也作为附录收入其中。

四 科歇尔特：欧洲围棋的播种者

真正意义上将围棋传入欧洲乃至整个西方世界的学者当推德国人奥斯卡·科歇尔特，他被誉为欧洲围棋的播种者。科歇尔特是一位盘上游戏的痴迷者，曾经在日本担任公职并讲学长达十年。留日期间，他对日本的"国技"围棋产生了极其浓厚的兴趣。科歇尔特通过自学掌握了围棋的基本规则与基础知识，进而期望领略围棋的精髓，于是拜在日本著名棋士村濑秀甫的门下研习围棋。秀甫亲自为科歇尔特讲授围棋，从一开始授十三子，后来逐渐减到七子，最后减为授六子。如果按方圆社的"级位制"来计算，科歇尔特的棋力大致相当于"二级初段"。在秀甫的精心指导之下，科歇尔特的棋力显著提高，终于得以一窥围棋之奥秘。当他认识到围棋的魅力及其战略战术的技巧水准足以挑战国际象棋时，便决心向欧洲介绍围棋。

（一）对围棋与国际象棋的比较

科歇尔特于1880年9月起开始连续在"德国东亚研究协会"的会刊上发表关于围棋的文章《日本人和中国人的围棋游戏》。1881年，该文的单行本《日本人和中国人的围棋游戏：国际象棋的竞争对手》在日本印刷出版。这是历史上第一本用西方语言写成的完整介绍围棋的书籍。科歇尔特的这本著作共分七章，主要涉及围棋的基本知识、围棋的历史、围棋的规则、围棋的实战对局范例、死活与手筋、收官技巧以及秀甫的布局理论等。[①]

在这本书中，科歇尔特不仅高调宣扬围棋技巧的独特性和深度完全可以与国际象棋媲美，还从战略意义上比较了围棋与国际象棋的异同。他认为，围棋和国际象棋的相同点在于：二者都是对抗性的战争游戏，都是主要由战术和战略的技能来控制局势。二者的不同点在于：其一，就对抗形式而言，国际象棋的对抗形式如同古代战争，注重单兵能力；而围棋的对抗形式如同现代战争，强调集团配合。其二，就战术战略而言，国际象棋注重棋子之间的战术配合，聚焦于局部战争，而围棋则注重整体战略的大规模运动，因为战略性的大规模运动是胜利的根本因素。通过深入的比较，科歇尔特得出了这样的结论："围棋是国际象棋的竞争对手。"

（二）对围棋战略特质的揭示

通过对围棋与国际象棋的比较分析，科歇尔特深刻揭示了围棋的战略特质。书中指出：

"象棋和围棋都是对抗性的战争游戏，两者都是主要由战术和战略的技能来控制局势的。不过，典型的象棋对抗形式如

[①] 多九公：《欧洲围棋史谈：欧洲围棋的播种者——奥斯卡·科歇尔特》，飞扬围棋网。

同古代战争，国王是争斗的中心，一旦国王被擒，这一方就输了。在这种骑士性的抗争中，胜利或失败大都取决于单个或群体贵族的优秀素质，而不是作为整体战略一部分的大规模群众运动。"

"不同于国际象棋单一争斗的形象，围棋非常像整个战役或复杂战争的全景。所以，围棋更像现代化战争，战略性的大规模运动是胜利的根本决定因素。战斗经常同时或连续地在棋盘的不同部位展开，堡垒或根据地被包围和攻克，除非及时补强做活，整个军队就会在防线上受到攻击和被歼。如同现代战争，没有战术准备的直接战斗是很少发生的。事实上，过早地直接交战常常会导致失败。全局战略并且只有全局战略才能确保胜利。"[1]

这些重要的结论，首次从战略观的角度分析认识围棋，在之后很长的时间内，成为经典性论述。直到今天，对我们认识、把握围棋的战略特质，仍然具有启发和借鉴意义。

第四节 相通之证与本源之证

无论是西方自然哲学的观照，还是西方形而上学的印证，抑或是西方哲人的围棋情缘，似乎都在指向一个共同的基本的立场：西方传统的哲学思维和文化观念与围棋所承载的中国传统的哲学思维和文化观念之间，存在着惊人的相通性、相似性、相近性和相容性。从这个基本的立场出发，我们能更好地理解

---

[1] 多九公：《欧洲围棋史谈：欧洲围棋的播种者——奥斯卡·科歇尔特》，飞扬围棋网。

第三章 西方之证：欧洲古典哲学

为什么欧洲人会对围棋产生天然的亲近性和接受能力以及强烈的痴迷性和研究力度；为什么中国传统哲学思维的化现——围棋思维与西方现代科学技术的产物——人工智能，能够结合的如此自然和紧密。从这个特殊的视角出发，我们能够审慎的做出如下两个论断：一是东西方文明之间具有深刻的、多层面的相通性；二是中华传统文化及其哲学在人类思维中具有一定意义上的本源性。围棋作为中华传统文化及其哲学的代表者，恰恰在这两个方面都可以成为生动、形象的证明，即相通之证与本源之证。

一 东西方文明之间的相通性

美国著名政治学家塞缪尔·亨廷顿认为[①]，现代世界主要由西方文明、中华文明、印度文明、日本文明、伊斯兰文明、东正教文明、拉丁美洲文明以及可能的非洲文明等八种不同的文明体系构成；各种不同文明之间的冲突是不可避免的；并且，不同文明之间的冲突是对世界和平的最大威胁。这一观点，曾在学界引起轩然大波、激烈讨论，甚至一度被欧美学者奉为圭臬。但在今天看来，无疑是谬之千里。其根本原因在于，忽视了东西方文明之间的相通性。

东西方文明之间的相通性主要表现在政治、经济、哲学、宗教、科技等多个层面。

政治层面上，中国传统政治思想中的"以民为本""隆礼

---
① [美]亨廷顿(S.Huntington)：《文明的冲突与世界失序的重建》，新华出版社2002年版，第2页，第372页。

重法""民胞物与""无为而治"等观念，基本可以与西方现代政治理念中的民主、法治、平等、自由等精神实现无缝对接。这些东西方文明共有的政治理念和精神，在围棋哲学中具有深刻体现。难怪一代国学大师钱穆在1960年初到美国时，会将美国的社会政治制度归结为八个字："三代汉唐，绝无此事。"意思是说，美国的社会政治制度，实际上就是传统儒家自三代汉唐以来一直所追求的理想的政治秩序。钱穆的感触和发现，也从侧面论证东西方文化在政治层面上的相通相近。

经济层面上，中国传统经济思想中的"富而后教""制民之产""义利转换""互通有互""轻徭薄赋"等观念，在现代西方经济理论中也有很多能够与之相接续、相呼应的举措，如保护私有财产、追求公平效率、重视转换机制、建构财税体系、发展贸易交往等，而其中的效率至上、转换机制等也是围棋战略博弈思想的重要内涵。这些也都可以佐证东西方文化在经济层面上的水乳交融。

哲学层面上，中国传统哲学思想中的"道体论""气本论""阴阳五行""数算思维""理一分殊""无极太极"等理念，与西方传统哲学中的"逻各斯与辩证法""气是万物的本原""四元素说""无限无极""一多关系"等观念，所思考和回应的实质上也是相同的问题。这些相同的思考和回应，也不同程度地呈现在围棋哲学之中。其中，最为经典的是实现了模糊思维与精确思维在人工智能围棋中的完美统一。这种统一，纠正了以往以模糊思维与精确思维为特征，来定义、区分中国传统思维与西方现代思维的片面认识，说明了人类在认知过程和思维方式上的相通性。这些都可以说明东西方文化在哲学层面上的共识共知。

宗教层面上，中国传统的宗教思想和本土化的佛教理论，与西方文明中的宗教观念也有许多剪不断的紧密联系。对此，中西方很多的学者与宗教信徒都有相关的论述和相似的认知。如耶稣会士白晋认为，基督教的神秘已被预先包含在最古老的中国文献中，《周易》包含了全部的基督教的理念和启示[1]。德国东方学权威马克斯·缪勒更是断言，基督教的起源受到了佛教的影响[2]。被誉为"现代玄奘"的宗教学家徐梵澄也曾指出："按照《约翰福音》第一章，'逻各斯'能被最好的理解。宋代的新儒家无非就是'逻各斯'的知识，最高的'逻各斯'就是万事万物中的'道'。"[3]

科技层面上，中国传统科学技术中的勾股定理、割圆术、失蜡法以及四大发明，也都可以在西方现代科学技术中找到延续和对应。阴阳八卦理论与二进制之间的内在联系，老子哲学与相对论之间的自然相通，佛教"虚空无住"理论与量子力学之间的不谋而合，乃至"道""以太"与"引力波"之间的诸种相似，似乎都在暗示着东西方文化在科技层面上的前世今生。

由此可见，东西方文明在政治、经济、宗教、哲学、科技等诸多层面确实存在相通性。但是，我们在论证东西方文明之间相通性的同时，也并不抹杀和否定二者之间的差异性。正如近代著名哲学家梁漱溟所分析的那样，中国、西方以及印度的三种不同文明分别代表着三种不同的人生路向：西方文明所

---

[1] David E. Mungello: *Curious Land*,P.31, R.T.Bienvenu, M Feingold: *In the Presence of the Past*, Springer, 1991,p.33.

[2] J J Clarke: *Oriental Enlightenment*, NY: Routledge,1997,p.81.

[3] Fancheng Xu: *Confucianism,* Personal Bookshop, Madras,1996,p.140.

走的是第一条路向——向前的路向,这种路向旨在征服自然、改造自然;中国文明所走的是第二条路向——持中的路向,这种路向以意欲自为、调和持中为其根本精神;印度文明所走的是第三条路向——向后的路向,这种路向以意欲反身、向后要求为其根本精神。他以此来解释为什么西方的科学技术发达,印度的出世、禁欲观念发达,而中国的"入世""住世"观念发达。通过对中、西、印三种不同文明之间差异性的分析,梁漱溟断言:世界文明大发展、大融合的未来和中心在中国。①

二 中华传统文化及其哲学的本源性

对于中华传统文化及其哲学在人类思维中的本源性,学界存在多种不同的解释和理解。其中一种较为惊人的观点认为,中华传统文化及其哲学的本源性是指西方文明(欧美文明或现代文明)和它的"历史"都源自中国。换言之,即西方文明源于中国,西方历史源于中国。对于这种观点可持开放态度,允许发现,允许研究,允许讨论,不强作结论和断语。而对于事物的本质,则必须具有清醒的认识:世界中心的转移,发轫于文明中心的转移。三四百年前西方人对于世界文明中心的论证,与今天中国人对于这一问题的论证,都遵循同一规律。

对于如何更好地解释和理解中华传统文化及其哲学在人类思维中的本源性,应该重点把握以下五点:

一是中华传统文化及其哲学的早发性,是理解其本源性的前提。在上古人类文明史中,只有中国具有鲜明系统的早期哲

---

① 梁漱溟:《东西方文化及其哲学》,商务印书馆2010年版,第68页至第69页。

学思想。古籍中有记载、可推算、能成论的伏羲八卦理论和河图洛书，形成于旧石器时代晚期，距今在一万年以上。而形成比较完备的哲学思想体系，至迟不晚于夏商周三代，距今也有三千年左右的历史。这比西方所称的古希腊哲学产生的时间（公元前500年左右）要早得多。围棋产生于距今四千三百多年的五帝时期，饱含上古中华哲学的基因，是生动形象的人类思维本源之证。

二是中华传统文化及其哲学的真实性，是理解其本源性的基础。中华传统文化及其哲学是经过文字传承、典籍记载和考古发现所证实的、真实不虚的存在，且一直延续至今。西方所称的古希腊哲学、古罗马文明等，其载体的真实性，包括以何种文字、何种介质、何种书写方式、在何处何时被何人考古发现等，至今需要实证与释疑。从这个意义上说，包括围棋在内的真实存在的上古中华思维形态，具有历史的本源性。

三是中华传统文化及其哲学的连续性，是理解其本源性的前提。在众多不同文明的发展历程中，中华文明是唯一历经千年而未曾中断的文明。如果一个文明是断裂的、异变的，那么其本源性也就无从谈起。美国汉学家史华慈曾指出："中华文明的整体框架没有出现过西方式的全盘的质的决裂。"[1] 意思是说，中华传统文化及其哲学的整体框架是持久连续的。这种连续性不仅包括外在的制度文化形式，也包含制度文化形式背后的观念特性。[2]

四是中华传统文化及其哲学的普遍性，是理解其本源性的

---

[1] ［美］史华慈（B. Schwartz）：《古代中国的思想世界》，江苏人民出版社2004年版，第2页。
[2] 陈来：《中华文明的核心价值：国学的流变与传统价值观》，生活·读书·新知三联书店2017年版，第3页。

支撑。在中华传统文化及其哲学思想中，有很多哲学观念和思维方式都具有很高的普遍性。这种普遍性不仅超越了空间的限制，也超越了时间的限制。以围棋所蕴涵的传统哲学理念为例，如"关联宇宙"所揭示的宇宙论和关联思维，"一气充塞"所揭示的唯物论和整体思维，"阴阳互补"所揭示的辩证法和平衡理念，"生生变化"所揭示的变化观和重生思想，"天人合一"所揭示的交互伦理与和谐思想等，在当今世界文明中仍然具有强大的生命力和普遍性。

五是人类的生存和发展所必须思考和面对的问题的共同性，是理解其本源性的关键。无论古今中外，人类的生存和发展所面临的基本问题，是大致相同的。谚语"太阳底下没有新鲜事"所揭示的也是同样的道理。人类对自然和社会的认识、感悟以及理解，都是建立在人的理性思维之上，也都不会超越出人的理性能力。这既是东西方文明能够进行交流沟通的重要原因，也是东西方文化及其哲学之间存在相通性、相近性、相似性、相容性的关键所在。

第四章　转型之领：日本哲学精神

　　围棋从中国传到日本，是围棋第一次越过海洋、走向海外。这是围棋传播史上的一件大事，为以后上千年围棋在日本发展、创新、转型，打下了基础。围棋由中国传入日本的确切时间，如今已无法确证。一般认为是在公元4至5世纪时，由半岛传入列岛。古代日本棋界的主流观点认为，围棋是由日本著名的遣唐使吉备真备（695—775）在大唐留学二十年后，大约于公元735年带回日本的。自围棋传入之后，围棋在日本得到了新的发展，出现了由"求道"向"竞技"的转型，这一转型使得日本围棋从17世纪起至20世纪止逐渐称雄世界棋坛。围棋之所以能够在日本获得新生并成功转型，且迅速融入日本文化成为不可或缺的一部分，与日本哲学精神对围棋的接引和影响是分不开的。日本哲学对围棋的影响同中国传统哲学对围棋的影响一样，都是作用在深层的文化层面，因此也是极其深刻和非常深远的。

第一节 围棋在日本的转型与哲学引领

孔子曾说："朝闻道，夕死可矣。""道"是中国传统哲学的精神和灵魂。"求道"，既是中国传统知识分子孜孜以求的终极目标，也是人生德性修养的最高境界。这种追求和境界也深深地影响了中国的围棋，并赋予它"技通于道"的使命，使得"求道"成为中国围棋文化及其哲学发展的一个显著特征。但围棋传入日本之后，进入到一种新的文化环境之中，受到不同于中国传统哲学的日本哲学的影响和改造，使得发源于中国的围棋由"求道"转入"竞技"。而这次转向的哲学根源与日本哲学所特有的武士道精神密切相关。

一 由"求道"转入"竞技"

围棋的本质是思维的"竞技"，但又不局限于单纯的"竞技"，还有"技通于道"的使命和追求。这既是围棋对自身的超越，也是围棋天然秉赋的两种不同属性：竞技与求道。如果用中国传统哲学"体用无二"的概念来解释围棋的这两种不同属性之间的关系，那么很明显，"竞技"是"体"，"求道"是"用"，没有"竞技"之"体"，何来"求道"之"用"？反之，没有"求道"之"用"，"竞技"之"体"也必然不能长久。"竞技"与"求道"是"体用一源，显微无间"，也是不可绝然二分的。然而，围棋这两种不同的属性也折射出棋艺追求的两种不同路径和派别：求道派与竞技派。

（一）"求道派"与"竞技派"

"求道派"与"竞技派"属于两种不同的对弈理念，二者的区别主要表现在以下三个方面：

首先，就棋理而言，求道派看重对棋艺的精神追求。他们视围棋为一种艺术、一种文化、一种美学、一种境界。具体而言，求道派对于棋形、棋理、棋子的效率、大局的均衡、局部的完美，有着近乎病态的执着。他们也许会因为一着"妙手"而欣然自得，即使输了整个比赛也不介意。"流水不争先""没有遗憾的对局""不战而屈人之兵"，是求道派向往的境界。

"竞技派"则更看重围棋的竞技性和实战性。一切以战胜对手为最高目标，套用一句流行的名言，"赢棋是硬道理"。因此，竞技派对于棋的形态、定式、规矩，以至于前人的所谓经验、理论，均不看重。只要能赢棋，任何手段都可以采用，任何"禁忌"都可以打破。劣势时，他们不会因为风度而认输；优势时，则绝不涉险，只求有功，但求无过。他们有着强烈的争胜欲望和坚忍的耐力，因而又被称为"胜负师"。

其次，就棋风而言，求道派喜欢把一颗颗棋子当作自己领地的界线或坐标，所以，才有所谓"均衡""完美""本手"之说；竞技派则把一颗颗棋子当作是射向对手的一支支利箭，所以才有所谓"天杀星""小李飞刀""纹枰魔女""崔毒"等评价。

最后，就胜负而言，求道派追求的"平衡""完美"，往往使自己总是处于守势；而竞技派则总是在打破平衡、寻求突破。一个在攻，一个在守；一个主动，一个被动，于是高下立判，输赢的天平总是向后者倾斜。

此外，如果说求道派更看重围棋的精神属性，那么竞技派则更看重围棋的物质属性。前者形而上，后者形而下；前者求空灵，志高雅，后者求功利，重实惠。前者属于棋理中的理想主义一脉，后者则属于棋理中的现实主义一脉。

（二）竞技围棋成为主流

中国围棋在与日本文化相融合的过程中，受到日本哲学精神的引领和影响，发生了转型。这一转型的主要表现就是竞技围棋成为主流，围棋由传统走向现代。

什么是竞技围棋？一般而言，"竞"是指比赛或竞争，"技"是指运动技术和技艺。竞技围棋就是一种以围棋比赛或竞争为主的运动技艺。从哲学上，竞技是一种人类特有的文化形式和运动技艺，是人类天性中比试、对抗和竞争精神的体现，也是一种证明主体存在的有效方式。因此，竞技围棋实际上就是人类天性中的对抗性、竞争性以围棋这种运动形式的现代表达。

与传统围棋相比，竞技围棋具有很多现代特征：一是竞争性。激烈的竞争是竞技围棋区别于传统围棋和大众围棋的本质特征，竞技围棋也因竞争性而具有排他性。二是规范性。竞技围棋为了保障棋手棋力的正常发挥，制定出新的适应现代围棋的比赛规则，同时要求棋手的布局设计、战术实施都必须符合围棋的比赛规则。三是公平性。竞技围棋不偏袒任何参赛者，对比赛的时间、地点、棋手资格等都进行了明确规定，并要求所有棋手共同遵守比赛规则。四是公开性。公开性使得竞技围棋具有更强的传播力和更大的影响力，从而也促进围棋技战术的相互交流和学习。五是功利性。竞技围棋具有明确的功利目的，伴随着比赛的胜利会有很多形式的收益。六是不确定性。

竞技围棋比赛中突发和不可预料的情况经常发生，也经常出现局势的惊天大逆转，这是竞技围棋的魅力所在。七是娱乐性。竞技围棋随着发展竞争日趋激烈，但并未失去娱乐性的特征，对于参与者来说胜利或仅仅是参与都可以获得心理满足，对观赏者来说可以获得轻松、自由和美感。

二 转型的哲学根源

中国的传统围棋之所以能够在日本完成现代转向，由"求道"转入"竞技"，使得竞技围棋成为近现代围棋运动的主流，其背后既有深层的哲学根源，也与日本的民族性格有着密切关联。在哲学精神层面，日本哲学中特有的武士道精神赋予日本棋手顽强、好斗、不服输的特点，这些特点对于围棋竞技性的提升，都产生了巨大作用；在民族性格层面，日本民族是一个自卑感和荣誉感极强的民族。强烈的自卑感和荣誉感，使得日本棋手更加看重围棋比赛的胜负，这在很大程度上也推动了竞技围棋的快速发展。

（一）菊与刀：日本皇室与武士的象征

"菊"是日本皇室的家徽，"刀"是日本武士道精神的象征。美国人类文化学者鲁思·本尼迪克特首次使用"菊"与"刀"的意象来阐释日本文化及其哲学的特点，揭示日本文化与日本民族的矛盾性格。

众所周知，本尼迪克特的这本《菊与刀》并不是一般意义上的学术著作，而是一份在特殊背景下为美国政府制定对日政策提供参考的研究报告。第二次世界大战后期，美国急需制定战后对德、日的政策。由于美国对日本不太了解，政府资助并动员各方面专家、学者对日本文化进行研究，以便制定出战后的政策，本尼迪克特的《菊与刀》正是在这样一个大背景下孕育的。

本尼迪克特认为，"菊"与"刀"能够表达和象征日本文化与日本民族双重性格的符号意义。她从文化哲学和人性哲学的高度，深入剖析了日本民族的整体性格："菊与刀，两者都是一幅绘画的组成部分。日本人生性好斗而又非常温和；黩武而又爱美；倨傲自尊而又彬彬有礼；顽梗不化而又柔弱善变；驯服而又不愿受人摆布；忠贞而又易于叛变；勇敢而又怯懦；保守而又敢于欢迎新的生活方式。"[①]

日本的民族文化及其哲学中的这种双重性格，在日本的竞技围棋中也有充分的体现：一方面，日本的竞技围棋追求"菊"的意象，追求围棋中的美学与秩序；另一方面，日本的竞技围棋也更加注重"刀"的精神，敢于斗狠，敢于争胜，敢于挑战，敢于创新。

（二）大和民族的自卑感与荣誉感

日本文化及其哲学的双重性格表现在日本大和民族的性格特征上，就是自卑感与荣誉感并重。

自卑感，是一种不能自助和软弱的复杂情感。被誉为"现代自我心理学之父"的奥地利心理学家阿尔弗雷德·阿德勒认为，自卑感有两层含义：一是指一个人认为自己或自己的环境不如别人的自卑观念为核心的潜意识欲望、情感所组成的一种复杂心理；一是指一个人由于不能或不愿进行奋斗而形成的文

---

① ［美］本尼迪克特（R.Benedict）：《菊与刀》，中国城市出版社2010年版，第68页至第69页。

饰作用。

本尼迪克特认为，日本文化及其民族性格之中有很深的自卑感。这种沉重的自卑感主要来自两个方面：一方面是"日本人殊言自我，甚至可以达到'无我'的地步"。对环境的依赖，造成了日本在客观上对于外界的评价极为重视，随环境而动，受环境制约。另一方面是源自于其复合文化所造成的影响。当日本文化尚处于原始社会阶段时，中国文化就已经进入了黄金时期。日本文化从一开始就是在对比中发现不足，从而进行外来输入以实现其发展。纵观日本文化的发展史，日本文化始终处于一个被输入的被动地位。先是中国文化，然后是欧洲文化，接着是美国文化。尽管日本的文化输入比其他任何一个文化都更加成功。但是这种持续的输入很可能会导致一种特定的文化心理影响，也就是文化心理深处的根深蒂固的自卑感。[1]

荣誉感，则是一种追求光荣名誉的情感。美国社会心理学家查尔斯·霍顿·库利称之为"求荣誉"的愿望。这是由个人自尊心、名誉感、光荣感、好胜心、自我感、集体主义感等组成的一种复杂的道德情操。

心理学的研究发现，荣誉感与自卑感是一对孪生兄弟，经常相伴而生。因为极度自卑的人非常重视荣誉，希望无尚的荣誉来掩饰内心的自卑。日本文化以及日本民族中沉重的自卑感使得他们也极其重视荣誉，甚至不惜以生命为代价来换取荣誉，最为典型和极端的表现就是武士道精神所展示的剖腹自裁。

日本民族心理性格在一定程度上影响着历史进程中日本围棋的发展。一方面，古代日本围棋面对中国传统围棋时有自卑

---

[1] 陈锋主编：《21世纪的中国与日本》，世界知识出版社2006年版，第224页至第225页。

和压力；另一方面，日本的竞技围棋又极其看重赢棋所带来的荣誉，使得他们为了赢得比赛而奋力一搏。

三 弈术交流是古代日本围棋提升的重要原因

围棋传入日本后，开始棋艺水平很低，但随着两国文化交流的频繁与深化，得到了迅速提升。隋文帝开皇二十年（600年），日本第一次向中国派遣使臣小野妹子和学生多人，由此开启了"大化革新"的"唐化"运动。唐朝时期，日本先后派出十九批遣唐使和留学生。这些人在唐期间，围棋不仅是游戏娱乐，而且是留学和交往的重要内容，据史书记载，他们与唐朝人弈棋的层次很高。

一是和皇室下棋。唐玄宗还在当太子时，就多次召随遣唐使来长安的日本学问僧辨正切磋棋艺。后来当了皇帝，还召辨正入宫对弈。对此，日本古籍《怀风藻》和《高僧传》中都有记述。五代南唐周文矩作《明皇围棋图》画卷，其中与唐明皇对弈的矮个僧人，据专家考证就是辨正。

二是和国手下棋。除吉备真备与唐朝国手玄东对弈外，最著名的两国顶尖棋手对弈，当然是唐宣宗时日本王子与中国棋待诏顾师言的著名对局。这件事有正史记载，见于《旧唐书·宣宗本纪》："大中二年三月己酉，日本国王子入朝，贡方物。王子善棋，帝令待诏顾师言与之对手。"[①] 有关这次比赛的详细情况，见于苏鹗《杜阳杂编》中顾师言弈出"镇神头"获胜的故事。这是两国间棋艺最高等级的正式较量，具有重要的历

---

① 《二十四史全译·旧唐书》第二册，第526页。

史意义。至于日本王子是谁，日本史学家有多种推测，以渡部义通提出的可能是平域天皇的儿子高岳亲王（大中年间在唐）之说相对合理。

三是和高士下棋。与吉备真备一起随第九次遣唐使团来华的晁衡（阿倍仲麻吕），博学多才，也善围棋。他与大唐诗人王维、李白及书法家颜真卿等交情甚厚，经常在一起吟诗作画、弈棋饮酒，学得的本领极多。后晁衡归国途中遭遇海难，被误传身亡，听到消息后，李白悲痛万分，作《哭晁卿衡》以怀："日本晁卿辞帝都，征帆一片绕蓬壶。明月不归沈碧海，白云愁色满苍梧。"[①]

四是派专人学棋。日本天平年间（730年左右），圣武天皇在派往唐朝留学的学生中，特意安排了一个叫少胜雄的人专门去学围棋，可以说这是一个围棋专科留学生。目前藏于日本奈良的著名的正仓院古棋盘，相传就是唐玄宗赠予圣武天皇的礼物。

第二节 武士道精神在御城棋中的体现

御城棋始于日本德川时代。当时的围棋四大家本因坊、安井、井上以及林家的棋士每年一度聚会于江户城，在天皇或将军面前对局，这就是御城棋制度。据史料记载，庆长十三年，即公元1608年，本因坊算砂与林利玄在将军德川家康面前对弈。嘉永三年，即公元1626年，算砂的继承人道硕与安井算哲在

[①]《唐诗鉴赏辞典》上册，上海辞书出版社2012年版，第568页。

德川秀忠面前对弈，一般认为这是御城棋的正式开始。此后御城棋延续二百多年，直到元治元年，即公元1864年，御城棋才宣告结束。

御城棋在日本围棋史上具有重要的地位和作用。御城棋是日本围棋四大家交锋的重要舞台，其间出现过多次经典争棋场面。御城棋促进了各家之间的了解和交流，从而推动日本竞技围棋水平不断发展和迅速提升。

御城棋与日本武士以及武士道精神有着不解之缘。首先，根据赖山阳所著《日本外史》统计，战国武将中有30%—50%为围棋爱好者，三大枭雄织田信长、丰臣秀吉、德川家康都具有相当的棋力[①]。其次，日本围棋史上早期的围棋高手日海禅师，曾被战国时代名将织田信长赞誉为"名人"。最后，日海禅师改名本因坊算砂，并创建日本围棋界的核心本因坊家元，这也是在名将德川家康的支持下完成的。此外，无论是算砂与林利玄在德川家康面前的对弈，还是道硕与算哲在德川秀忠面前的对弈，也都是在德川家族的支持下进行的。因此，日本围棋真正得到有序发展并建立正规完善的棋士体系，与以武士道精神为代表的日本武士是分不开的。同样，日本的武士道精神在御城棋中也有很多体现。

一 织田信长的生死荣辱——"三劫循环"

织田信长是日本战国时代的著名武将，与德川家康、丰臣秀吉并称"日本战国三杰"。他出生于尾张县（名古屋附近）

---

① 赵德宇：《日本围棋源流》，载《日本研究》1997年第1期。

官宦人家，幼年尚武，十三岁就领有那古野城，十四岁领兵入三河，十七岁便子承父业，辖领尾张，建立起统一全日本的最初基地。织田信长不仅是一个有魄力有能力的领导者，还是一位才华出众、身经百战的军事家。他参加并领导的主要战役有：桶狭间（安城附近）之战（1560年）、稻川要塞（歧阜附近）之战（1567年）、水久里要塞之战（1568年）、姊川（琵琶湖的长滨附近）之战（1570年）、京都之战（1571年）、长岛之战（1574年）、长久之战（1575年）、大阪围攻战（1574年、1579—1580年）、天间山之战（1582年）。这位具有传奇色彩的风云人物，他的生死荣辱也都与围棋有关，这就是日本围棋史上著名的"三劫棋循环"。

公元1582年，织田信长行军至本能寺，为了调剂战争中的紧张心情，他邀请当时的围棋高手日海禅师与林利玄前来对弈。对局至中盘时，双方竟在棋盘上下出了甚为罕见的三劫循环的局面，即当一方在其中一处提劫时，另两处便成为对手的劫材。因为三劫都关系到整盘棋势，谁也没法粘劫中断劫争，棋局只得以无胜负告终。

历史的吊诡之处在于，这盘罕见的不分胜负的"三劫棋循环"竟然暗示着紧随其后发生的重大变故。因为就在"三劫循环"的当天夜里，织田信长家的重臣明智光秀起兵叛乱，全无防备的他无力与抗，最后在本能寺剖腹自尽而亡，一代名将就此陨落。这便是日本战国时期著名的本能寺之变。"三劫循环乃不祥之兆"的说法，也是从这时开始的。

二 铁骨铮铮的算悦——"棋道犹如武士道"

算悦是本因坊家的第二代家督。据史料记载，本因坊的创始人算砂于公元1623年逝世之后，名人之位由井上家的元祖中村道硕继任。而本因坊家则由算砂的小弟子算悦接掌。道硕也是算砂的弟子，受恩师之托，对算悦多有扶持。算悦在道硕的指导下，棋力飞速提升。后来，算悦作为棋士的傲骨，在日本围棋史上传为佳话。

（一）最初的争棋

道硕做了七年的名人，到他去世时算悦已是20岁的青年，棋力达到七段。此后，由于没有合适的人选，名人棋所的位子空置了许多年，其间安井家初代当主算知曾经试图靠着自己的老资格成为名人，却被幕府的官员拒绝。伴随算悦的成长，由这位算砂弟子就位名人棋所的呼声也越来越高。

其余各家，井上家当主井上玄觉因硕是道硕弟子，也是算悦的好友，自然不会反对，而林家当主林门入斋已年纪高迈，唯独安井家二世、算哲的弟子安井算知站了出来，成为算悦登上棋界巅峰的最大障碍。

为了了却老师的遗愿，光大家门，算知也提出了对名人棋所之位的申请。起初幕府官员对这一要求并不重视，但后来在与安井家交好的"黑衣宰相"、大僧正南光坊天海的支持下，安井算知终于有机会与本因坊算悦在御城棋对局，约定胜者为名人。这场六番棋前后历时八年，结果是各胜三局，依然没有决定名人由谁来担任。就这样，本因坊第二代掌门算悦，直到

1658年去世也没能成为名人。算悦虽然始终未能成为名人，但是他勇于抗争的精神，却是日本武士道精神的一种体现和延续。

（二）棋道犹如武士道

算悦虽然未能站到棋坛的顶点，但他的棋力的确是无愧于本因坊算砂继承人这一身份的。而他对于棋道的重视，更是比他的棋力更值得称道。

在与安井算知进行御城棋的对战中，当时观棋的政要有松平肥后守保科正之，弈至中盘时，保科正之在旁评论道："看来这一局，是本因坊的处境不利啊，也许会输掉了吧。"算悦闻言当即站起身来，平静而坚定地对保科正之说道："我等棋士对于弈棋之道的态度，与武士们对武道的态度一样，乃是以全身心去投入对局的，且我算悦是当世的七段上手，对这样的对局，就算是如阁下这样的大人物也不应该妄加评论！既然大人已随便评判了胜负，那么在下便不继续对局了。"说完准备罢赛而去，保科正之见状目瞪口呆，有些下不来台，只好向算悦赔礼道歉，这事才算过去。

自此以后，"棋道犹如武士道"便成为算悦的名言，算悦的抗争和傲骨，不仅赢得了棋手和武士的尊重，同时也展现了棋手对武士道精神的维护与践行。

三 日本围棋史上的"喋血之战"

武士道精神中的执著、认真、尚武、好斗，使得日本围棋的对局竞争异常激烈，有些棋手为了维护名誉，争夺名人之位，甚至以命相博，引发"喋血之战"。在日本围棋史上，影响较大的"喋血之战"有两次，一次发生在本因坊秀伯与井上春硕之间；另一次发生在本因坊丈和与赤星因彻之间。

（一）秀伯对弈春硕

秀伯是本因坊家的继承人。当时的本因坊家实力渐消，一心急于重振本因坊的秀伯苦心修炼，棋力大增，二十岁出头便已有了相当的成就。于是知会其他三家，希望能够升上七段。谁知林家和井上家联合反对，只有昔日的对头安井家却还表示支持，秀伯一怒之下，向井上家当时的掌门人六世春硕提出挑战。

元文四年，即公元1738年，秀伯与井上春硕开始二十番争棋。秀伯的棋力确实较高一截，前八局胜多负少。但是他对此役用心太多，弈至第八局时竟致吐血，二十番战只好因此中止。没过多久，秀伯便因积劳成疾去世，死时只有25岁。

（二）丈和对弈赤因星彻

丈和也是本因坊家的当主。他的实力虽然最强，却没有必胜的把握，因此以巧妙的谋略，未经争棋便骗取其余各家同意，从而得到了名人的位置。这样的运作固然精妙，却未能令人心服，于是井上家率先发难。

井上家十一代当主安节因硕，对丈和一直心中不服。因为在丈和成为名人的过程中曾向安节因硕许诺，自己做六年后会让位给他，由此才骗得他参与保荐其成为名人。但实际上，丈和只是开出一张空头支票，并未兑现承诺。安节因硕心中非常怨恨，一直抱着打败丈和的念头。经过多年的隐忍，他终于等到了机会，在松平周防守宅中的棋会上，令自己门下最强的弟子赤星因彻向本因坊丈和挑战。

这一战前后经历的时间并非特别久,然而却是空前惨烈,双方绞尽脑汁,殚精竭虑地不停思考求胜之道,结果都大伤元气,最终以赤星因彻呕血败北结束。丈和卧床数日才恢复元气,而赤星因彻则因过分劳损精神,不久之后病亡。这场残酷的对决,也是历史上有名的"喋血之战"。

第三节 日本的围棋革命与社会变革

19世纪60年代至90年代的日本,由于受到西方工业文明的冲击,开始了一场由上而下、具有资本主义性质的全盘西化与现代化的社会变革运动,史称"明治维新"。"明治维新"是日本近代史的开端,是日本从封建社会向资本主义社会过渡的重大历史转折点。"明治维新"的成功及其以后的资本主义发展,使得日本成为东亚唯一一个独立自主的资本主义现代国家,并跻身于世界强国之列,改变了远东、亚洲以至世界的政治格局。这场具有划时代意义的社会变革,对日本棋界的影响也极为重大,并引发了日本棋界的围棋革命。

一 日本的围棋革命与"明治维新"

公元1868年7月,日本睦仁天皇迁都江户,改名为"东京",改年号为"明治",明治政府由此建立。明治政府建立之后,颁布了一系列的维新法令。

在政治上,首先是"废藩置县"。明治政府取消藩主领地,将藩主迁居东京，从此，日本真正实现了政治上的统一，结束了封建割据的时代。其次是"富国强兵"。"富国强兵"是抵抗外来侵略的唯一途径，明治政府建立近卫军和常备军，同时也逐渐壮大海军。

在经济上，明治政府运用国家政权的力量，大力扶植日本资本主义的成长。起初是国家带头创办国营企业，后来政府发现官办企业管理不善，浪费亏损严重。1880年，明治政府下令把官营企业转让给与政府有密切联系的、享有特权的大资本家经营。

在文化上，明治政府大力推行"文明开化"政策，学习西方的先进技术、科学文化、生活方式等等。为了培养建设国家所需要的政治、科技、管理、军事等人才，明治政府兴办大量的学校。1872年，日本文部省颁布《学制》规定，全国教育行政系统归文部省管辖；设置大学8所，中学256所，小学5376所。1904年以后，日本儿童的就学率接近100%，可以说达到了"家无不学之人"的程度。日本的崛起在很大程度上应归功于兴办教育。

"明治维新"之后，日本的政治、经济、文化、军事等都开始飞速发展，并迅速进入现代化。明治维新不仅使日本全社会改变了面貌，也使日本围棋脱胎换骨，走上了创新繁荣之路。这主要表现在三个方面：

一是政治、社会体制的变革，促进了围棋组织形式的变革。明治维新推翻了德川（江户）幕府的统治，实行君主立宪制，取消武士阶级的特权地位，从国家、社会的角度讲是进步，但却从根本上动摇了依附于幕府政权和武士阶级的旧的围棋棋所和棋士体系。过去支撑棋所的幕府官制，提供给棋所的经费——寺社奉行，棋手的俸禄，御城棋比赛等等，都没有了，存在了200余年的旧的围棋架构和秩序崩塌了。面对这样的巨大变革，原来的日本围棋四大家没有及时调整和跟上，逐步失去了自身的活力，而真正意义上的现代围棋组织——方圆社，在革新的大潮中，于1879年应运而生。这是日本围棋史上一次具有重要意义的革命。在这之后，日本围棋的组织形态随着社会的发展不断发展，直至1924年，在原有的坊门、方圆社和新兴围棋组织裨圣会联合的基础上，建立了日本棋院，完成了日本围棋组织架构从古代到现代的转变。

二是思想文化上的"脱亚入欧"，解脱了围棋传统理念的束缚。"脱亚入欧"，是日本近代著名思想家、"明治三杰"之一的福泽谕吉（1835—1901）提出的理论观点和政治主张，见之于所著《文明论概略》和《脱亚论》，其实质是摆脱中国影响、追求全面西化，成为一百多年来日本基本国策的重要思想理论基础。"脱亚入欧"涉及各个领域，而在思想文化领域的影响尤为深刻，其直接表现就是轻视乃至打破影响日本上千年的中国传统思想观念的禁锢。这种思潮，当然不可避免地反映到围棋上。其中影响最大的，当属白鸟库吉的"尧舜抹杀论"。白鸟库吉（1865—1942），日本东京大学教授，著名历史学家，号称近代东洋史学界的"太阳"。1909年，其所著《中国古传说之研究》发表，提出《尚书》中的《尧典》《舜典》《大禹谟》皆非当时所记；尧、舜、禹为古代圣王，孔子推崇，然而着实研讨，却有很多值得怀疑的理由。这在日本史学界引起轩

围棋与哲学

然大波。① 白鸟库吉作为疑古论者，同时还把批判的矛头指向日本古代史，置疑所谓的日本"神代史"。他申明自己不是儒学的敌人，而是儒学的学生，预言中国经过近代的折腾，将成为世界强国。日本围棋界一直公认围棋创自尧舜，"尧舜抹杀论"的提出对此产生一定的冲击。这一时期日本思想领域的剧烈变化，给围棋带来深刻影响，极大地促进了围棋理念的更新与开放。很多新的观念、主张顺势而生。从明治维新开始，将近100年的时间里，现代围棋思想的创新成果，主要来自日本。包括围棋布局革命，竞技规则的贴目制，比赛方式上的新闻棋战等等，都是日本对围棋发展的贡献。

三是对外扩张成为了影响围棋发展的双刃剑。明治维新后，日本逐步走上对外侵略扩张的道路。可以说日本不仅是靠自身的变革，而且是靠侵略和掠夺完成了资本的原始积累，这当中包含大量掠夺中国人民的财富和资源。1895年日本在甲午战争中获胜，得到中国2亿两白银赔款和0.3亿两白银赎辽费，合3.5亿日元，而当时日本政府每年的财政收入是0.8亿日元，赔付额相当于日本政府四年的财政收入，日本朝野上下"顿觉富裕"。1901年八国联军侵华后签订《辛丑条约》，中国共需赔款4.5亿两白银，其中给日本的赔款有3479万两白银。这些赔款给中国带来了沉重负担，当然也包含破坏中国围棋发展的社会基础。在考量近代以来中日两国围棋发展的历史背景时，这笔账是不能不算的。日本围棋在20世纪初至第二次世界大战前迎来了黄金时代。正是在这一时期，出现了现代日本围棋的"两大宗师"——吴清源和木谷实，标志着日本围棋进入繁荣阶段。

---

① 《日本学者研究中国史论著选译 第一卷 通论》，中华书局1992年版，第1页至第8页。

日本棋界的围棋革命与日本围棋的真正繁荣导源于吴清源和木谷实所首倡的"新布局"。关于"新布局"的研究和讨论，引发了近代围棋史上的第一次变革，真正意义上促成了传统围棋向现代围棋的转变。由围棋革命带来的转变主要体现在三个方面：一是布局革新，二是范式革命，三是制度改革。

（一）布局革新

布局革新的主要旗手是吴清源和木谷实。昭和八年，即1933年，吴清源、木谷实、安永一发表了《新布局法》一书，揭开了日本围棋布局革新的序幕。在布局革新之前，先占角，后走边，等到边角瓜分完毕之后再向中腹进军，这被认为是天经地义的最佳布局。然而，当时的吴清源、木谷实等人已经不满足这样按部就班的下法，转而开始思考和研究能够均衡势与地的新布局。于是，出现了吴清源对阵名人秀哉时所走出的三三、星、天元的新布局，木谷实也下出了三连星的新布局，在日本棋界引发了布局革新的大地震。

布局革新的意义主要在于三个方面：其一，为棋手在棋盘上的想象力插上了翅膀，使得围棋从此有了更为广阔的视野和更加丰富的可能性。其二，新布局法使得围棋能够更好地展示运筹帷幄决胜千里的气质。其三，新布局重新发现了棋盘中腹的潜力和弹性以及作为战略枢纽的重要意义。

（二）范式革命

由布局革新所引发的对于各种定式以及布局理论的研究和探讨，逐渐形成了围棋对弈中的"范式革命"。实际上，吴清源、木谷实等人对围棋本质的重新定义，在实践意义上就是一场关于围棋的"范式革命"。

所谓"范式",就是公认的模式或者方式,由美国著名科学哲学家库恩最早在《科学革命的结构》一书中提出。库恩认为[①],一个共同体的成员之间所共享的信仰、价值、技术、理论基础以及实践规范等的集合就是范式。因此,范式的本质是一种新的理论和实践体系。

日本围棋的范式革命主要表现在四个方面:一是追求均衡的价值取向。强调把握全局,双方接受,兼顾势与地,攻守平衡,降低风险等。二是注重图形的效率观念。以好的棋形为最高效率,把棋形结构上升为效率标准的思维模式。强调棋形正则棋路正,棋形厚则棋势厚,棋形美则棋艺高。三是崇尚风格的艺术情结。对博弈艺术的崇拜在一定程度上淡化了胜负意识,向往具有鲜明风格的名家流派,如"美学""宇宙流"等,更多地从审美和艺术的角度理解围棋。四是从容平和的行棋方式,棋手的对局思考时间仍然较宽裕,在有限环境压力下对弈,弈棋心态宽松,不轻易做风险决策,不打无把握之战。

(三)制度改革

日本现代围棋的飞速发展,离不开完善的制度保障。在如火如荼、声势浩大的围棋革命浪潮的推动下,日本围棋制度也随之发生了巨大变革。在已有日本棋院的基础上又成立了关西棋院。实行新的段位制度,根据棋手在比赛中的成绩来授予段位。实行了以新闻棋战为代表的一系列新赛制。这些改革为日本围棋的发展提供了制度保障,促进了日本围棋的现代转型和发展。

---

① [美]库恩(T. Kuhn):《科学革命的结构》,北京大学出版社 2012 年版,第 9 页。

二 日本围棋革命的社会背景

日本围棋革命之所以能够取得如此巨大的成功，与日本当时的社会背景以及日本棋界面对社会变革所做出的反应有着直接关联。面对外来文化的冲击以及本国传统理念的束缚，日本棋界能够顺应潮流，与时俱进，努力摆脱传统理念的束缚，因此才实现了日本围棋在特定历史时期的繁荣。

（一）摆脱传统理念的束缚

围棋革命时期的日本社会正处于一个前所未有的变革之中。这一变革是由西方工业文明的冲击所引发。面对强大的西方工业文明，日本没有选择固守和排斥，而是积极学习和引进西方的先进科学技术和思想制度，使得日本赢得了近代化发展的先机。通过一系列的制度变革和思想转变，日本走出了固守传统理念的困境。这一转变也使得日本人清醒地认识到：要发展，就必须变革，必须创新。

这样的理念在日本棋界成为共识。因此，摆脱传统围棋理念的束缚，放弃对小目和实地的固守，努力研究和普遍接受新布局，积极推动围棋革命，才使得日本围棋发展走上正途。

（二）特定历史时期的繁荣

围棋革命所带来的最大的、最实惠的效益，就是为日本围棋赢得"围棋王国"的地位，促成日本围棋称霸世界棋坛近一个世纪的盛世局面。日本围棋能够顺应时代的发展和需要而选择改革的道路，积极地与最新的科学技术相结合，同时保持日本围棋文化的内在延续性，在新的社会环境中走出了一条适合围棋发展的康庄大道。因此，日本围棋能够在特定的历史时期保持繁荣，并取得如此傲人的历史地位，也是历史的必然。

三 日本围棋从巅峰到低谷的哲学探本

从 20 世纪中期开始，日本围棋逐步走向繁荣。本因坊战等职业棋战的相继创立，标志着日本围棋黄金时代的到来。此时一方面是涌现了大量优秀棋手，另一方面，围棋作为日本的"国技"，基础也愈加坚实。日本成为名副其实的"围棋王国"。70 年代中期以后，中日两国围棋界恢复了双边交流，进行了中日对抗赛以及后来的中日围棋擂台赛，日本队战绩并不理想。不过，由于日本诸多顶尖高手没有参赛，加之中国队主要依靠"擂台英雄"聂卫平一人之力，因此，日本围棋的优势并未动摇，"围棋王国"的地位依然。

但是到了 90 年代中期以后，很少再有人认为日本是"围棋王国"。此时的日本围棋显露出了一种令人迷茫的衰落征兆，这一点是可以充分加以证实的：其一，90 年代以后，日本棋手在国际围棋比赛中的成绩出现大幅度的下滑，老一代棋手失去竞争力，而新一代棋手则实力不济。其二，即便是在日本国内的围棋比赛特别是七大棋战（棋圣战、名人战、本因坊战、十段战、天元战、碁圣战和王座战）中，冠军头衔也大部分被外籍棋手如韩国的赵治勋、赵善津，中国台湾的林海峰、王立诚、王铭琬等所占据。

日本围棋从巅峰走向低谷，有着深刻的哲学根源和社会根源。就社会根源而言，主要是日本青少年成长的整体社会文化氛围出现问题，围棋教育日渐式微，这必然会导致日本围棋人口的减少，日本棋界青黄不接，后继无人；青少年对围棋的冷漠也使得日本的围棋市场和围棋教育萎缩不振。就经济根源而言，90年代至今，日本经济年增长率平均只有约1%，很多年份是零增长甚至负增长。近几年安倍政府推行所谓"安倍经济学"，不但没有把日本经济拉出低迷的泥坑，有些方面反而愈演愈烈。日本经济长期处于停滞、低迷、不景气的状态，对围棋的发展产生了深刻的影响。原先由日本企业独自赞助的世界性、国际性围棋比赛，由于经济状况等方面的原因，一个接一个地停办和取消，至今已经基本销声匿迹。日本建立和运营的国际围棋组织，也由于经费等方面的原因，改为中日韩三国合办。日本棋手在世界围棋大赛中的成绩三十年来总体上是江河日下，风光不再，力量老化，后继薄弱。

除了社会根源、经济根源之外，还有更为深层、更为重要的哲学根源。

（一）冲击与变化之中的固守

日本围棋走向低谷的哲学根源之一，就是在面对新一轮的冲击与变化之中的固守。这里所说的新一轮的冲击和变化是指20世纪末期世界棋坛的"黑马"——韩国围棋所带来的新潮流，即所谓的"韩流"。这也被视为近现代围棋史上的第二次变革。

与近代围棋史上的第一次变革不同，"韩流"的形成并没有十分明显的标记。但是它的特点很明显，那就是喜欢棋盘上的贴身肉搏与短兵相接，并且具有超强的战斗力和计算力。这些都是日本所无法适应和接受的。因此，面对这样的巨大冲击和快速变化，日本围棋失去了引领第一次围棋变革的胆识和魄力，选择了固守和逃避，也由此逐渐走向低谷。

（二）挑战与超越面前的自尊

日本围棋走向低谷的另一个重要的哲学根源，就是在挑战和超越面前的自尊。所谓的"自尊"，实际上就是个体对自己所持有的一种肯定或否定的态度，这种态度表明个体相信自己是有能力的、重要的、成功的和有价值的。这是美国著名心理学家库珀·史密斯对"自尊"的理解。从哲学上讲，自尊是人通过对象而实现的自我保护的精神欲求，它有三层含义：一是生命性，即自尊是人维护和保存自我存在的生命欲求；二是精神性，即自尊是实现自我保护时的一种精神欲求；三是关系性，即自尊是在人的关系性活动中表现并完善的。

日本民族特有的心理性格，使得日本棋手在面对中国棋坛的挑战和韩国棋坛的超越时，未能保持应有的竞技状态；加之日本棋界保守的心态和制度，使得日本围棋发展的缓慢低迷与当代世界围棋发展的迅猛强劲形成鲜明对比。对于这一境遇，如今的日本棋界逐步有了清醒认识，他们也在不断努力，不断创新，试图走出低谷，再创日本围棋的繁荣。

中 篇

围棋的哲学体系

第五章　围棋中的宇宙论

人类对于宇宙论的痴迷和神往由来已久。德国哲学家康德曾经写道："有两样东西，我们越是持久和深沉的思考，就越有新奇和强烈的赞叹与敬畏充溢我们的心灵，这就是我们头顶的星空和我们内心的道理法则。"[1]这段文字真实地表达了人类几千年的心声，星空宇宙的确是人类持久思考的神奇对象。因此，宇宙论也就成为人类哲学认知的起源和哲学理论的核心。

古今中外，任何一套完整的哲学体系基本上都包括三大部分：宇宙论、人生论、知识论。然而，不同的哲学家对宇宙论却有不同的理解。英国哲学家怀特海认为，宇宙论就是形而上学。德国哲学家黑格尔认为，宇宙论是研究世界的偶然性、必然性、永恒性、有限性、规律性、人的自由与恶的起源的理论。中国近代哲学家冯友兰则认为[2]，完整意义上的宇宙论应该包含三个部分：宇宙本体论、宇宙生成论以及宇宙模式论。宇宙

---
[1] ［德］康德（I. Kant）：《实践理性批判》，人民出版社 2003 年版，第 220 页。
[2] 《中国哲学史》（上），生活·读书·新知三联书店 2008 年版，第 4 页。

本体论主要研究宇宙万物的本原是什么，最基本的要素或者构成是什么；宇宙生成论主要研究宇宙万物是如何产生和演化的；宇宙模式论主要研究宇宙天地运行的基本模式。

围棋哲学根植于中华文明的沃土之中，脱胎于民族国家的文化母体之内，与中华民族的传统哲学具有高度的同构性。围棋哲学作为一个完整的哲学体系，理所当然的有其宇宙论的基本构成。围棋哲学中的宇宙论可以从三个不同的视角来审视：一是气为本原的宇宙本体论；二是道统阴阳的宇宙生成论；三是法象天地的宇宙模式论。

第一节 本体论视角：气为本原

古希腊哲学家亚里士多德曾对"本原"有过明确的哲学界定："那些最初从事哲学思考的人，大多数只是把物质性的东西当作万物唯一的本原。万物皆由它构成，开始由它产生，最后又化为它，他们认为这就是万物的元素，也就是万物的本原。"[1] 因此，"本原"在哲学上的原始含义就是指构成宇宙万物的基本元素。用中国传统哲学的概念表达就是《庄子·知北游》中所谓的"本根"。

"本体论"的概念从17世纪开始才出现，但是关于"本体"的思考和理论却是与哲学相伴而生。在西方哲学史上，泰勒斯被誉为"哲学之父"，他明确提出了"什么是宇宙万物的本原"这个具有重大意义的哲学问题。这一问题就是对宇宙万物的本

---

[1] ［古希腊］亚里士多德（Aristotle）：《形而上学》，商务印书馆1997年版，第7页。

原、本体的反思和追问。泰勒斯认为，"水是宇宙万物的本原"。继泰勒斯之后，不同的哲学家对这一问题的回答也各不相同。如阿那克西曼德认为，"无定"是宇宙万物的本原；阿那克西美尼认为，"气是宇宙万物的本原"；赫拉克利特认为，"火是宇宙万物的本原"；毕达哥拉斯则认为，"数是宇宙万物的本原"；恩培多克勒认为，"火、土、水、气四根是宇宙万物的本原"；阿那克萨戈拉认为，"种子是宇宙万物的本原"；德谟克利特认为，"原子是宇宙万物的本原"；柏拉图则认为，"理念是宇宙万物的本原"；亚里士多德甚至认为，"形式是宇宙万物的本原"。

在中国哲学史上，对于"什么是宇宙万物的本原"也有四种不同的回答：一种是"水本论"，即认为"水"是宇宙万物的本原，见于《管子·水地》："水者何也？万物之本原也。"一种是"心本论"，即认为"心"是宇宙万物的本原，"心外无物"，宇宙万物都包含在主体"心"之中并与之融为一体；一种是"理本论"，即认为"理"是宇宙万物的本原，"宇宙之间，一理而已"，"理也者，形而上之道也，生物之本也"。还有一种就是"气本论"，即认为"气"是宇宙万物的本原，"太虚无形，气之本体"，宇宙万物的生生不息都是"气化流行"的结果。

"气本论"的历史最为悠久，可以追溯到先秦时期的《周易》以及《老》《庄》，在中国哲学史上的影响也最大。围棋哲学中的宇宙本体论也是以此为基础而产生的。

一 棋子的生命性本原——气

《说文》云："气，云气也，象形。"可见，"气"的本义为"云气"。而在我们的传统哲学中，"气"是一个非常重要的概念，它不仅指云气、空气、水气等物，也是宇宙和生命的起源。

首先，"气"既是物质性的，也是精神性的。它作为宇宙万物的本原和基始，可以化为任何有形质的东西，又具有精神性内涵，具有无限的包容性、多义性、渗透性以及生发性。"气"不仅可以在"有"与"无"之间自由转换；也可以在"人"与"物"之间自由转换。

其次，"气"具有无形、连续以及聚散三种性质。《庄子·则阳》篇云："天地者，形之大者也；阴阳者，气之大者也。""气"与"形"对举，说明"气"是一种无形之物。《周易·系辞上》云："易有太极，是生两仪，两仪生四象，四象生八卦。"郑玄注释说，"太极，醇和未分之气也"。这不仅说明"气"是未分而连续的，也说明这种未分而连续的"气"即是"太极"。《正蒙·太和》篇云："太虚无形，气之本体，其聚其散，变化之客形尔。"[①]这说明"气"作为无形太虚的本体，是有聚散变化的。

最后，"气"是宇宙的本原，也是生命之源。人之生死，不过是气之聚散。《庄子·知北游》篇云："人之生，气之聚也；聚则为生，散则为死。""气"对于人是如此，对于棋也是如此。围棋哲学中"气为本原"最核心、最根本的内容就是"棋以气生，

---

① 《张载集》，中华书局1978年版，第7页。

气尽棋亡"。

"气"是棋子的生命性本原，是棋子存活的基本条件。一枚棋子要在棋枰上存活而不被提取，前提条件是这枚棋子必须有"气"，否则的话，就是死子一枚。在棋枰之上，双方都没有落子之时，是一片原始混沌的"气"。子落在盘上之后，每个子就开始围绕着"气"展开了一场激烈的争夺之战。棋子对生存空间的争夺主要体现为对生命之气的争夺。对局中的黑白双方，也总是采取各种可能的手段抑制或灭绝对方的生存之气。因此，各种与"气"有关的术语和战术也就随之出现：外气、内气、气数、气眼、收气、气紧、长气、杀气等。而围棋的棋形，即棋子在棋枰上的位置，其形态与气态之间也有内在联系。优美而富有弹性的棋形，则气态流畅、舒展而富有生命活力；反之，愚笨而僵化死板的棋形，则气态阻塞，呆滞而显示死气沉沉之感。

棋枰之上，"气"的存在以"地"为基础。"养气"与"争地"之间存在必然的联系。如果没有"地"的保障，"气"迟早会散尽；长气需要夺地，气紧也需要夺地。因此，棋子想要在棋枰之上生存而不被提掉，就必须有足够的地作为生存空间。说得更直白一些，有地则有生，无地则无生。这就是"气为本原"所揭示的生存观——对土地的依赖和重视。从历史的角度来看，这种重视土地的生存观可能与我们传统社会以农为本的思想观念有关。

二 宇宙的本体性基质——气

从词源学的角度看，甲骨文和金文中已经有"气"字。据文字学家考证，"气"字在甲骨文中的含义有三方面：一是乞求，二是迄至，三是终止。此时"气"只是一个普通的字词，尚未蕴含哲学意义，也不是作为宇宙的本体性基质而存在。

"气"成为具有哲学意义的概念，始于西周末年。据史料记载，周幽王二年，发生大地震。时任太史的伯阳父认为，"天地之气，不失其序"，"阳伏而不能出，阴迫而不能烝（上升）"，于是有地震。伯阳父所说的"天地之气"，虽然具有抽象的哲学意义，但是他还没有以"气"为化生万物的本原的思想。

在中国哲学史上，第一个把"气"作为宇宙万物本原的可能是《周易》。《周易》将"气"的概念进一步演绎为"精气"，认为"精气"是化育天地万物细微的、原初的基元。因此，《系辞传》说："精气为物，游魂为变，是故知鬼神指情状，与天地相似，故不违。"此外，老庄哲学也有"气本论"倾向，老子认为，"万物负阴而抱阳，冲气以为和"。《庄子》继承和发展了《老子》的思想，提出"人之生，气之聚也；聚则为生，散则为死"，以及"天地者，形之大者也；阴阳者，气之大者也"。及至《管子》一书问世，其中的《心术》《白心》《内业》等篇明显继承并改造了老庄哲学，认为"道"就是"气"。

"气本论"的核心观点是宇宙的本体性基质是"气"。真正意义上提出这一理论的哲学家是宋代的张载，明代的王廷相、罗钦顺以及明清之际的王夫之对此进行了完善。完整意义上的

"气本论"哲学思想主要有五个方面的含义：其一，"气"是宇宙的本体性基质，是宇宙万物的本原；其二，"理根于气"，"气为理之本，理乃气之载"；其三，"气"作为宇宙万物的本原，是运动不息的。其四，"气"具有无形、连续以及聚散的性质；其五，"气"分阴阳，阴阳之气和合产生宇宙万物。

第二节 生成论视角：道统阴阳

任何一个文明发展到一定高度之后，似乎都会产生这样的疑问：我们生存的这个宇宙，是从哪里来的？是如何产生的？人类对于这一问题的回答一般有两种形式：一种是神学的形式，如"上帝创世说""盘古开天地说"等；一种则是哲学的形式，即宇宙生成论。

在抽象的哲学理论中，本体问题与生成问题是一脉相承的。宇宙本体论与宇宙生成论也是相辅相成，互为根据的；但二者之间也存在本质上的不同。本体论主张变化是不变要素的结合与分离，生成论则是主张变化是"产生""消亡"或者"转化"的过程。这两种理论在古典西方哲学和中国传统哲学中都产生过，但是本体论是古典西方哲学的主流，而生成论则是中国传统哲学的主流。在中国传统哲学体系中，主要有两种路径的宇宙生成论：一种是"三生万物"的路径，一种是"和实生物"的路径。

围棋道法阴阳。在围棋哲学体系中，棋道所遵循和效法的实际上就是以阴阳二气交感而生成万物的"三生万物"路径。

第五章 围棋中的宇宙论

一 生成论的两种路径

(一)"三生万物"路径

"三生万物"的宇宙生成论路径是由老子提出的。《老子·第四十二章》说:"道生一,一生二,二生三,三生万物。"老子认为,"道"是"先天地生"的,"可以为天下母",即是说,天地万物是在"道"的作用下生成的。这一生成的路径是:道→一→二→三→万物。对于这一路径,哲学家冯友兰解释说,一就是气,二就是阴阳二气,三就是阴阳二气之和气。[①]因此,"三生万物"的生成路径实际上就是"道"产生了"气","气"又分化为阴阳二气,阴阳二气的融合化生出万物。

《老子》的"三生万物"的生成路径,在《周易》中也有体现。《周易·泰卦·象辞》说:"泰,小往而大来,吉亨。则是天地交而万物通也。""小往",指的是阴气离去;"大来",指的是阳气归来。泰卦象征着在阴阳二气的推移过程中,阴气的离去,阳气的归来,是吉利之象。之所以将其命名为"泰",是因为它象征着万物的生养,是万物大通的标志;而万物的生养发育,是天地之气交融的结果。因此,这段话的核心意思是"天地交而万物通",即认为天地相交导致了万物的化生。这里的"天地相交",实际上就是阴阳二气的交融。所以,《周易》以阴阳二气的交感生成万物,与《老子》所说的"三生万物"的路径是相通的。

两种说法形式上似乎有异,但本质上则是一致的,都把阴

[①] 《中国哲学史新编》第二册,人民出版社1984年版,第50页。

阳交融作为化生万物的根本。《老子》是道家思想的鼻祖，而《周易》则是儒家五经之首，这两部著作在宇宙生成路径问题上的认识却是一致的。鉴于儒道两家在中国历史上所具有的特殊地位，它们在此问题上的一致，导致阴阳二气交融化生万物的思想，成为指导后世宇宙生成论发展的圭臬。

（二）"和实生物"路径

"和实生物"的宇宙生成路径由西周末年的伯阳父提出，最早见于《国语·郑语》记载："夫和实生物，同则不继。以他平他谓之和，故能丰长而物归之；若以同裨同，尽乃弃矣。故先王以土与金木水火杂，以成百物，是以和五味以调口，刚四支以卫体，和六律以聪耳，正七体以役心，平八索以成人，建九纪以立纯德，合十数以训百体。"

这段话表达的是五行学说的思想基础，其核心内容是说，产生新事物的关键在于"和"。伯阳父认为，"以他平他谓之和"，即用不同的东西相互补充，有机组合，才能够实现"丰长而物归之"，使事业壮大，产生新的事物。"和"的对立面是"同"，"同"是指彼此无差异的同类事物。五行学说以金木水火土而不是某种单一的元素作为构成万物的根本，即是出于这种理念。

"和而不同"理念的产生，是古人生活经验的升华。《论语·子路》说"君子和而不同"，《管子·宙合》也说"夫五音不同而声能调……五味不同而物能和"，都表达了同样的认识。这里的"和"指的是不同物之间的对立互补，相辅相济，它是产生新事物的前提。

"和实生物"的生成路径具体到宇宙论中，就是金木水火土五行生成宇宙万物的路径。这一路径与《老子》和《周易》

所代表的"三生万物"在表现形式和基本原理上都有所不同。就表现形式而言,"和实生物"是循环立体式的;而"三生万物"是直线递进式的。就基本原理而言,"和实生物"是不同元素的相互补充,有机组合;而"三生万物"是阴阳二气的交感和对立。

另外,"和实生物"的路径所表达的核心理念是同一事物的量化扩张不能产生新物,必须是不同性质的事物的有机组合,才能形成新事物,才能使社会充满生机。社会要和谐、要发展,就必须能够包容多元化,使它们和谐相处,互补共荣。

二 "道统阴阳"在围棋生成论中的实际体现

就围棋哲学的宇宙论而言,"气为本原"也必然能够推出"道统阴阳"。

"道"的本义是"路",引申为做事的方法或者发展的途径。在中国传统哲学中,"道"是一个独特的形而上的概念。这一概念对民族国家的社会、政治、经济、文化、军事等各个领域都影响巨大。《周易·系辞上》篇云:"一阴一阳之谓道。"《老子》开篇即云:"道可道,非常道。"《论语·里仁》篇云:"朝闻道,夕死可矣。"

在中国传统哲学中,"道"的具体展开为"天道"和"人道"。前者更多的与自然宇宙联系在一起,代指自然宇宙的根本性规律;后者更多的与社会人事交织在一起,代指人伦社会的道德规范。在围棋哲学中,"道统阴阳"具体展开为"棋道"与"黑白"。《棋经十三篇·棋局》云:"枯棋三百六十,白黑相半,以法阴阳。"① 在棋枰之上，白子代表"阳"，黑子代表"阴"，黑白之间的相互较量，相互搏击，相互拼杀，相互制衡，实际上就是阴阳之间的对立、互根、消长、感应、转化以及合一。而这一切的变化，都归"道"来统领，受"道"的制约，同时，也必须符合"棋道"。这就是"道统阴阳"的主要内容。

第三节 模式论视角：法象天地

东汉班固在《弈旨》中说："棋有白黑，阴阳分也；骈罗列布，效天文也。"② 意思是说，围棋子分黑白，以象阴阳昼夜；法象天地，以效天文星象。这是历史上首次对围棋宇宙模式论的揭示。宋代张拟（一说张靖）的《棋经十三篇·棋局》："局之路，三百六十有一。一者，生数之主，据其极而运四方也。三百六十，以象周天之数。分而为四，以象四时。隅各九十路，以象其日。外周七二路，以象其候。枯棋三百六十，白黑相半，以法阴阳。"③ 更加清楚明确地说明围棋中所蕴示的宇宙模式理论。在中国传统的宇宙认知模式中，关于宇宙结构的假说主要有"盖天说""浑天说"和"宣夜说"三种。而这三种宇宙模式论，在围棋中都有明显体现。

---

① 《围棋文化史料大全》，第372页。
② 《围棋文化史料大全》，第313页。
③ 《围棋文化史料大全》，第372页。

一 围棋中包含的三种宇宙模式

"盖天说""浑天说"以及"宣夜说"是中国传统的三种宇宙模式论。其中,"宣夜说"至少在东汉时期已成绝学,它的大部分理论都已失传。"盖天说",又名"周髀",它的理论主要保存在《周髀算经》中,"周"是周天,"髀"是表股,周天为规,表股为矩,所以"周髀"的简单解释就是方圆。"浑天"两个字无疑是指天球,而"宣夜"一词的含义则比较虚幻,东晋的虞喜认为宣主明,夜主幽;现代学者则更倾向于把这种学说解释为"无所不在的夜",不过与其实际含义可能都有距离。

(一)盖天说

"盖天说"无疑是宇宙模式论中起源最早的一种。据《天文录》记载:"盖天说,又有三体:一云天如车盖,游乎八极之中;一云天形如笠,中央高四边下;一云天如欹车盖,南高北下。"[①]《天文录》是南北朝时期的科学家祖暅所作。祖暅,即我国古代著名科学家祖冲之的儿子。由此可见,"盖天说"发展到南北朝时期,已经有三种不同的说法:一说"天如车盖";一说"天如斗笠";一说"天如欹车盖"。

关于"盖天说"的确切起源,史书有不同的记载。据《晋书·天文志》记载,"盖天说"最早由上古庖牺(伏羲)氏创立,殷末周初由殷人商高传授给周公,"周人志之,故曰《周髀》。髀,股也;股者,表也。其言天似盖笠,地法覆盘,天

---

① 转引自《中国哲学大辞典》,上海辞书出版社2014年版,第355页。

地各中高外下"①。而据《隋书·天文志》记载,"盖天说"则是由上古时期的人文始祖黄帝所创立,"颛顼造浑仪,黄帝为盖天"②。对此《黄帝内经》和《吕世春秋》也都有佐证。虽然"盖天说"起源于伏羲、黄帝的传说,难以证实;但"周人志之"则是有迹可循的。在我国古代的典籍中,特别是祭祀之礼中,不难发现"天圆地方"宇宙模式的影响。如《周礼·大宗伯》"以苍璧礼天,以黄琮礼地"③。东汉著名经学家郑玄注"礼神者必象其类,璧圜,象天,琮八方,象地"④。考古发现新石器时代晚期至商周时期的"玉琮"多为外方内圆的四方筒形或方环形,并非八方形。又如《周礼·大司乐》载冬至祭天神"于地上之圜丘奏之";夏至祭地示"于泽中之方丘奏之"⑤。郑玄注"圜者应天圜也,……方丘象地方故也"⑥。这些祭祀制度都蕴含着"盖天说"所表达的"天圆地方"的思想。这说明"盖天说"的宇宙模式最迟在周代已经形成。

"盖天说"作为古代最早的宇宙模式论,符合天尊地卑,天动地静的传统哲学观念,因此在历史上产生过广泛的影响。尤其是其中所揭示的"天圆地方"的思想,与围棋之间有着密切联系。这种联系主要表现在两个方面:

一方面,围棋对"天圆地方"的宇宙模式的认知和解读是直观性的;这一直观性的认识和解读是由东汉著名史学家班固开启的。班固认识到围棋之中所蕴示的"天圆地方"的宇宙观,

---

① 《二十四史全译·晋书》第一册,第196页。
② 《二十四史全译·隋书》第一册,第455页。
③ 《周礼注疏》,北京大学出版社1999年版,第478页。
④ 《周礼注疏》,北京大学出版社1999年版,第478页。
⑤ 《周礼注疏》,北京大学出版社1999年版,第586页。
⑥ 《周礼注疏》,北京大学出版社1999年版,第588页。

所以在《弈旨》中说围棋"上有天地之象"。但是"天地之象"在围棋中又是如何体现的，班固并没有言明。到了南北朝时期，南朝梁武帝萧衍对此作了直观性的解读："围奁象天，方局法地"。这一解读后来成为定论，被历代棋家所认同，宋代成书的《棋经十三篇》也沿用此说："局方而静，棋圆而动。"因此，"圆象天，方法地，天圆而动，地方而静"，这是围棋对"天圆地方"的宇宙观的直观性认识和解读。

另一方面，在这种直观性的认识和解读背后，蕴示着更加深刻、更加本质的义理。具体来说，围棋"天圆地方"的宇宙模式之中所认识和解读出来的深刻的本质义理主要有两个维度：一是天地之道，一是人伦之道。

（二）浑天说

"浑天说"萌芽于战国时代。公元前4世纪，法家先驱慎到提出："天体如弹丸，其势斜倚。"一反天是半球形的说法，最早表述了浑圆的"天"的概念。

"浑天说"作为一种宇宙模式论，则是形成于汉代。西汉天文学家落下闳设计制作的浑仪，与"浑天说"有着极密切的联系。东汉科学家张衡是"浑天说"的集大成者，他在《浑天仪注》中系统阐述了"浑天说"的宇宙模式："浑天如鸡子。天体圆如弹丸，地如鸡子中黄，孤居于天内，天大而地小。天表里有水，天之包地，犹壳之裹黄。天地各乘气而立，载水而浮。周天三百六十五度又四分度之一，又中分之，则半一百八十二度八分度之五覆地上，半绕地下，故二十八宿半见半隐。其两端谓之南北极。北极乃天之中也，在正北，出地上三十六度。然则北极上规径七十二度，常见不隐。南极天地之中也，在正南，入地三十六度。南规七十二度常伏不见。两极相去一百八十二度强半。天转如车毂之运也，周旋无端，其形浑浑，故曰浑天。"[1]

相比"盖天说"而言，"浑天说"有一定的进步，它认为天不是一个半球形，而是一整个圆球。但事实上，"浑天说"与"盖天说"两种宇宙模式难分高下，各有优缺。因此，到了南北朝时期，信都芳和崔灵恩等天文学家都主张将二者统一起来，并为调和这两种模式而付出巨大努力。他们认为，"浑天说"是从天外俯观天象，"盖天说"则是从内部仰观天象，俯仰角度的不同，但道理是一样的。

（三）宣夜说

"宣夜说"在东汉已经失传。有人认为，"宣夜说"的历史渊源可以上溯至战国时代的庄子。因为二者都涉及宇宙的无限性。

《晋书·天文志》有关于"宣夜说"较为完整的记载："宣夜之书亡，唯汉秘书郎郄萌记先师相传云：'天了无质，仰而瞻之，高远无极，眼瞀精绝，故苍苍然也。譬之旁望远道之黄山而皆青，俯察千仞之深谷而幽黑。夫青非真色，而黑非有体也。日月众星，自然浮生虚空之中，其行其止皆须气焉。是以七曜或逝或住，或顺或逆，伏见无常，进退不同，由乎无所根系，故各异也。故辰极常居其所，而北斗不与众星同没也；摄提、填星皆东行，日行一度；月行十三度。迟疾任情，其无所系著可知矣，若缀附天体，不得尔也。'"[2]

从这段记载我们可以得知以下几点：其一，"宣夜说"起

---

[1] 张衡：《浑天仪注》，转引自《二十四史全译·晋书》第一册，第199页。
[2] 《二十四史全译·晋书》第一册，第197页至第198页。

源很早，汉代郄萌（公元1世纪）只是记下了先师传授的东西。其二，"宣夜说"认为天是没有形体的无限空间，因无限高远才显出苍色。其三，日月众星自然浮生虚空之中，依赖气的作用而运动或静止。其四，各天体运动状态不同，速度各异，是因为它们不是附缀在有形质的天上，而是漂浮在空中。

无可否认，这些看法是相当先进的，它同"盖天说""浑天说"本质的不同在于：它承认天是没有形质的，天体各有自己的运动规律，宇宙是无限的空间。这三点即使在今天也是有意义的。

二 围棋中的天文星象

关于围棋宇宙模式论与古代天文星象之间的密切关系，宋代张拟（一说张靖）所著的《棋经十三篇·棋局》已经讲得非常清楚："夫万物之数，从一而起。局之路，三百六十有一。一者，生数之主，据其极而运四方也。三百六十，以象周天之数。分而为四，以象四时。隅各九十路，以象其日。外周七二路，以象其候。枯棋三百六十，白黑相半，以法阴阳。"[①]

围棋宇宙模式论中所蕴含的天文星象学主要有四个方面：一是围棋中的"天元"与"星位"；二是围棋中的"周天之数"；三是围棋中的"四时更替"；四是围棋中的"七十二候"。

（一）围棋中的"天元"与"星位"

棋枰方正，纵横19路，361个交叉点。其中有9个交叉点用大黑点标识，以方便定位。这9个黑点称之为"星"或"星位"，而棋枰正中心的"星"又被称为"天元"。"天元"与"星位"

---
① 《围棋文化史料大全》，第372页。

都是棋枰上非常特殊也非常重要的点，历来受到棋手们的重视。

在中国传统典籍中，"天元"非常重要且有多重含义。如《史记·历书》说："王者易姓受命，必慎始初。改正朔，易服色，推本天元，顺承厥意。"[①]这里的"天元"可以解释为上天元气的运行规律；《后汉书·陈忠传》说："臣愿明主严天元之尊。"[②]这里的"天元"可以理解为帝王的基业；《魏书·方技传》："夫入神者，当步天元，推阴阳，探玄虚，入幽微。"[③]这里的"天元"实际上是指万物的本源和开始。

在围棋宇宙模式论中，"天元"和"星位"象征苍穹上的星辰。"天元"处于棋枰正中，象征中天的北极星；而其他"星位"围绕"天元"，形成众星拱卫之势。唐代科学家李淳风所著的《观象玩占》记载："北极星在紫微宫中，一曰北辰，天之最尊星也。其纽星天之枢也。天运无穷，三光迭耀，而极星不移。故曰：居其所而众星拱之。"[④]由此可见"天元"和"星位"与古代天文星象之间的密切关系。

此外，还有学者认为，"天元"不仅与天文星象有关，也与历法有关。始于汉代的干支纪年法是我国古代一直沿用至今的历法，干支分为十天干和十二地支。而"天元"也是"天干"的别称。

（二）围棋中的"周天之数"

古人早已发现，围棋棋盘、棋子的数字特征和内涵，与宇宙天文之数存在特殊的、内在的关联。最早指出这一特征与关

[①] 《二十四史全译·史记》第一册，第433页。
[②] 《二十四史全译·后汉书》第二册，第1027页。
[③] 裴松之注《三国志》引《管辂别传》。
[④] 李淳风：《观象玩占》，转引自《中国龙虎山天师道》，江西人民出版社1994年版，第56页。

第五章 围棋中的宇宙论

联的是东汉的班固，他在《弈旨》中运用阴阳、天文、地则等概念，分析解释围棋的独特征象与意旨："局必方正，象地则也。道必正直，神明德也。棋有白黑，阴阳分也。骈罗列布，效天文也。"① 最早揭示围棋与周天度数关系的，是北周时期的《敦煌棋经》。其中第四篇《像名》首句即："棋子圆以法天，棋局方以类地。棋有三百六十一道（原文抄误为三百一十六道），故周天之度数。"最完整地阐述围棋棋局数字特征与象征意义的是北宋张拟（一说张靖）的《棋经十三篇》。其《棋局》中说："夫万物之数，从一而起，局之路，三百六十一。一者，生数之主，据其极而运四方也；三百六十，以象周天之数。分而为四，以象四时；隅各九十路，以象其日；外周七十二路，以象其候。枯棋三百六十，黑白相半，以法阴阳。"② 清代棋论家汪缙的《弈喻》中说："弈之数，周天之数也。弈之子分黑白，阴阳之象也，而运之者，心也。"③ 揭示了围棋之数与"周天之数"之间的密切关系。

"周天之数"，是古代天文学中的一个重要概念，很多古代典籍在论述天文立法时都会涉及。如《汉书·律历志》记载："周天五十六万二千一百二十。以章月乘月法，得周天。"④《后汉书·律历志》记载："日行十九周，月行二百五十四周，复会于端，是则月行之终也。以日周除月周，得一岁周天之数。"⑤ 唐代孔颖达注疏《礼记·月令》时也

---

① 《围棋文化史料大全》，第 313 页。
② 《围棋文化史料大全》，第 372 页。
③ 《汪子文录》卷一，见《续修四库全书》影印清嘉庆十年王芑孙刻汪子遗书本。
④ 《二十四史全译·汉书》第一册，第 421 页。
⑤ 《二十四史全译·后汉书》第一册，第 246 页。

说："星既左转，日则右行，亦三百六十五日四分日之一至旧星之处。即以一日之行而为一度计，二十八宿一周天，凡三百六十五度四分度之一，是天之一周之数也。"①唐代贾公彦在《周礼注疏》中也说："十二月亦是周天之数。日，日行一度；月，日行十三度十九分度之七。日月所行，亦在周天之数。星辰，谓二十八宿十二次，亦在周天数内，皆不离三百六十五度四分度之一耳。"②

"三百六十，以象周天之数。"天文学上以天球大圆三百六十度为周天。中国古代最早的天文历法古六历对"周天之数"早有明确的认识。古六历是指《黄帝历》《颛顼历》《夏历》《殷历》《周历》《鲁历》。相传最早的黄帝历等产生于上古时期，据后人考证，约产生于西周末年至战国时期。古六历都属于阴阳合历，即把回归年和朔望月两个系统结合起来，确定一个回归年有365又四分之一日，因此又称四分历。同时，为调整月分与季节的对应，又采取"十九年七闰"，即"三年一闰，五年再闰"的设置。古六历在对周天之数的认识上大体一致，只是在历元、岁首和使用地域上有区别。如秦朝因崇水德采用颛顼历，岁首从每年十月起，并因避秦始皇嬴政的讳，不设正月。从汉武帝太初元年开始使用太初历，保留了传统历法的合理因素并更加准确，同时恢复正月，把按冬春夏秋季节排的政治性历序，改为适应农耕需要、符合人们习惯的春夏秋冬的时序，并正式设立二十四节气。从此，中国有了长时间统一使用的历法——农历。

---

① 《礼记正义》，北京大学出版社1999年版，第439页。
② 《周礼注疏》，北京大学出版社1999年版，第55页。

天文学中所说的"周天之数"，日月星辰运行一周的度数，即三百六十五度四分度之一。这既与一年三百六十五天的天数相近，同时也与棋枰上的交叉点数相近。因此，"弈之数"即"周天之数"是围棋宇宙模式中所蕴含的天文星象的另一个重要方面。

（三）围棋中的"四时更替"

在围棋宇宙模式论中，围棋棋枰的分区与四时有关。《棋经》云："分而为四，以象四时。"意思就是说，棋枰以天元为中心，分为四隅，合于春、夏、秋、冬四季；每一隅九十路合于一个季度的天数。四时，指四季。《礼记·孔子闲居》云："天有四时，春秋冬夏。"《易·恒》云："四时变化而能久成。"围棋棋局可完整、均衡地分为四个部分即四个象限，相等于周天度数中的四季结构。"隅各九十路，以象其日。"围棋棋局四个部分各有九十路即九十个交叉点，与历法中四时（四季）各有九十日的构成完全一致。

《逸周书·周月解》记载："凡四时成岁，有春、夏、秋、冬，各有孟、仲、季，以名十有二月，中气以著时应。春三月中气：惊蛰、春分、清明。夏三月中气：小满、夏至、大暑；秋三月中气：处暑、秋分、霜降；冬三月中气：小雪、冬至、大寒。闰无中气，斗指两辰之间。万物春生、夏长、秋收、冬藏。天地之正，四时之极，不易之道。"[①] 这段话的意思是说，春、夏、秋、冬为一年的四个季节，每个季节又可分为孟、仲、季，并且与二十四节气相关联。春天是万物复苏之季，夏天是万物生长之季，秋天是收获之季，而冬天是守藏休息之季。如此循环更替。

---

① 《逸周书》，辽宁教育出版社1997年版，第44页。

在中国传统哲学体系中，四时的更替，与阴阳二气的消长相关联，也与金、木、水、火、土五行相关联，甚至与人事王政相关联。因此，英国科学史家李约瑟将中国传统哲学中的宇宙论定义为关联性宇宙模式论。英国汉学家葛汉瑞也认为中国传统哲学体系中所建构的宇宙模式论是关联思维的产物。

（四）围棋中的"七十二候"

围棋的局道与古代历法中的"七十二候"密切相关。《棋经》云："外周七二路，以象其候。"候，是古代的时令名，五天为一候，一年共七十二候。七十二候的起源很早，是中国最早的结合天文、气象、物候知识指导农事活动的历法。源于黄河流域，完整记载见于公元前2世纪的《逸周书·时训解》。以五日为候，三候为气，六气为时，四时为岁，一年二十四节气共七十二候。北魏《正光历》首次将七十二候载入历书。

七十二候中的每一候均以一种物候现象相应，叫"候应"，包括非生物和生物两大类，非生物类如"水始涸""东风解冻""虹始见""地始冻"等；生物类包括动物和植物，如"鸿雁来""虎始交""萍始生""苦菜秀""桃始华"等，七十二候候应的依次变化，反映了一年中气候变化的一般情况。

通过以上分析解读，我们至少可以得出以下两个方面的认识：

首先，围棋与农耕时代的中国古代天文历法有密切关系。中国古代包括上古时代，有着十分发达的早期天文观测实践，在原始历法的制定上也一直居于世界领先地位。这与中国最早进入农耕时代是分不开的。在生产力低下的古代社会，农业耕作基本上是"靠天吃饭"，极度依赖于天候气象条件，这就使得人们不得不高度重视和掌握天文知识。在有限经验的基础上编制的各种早期历法，是指导人们正确进行农耕生产的依据和工具，也是关系人类生存的最重要的知识。这种知识会反映在人们所进行的各种精神活动中，围棋也完全有可能因此而成为其中之一。围棋形制的数字特征和内涵中包含如此丰富的古代天文历法知识，甚至使人强烈地感觉到它几乎就是一个简明的农耕时代天文历法指南。它深深地镌刻着所得以产生的那个文化体系的基因，显现着它由来问世的那个时代的背影。

其次，围棋形制至少在1500多年前就固定在与古代"周天之数"相符合的数字特征上，绝不是偶然的。在围棋产生、发展的漫长过程中，棋局形制经过了复杂的变化过程。从古代文献记载看，主要有十七道、十九道两种规制；从考古实物发现看，则主要有十五道、十七道、十九道三种规制。不同的规制，具有不同的数字特征，也就可以做不同的内涵、意旨解读。例如，十七道围棋外周六十四路，也可解读为与八卦中的六十四卦相符。但是，从总体上看，围棋形制的数字特征，取决于两个因素，即自身"小宇宙"发展的内在因素，及外部"大宇宙"影响的外在因素。围棋作为一种独立存在的智力游戏，以何种结构更为合理，离不开自身的发展需求、价值尺度和规律；同时，也要受到所在文化体系、环境的深刻影响与制约。尤其是在科学技术尚不发达的古代社会，自身的科学标准难以充分表现，后者的影响可能更大。

第六章　围棋中的认识论

　　自笛卡尔以来，西方哲学发生了认识论的转向。认识论是探讨人类认识的本质、结构，认识与客观实在的关系，认识的前提和基础，认识产生、发展的过程及其规律，认识的真理标准等问题的哲学理论。就认识论的发展历史而言，大致有三种不同形态的认识论，即唯心主义的认识论、唯物主义的认识论以及不可知论。与本体论一样，认识论也是哲学体系中必不可少的重要组成部分。毛泽东同志高度强调认识论的重要性，甚至提出了哲学就是认识论的基本命题。邓小平同志也认为，"实事求是"的认识论是哲学的精髓。由此可见，认识论对于哲学理论和哲学实践具有重要意义。

　　围棋哲学的认识论主要包括三个方面：一是围棋的认知方式，即逻辑思维；二是围棋的演绎方式，即数算思维；三是围棋的表达方式，即图形思维。围棋哲学所展示的严谨和独特的思维方式，分别回应了认识论中的三个根本性问题：如何认识？

如何演绎？如何表达？围棋哲学的认识论本质，实际上是逻辑思维、数算思维以及图形思维三者有机融合、高度统一的思维形态；围棋没有任何文字符号和立体形态，完全是以图形的构造与变化来表达深刻而严密的思维过程。

第一节 围棋的认知方式：逻辑思维

认知以及认知方式，是认知心理学上的重要概念，也是哲学认识论中的重要范畴。从认知心理学的意义上看，认知包括知觉、思维、推理、理解、问题的解决以及记忆等过程；是指通过形成概念、知觉、判断或想象等心理活动来获取知识的过程。认知方式是指人类通过感知、思维、记忆等心理活动在认知事物的过程中所体现出来的形式，它来自于人类主体的自然实践。在人类认识发展史上，认知方式是在不断发展变化的，认识方式的发展和变化往往会导致认知革命。

逻辑思维是运用概念、判断和推理，严格遵守思维的逻辑规则与规律，逐层有序地推导出结论的思维。实际上也是由概念向判断、推理的运动过程。逻辑思维是人类认识世界的基本方法，主要解决人类认识何以为真的问题。在人类认识形成和发展的过程中，始终离不开逻辑思维，它是人类认识世界的重要工具之一。围棋对弈中的逻辑思维是围棋的认知方式，也是围棋认识论的思维特征之一。它主要解决围棋对弈过程中的判断、决策、选择何以正确的问题。只有正确掌握围棋对弈中的逻辑思维，才能正确认识围棋对弈的整个过程。

一 围棋对弈中逻辑思维的本质及表现

（一）围棋对弈中逻辑思维的本质

围棋对弈中的逻辑思维，本质上是人类认识论中逻辑推理在围棋对弈中的特殊体现和具体运用。因此，必须遵循形式逻辑的三大基本规律：同一律、排中律和矛盾律。

同一律是指人们在对客观事物进行思维时，每一思维都有其确定性，都必须保持同一。具体而言，即在同一个思维过程中，必须保持对象的同一、概念的同一以及判断的同一。排中律是指在同一个思维过程中，两个互相矛盾的思想或命题不能同时为假，二者必有一真。矛盾律是指两个相互矛盾的思想或命题不能同时为真，二者必有一假。

同一律、排中律、矛盾律作为形式逻辑的三大基本规律，在围棋对弈的过程中，集中表现为对弈双方的意图、思路、过程、手法、风格的逻辑关系，具体表现为以下特征：①对弈意图的完整性。对作战目的、方向、部署、区域、阶段、力量、方式等各个方面、各个要素都有通盘考虑，系统设计，没有重大缺陷。②对弈思路的连贯性。对构成全局战略的各个战役、战斗都能够有步骤有次序的展开，如行云流水般贯通。③对弈过程的衔接性。从谋篇布局、中盘搏杀到收官之战，保持对弈全过程按内在逻辑紧密相扣、自然连接。④作战手法的关联性。全盘着法、局部着法、先后着法互为前提，互为条件，因果清楚，相辅相成，构成有机整体。⑤对弈风格的统一性。主观意图、思维方式、技术特点等保持内在的一致性，杜绝自相矛盾、先后不一、左右失调等问题的出现。可见，正确掌握围棋对弈中的逻辑思维，是正确认识围棋对弈过程，准确把握围棋对弈规律，深刻理解围棋对弈本质的认识论依据。

（二）围棋对弈中逻辑思维的功能与价值

对围棋博弈过程、局面、结果的分析与判断，在很大程度上是依靠逻辑思维来完成的。我们说，棋局中的每一个构思、每一个变化、每一个着法是否合逻辑、有效率，其实在很大程度上是看它是否符合形式逻辑的基本规律，是否在严密的逻辑推理下实施和完成。对弈中正确的构思和着法，本质上都是逻辑思维的具体展开和实际运用。任何一次逻辑链条的断裂都可能影响棋局的走向，导致形势的变化，决定全局的胜败。从这个意义上说，对弈实际上是逻辑思维水平的较量；棋枰成为了逻辑思维能力的战场。围棋对于逻辑思维的认识和把握，上升到哲学的高度，可以看作是从逻辑上把握世界的微观缩影和具体演化。

逻辑思维作为围棋的认知方式，作为围棋认识论思维特征，与西方近代哲学中的逻辑实证主义的基本观点十分相似。我们的这一认识要比他们早了一千多年。可惜的是，我们的哲学家往往认识不到在围棋哲学中，有着如此深刻的认识论存在，有着对逻辑思维的深刻把握和实际应用，反而自卑地断言在我们民族国家的思维形态中缺乏逻辑分析的思维方式。为了扭转这一错误的认识，我们必须重视围棋哲学中的认识论，重视围棋哲学所揭示的认识方式——逻辑思维。

二 围棋对弈中逻辑思维的实证分析

（一）宇宙流的逻辑

宇宙流是围棋的一种布局作战的方式，是在20世纪70年代由日本棋手武宫正树创造和发展的。

在宇宙流出现之前的围棋战法，大多重视实利，即以第三线为主的布局方式，以求在边上取得地盘。即使到20世纪30年代，由日本棋手木谷实开始在部分棋局运用三连星布局，对于外势有较多的运用，但一般而言，重实利和第三线仍是围棋的主流。武宫正树的出现使得这种方式有所转变，他重视外势甚于实利、重视第四线胜于第三线，主张棋子要向中央而不是边上发展，在他持黑的多数棋局中，大多数都是以占四线运用外势的三连星布局为主，而其他棋局也多重视布在第四线，由于这种下法不重视地面上（边上），而重视中央天空的作战，因此被称作宇宙流。由于他活跃在20世纪70至80年代的日本棋坛，使得他的这种下法影响到整个围棋界。整个围棋的思维方式，因此变得更丰富更广阔。虽然到20世纪90年代以后，由于年龄因素导致武功正树的棋力下降，加之后继乏人而使得宇宙流逐渐衰落，但是，其中所蕴含的对外势的运用，对第四线的重视以及重视中央作战的逻辑思维，已经成为新一代棋手内心资源的重要部分。

（二）中国流的逻辑

中国流布局是陈祖德为代表的中国棋手在20世纪60年代对日比赛中开始大量使用的布局，日本棋界觉得耳目一新，遂将其命名为"中国流"。

中国流的布局方式是，开局后第一着走星位，第二着走邻角小目（"4．三"），第三着走"3．九"，由此构成的开局走法。"中国流"布局的基本逻辑是：以星小目的配合为基础，迅速向边上扩展地盘，在围空速度上压倒对手。当对方不得不进入黑阵时，则通过攻击来取得主动。

（三）中和流的逻辑

中和流是围棋大师吴清源所创。他以毕生之体悟，融汇古老的中华传统文化，提出 21 世纪的围棋——六合之棋。吴清源认为，21 世纪围棋就是"六合之棋"。"六合"本是中国传统哲学中的概念，在中国哲学的语境中，"六合"表示东西南北的四方和上下的天地，实际上就是指宇宙、天下。《庄子·齐物论》："六合之外，圣人存而不论；六合之内，圣人论而不议。"即是"六合"一词的最早出处。

关于中和流的布局逻辑，吴清源曾这样解释道：我从没有把围棋当成胜负去看待。当然，围棋是争胜负的竞技项目，但我觉得不能忘记围棋最开始是来自于阴阳思想的。阴阳思想的最高境界是阴与阳的中和，所以围棋的目标也应该是中和。只有发挥出棋盘上所有棋子的效率的那一手才是最佳的一手，那就是中和的意思。每一手必须考虑全盘整体的平衡去下。

第二节 围棋的演绎方式：数算思维

演绎，是哲学认识论中的一种重要推理方式和思维方法。

马克思主义认识论指出，一切科学研究都遵循两条途径：由认识个别到认识一般，再由认识一般进入认识个别。在个别中发现一般的推理形式、思维方法是归纳；在一般中发现个别的推理形式、思维方法是演绎。因此，演绎实际上就是从普遍性的理论知识出发，去认识个别的、特殊的现象的一种逻辑推理方法。

数量关系是自然界和宇宙万物的存在方式。数算思维是围棋认识论中的另一个重要的思维特征，也是围棋的演绎方式。在人类认识发展史上，数算思维起源很早。根据新出土的甲骨文献考证，在殷商时代，中国人就已经学会和掌握了数算思维。数算思维的本质就是数理和计算，是"头脑中数的观念运动"。在中国传统哲学中，兵家哲学对数算思维的把握和运用最为精到也最为娴熟。兵家认为，"数"是标志力量以及军事要素大小、性质、变化、转换节奏关系的计量和计算。"算"主要是分析和谋算，包括"数"的统计、分析以及应用。兵家所提出的"数"与"算"的概念不仅反映了他们对量与质的关系已经有了初步的认识，更重要的是体现了一种具有划时代意义的思维理念，即数算思维。

一 围棋数算思维的实质与价值

不同的学科因为属性的不同而有不同的演绎方式。经济学的演绎方式是数学公式，军事学的演绎方式是战争进程的推演，医学的演绎方式是化验与检测，那么围棋的演绎方式则是数算。

围棋是数算的科学，是靠周密、精确、深远的计算取胜的

第六章　围棋中的认识论

智力博弈活动。围棋需要构思、筹划、判断、谋略、勇气等战略和精神要素，但关键要看数算的准确程度。围棋布局的优劣、方向的对错、占地的大小、对杀的死活、劫材的多少、转换的得失、胜负的判断，即从战略、战役到战斗，最终都取决于双方计算的强弱。精确的数算，是围棋制胜的法宝。有时候算错一步，就可能满盘皆输。

围棋数算之难，首先在于超大的计算量。围棋的计算与判断的复杂和高深程度，在所有棋类中居于首位。目前，国际学术界有两种方法衡量围棋数算的复杂度，一种是状态空间复杂度，另一种是搜索空间复杂度。围棋的状态空间复杂度指的是围棋有多少种不同的盘面。沈括在《梦溪笔谈》里给出了计算围棋状态空间复杂度的基本思想："唐僧一行曾算棋局都数，凡若干局尽之。余尝思之，此固易耳，但数多，非世间名数可能言之，今略举大数。凡方二路，用四子，可变八十一局，方三路，用九子，可变一万九千六百八十三局。方四路，用十六子，可变四千三百四万六千七百二十一局。……尽三百六十一路，大约连书万字四十三，即是局之大数。……其法：初一路可变三局，一黑、一白、一空。自后不以横直，但增一子，即三因之。凡三百六十一增，皆三因之，即是都局数。"[①] 按照沈括的方法计算，围棋的状态空间复杂度是 3^{361} 约为 10^{172}。沈括的方法从方向上是正确的，但忽略了围棋的规则，即围棋棋子在棋盘上的存活依赖于气的存在。2007年荷兰科学家特龙普（John Tromp）和法尼拜克（Gunnar Farnebäck）通过统计方法证明了在 19×19 棋盘上，只有大约 1.2% 的盘面是合法的（即在盘面

---

① 《梦溪笔谈全译》，贵州人民出版社1990年版，第569页至第570页。

围棋与哲学

上的每个棋子都有气），因此围棋的状态空间复杂度大约等于 $3^{361}×0.01196\cdots = 2.08168199382\cdots×10^{170}$。2016 年特龙普和合作者准确计算出了围棋状态空间复杂度是 208 168 199 381 979 984 699 478 633 344 862 770 286 522 453 884 530 548 425 639 456 820 927 419 612 738 015 378 525 648 451 698 519 643 907 259 916 015 628 128 546 089 888 314 427 129 715 319 317 557 736 620 397 247 064 840 935。由于围棋是个博弈过程，存在着打劫、吃子等一系列规则，单纯使用状态空间复杂度来刻画围棋是不够的。围棋的搜索空间复杂度通过整个围棋博弈过程来描述围棋是更准确的。《围棋与国家》作者组织专家使用阶乘的方法来计算围棋的搜索空间复杂度，即在不考虑重复提子的情况下，第 1 步行棋有 361 种可能，第 2 步行棋有 360 种可能，依次类推，可知行棋的最大变化量为 $361×360×359×\cdots×2×1$，即 361！，约为 10^{768}。进一步假设每盘棋有 30 步的重复提子，计算围棋的搜索空间复杂度为 10^{808}。如果我们假设每盘棋有 150 步，每步棋有 250 个落子选点，那么围棋的搜索空间复杂度是 10^{360}。2007 年特龙普和法尼拜克的文章中给出了在不同落子长度下的围棋搜索空间复杂度的上限。如果一盘棋不超过 300 步，那么围棋搜索空间复杂度的上限是 $7.8×10^{766}$。[1]

围棋数算之难，还在于围棋计算中存在模糊性、相对性、不确定性和非逻辑性的特征，这是人脑计算力局限性的关键所在。只有通过建立在大数据和超高速运算能力基础上的人工智

---

[1] 胡廷楣、刘知青：《对面千里》，上海世纪出版集团－上海文化出版社 2016 年版，第 30 页至第 32 页。

能神经网络系统和树搜索技术，才能从根本上予以突破。

无论人脑还是电脑，围棋数算思维的实质是价值计算和拓扑计算的统一。所谓价值计算，就是计算每一步行棋的价值大小，这里的价值既有实地的价值，也有虚势的价值。就实地而言，占据的实地越大，实地的价值就越大；占据的实地越小，实地的价值就越小。就虚势而言，形成的势能越大，虚势的价值就越大；形成的势能越小，虚势的价值也就越小。所谓的拓扑计算，就是计算每一步行棋形成的拓扑结构的效率大小，拓扑结构效率越大，棋形就越好，受到攻击的可能性就越小，同样也容易做活；拓扑结构效率越小，棋形就越愚，受到攻击的可能性就越大，同样也不容易做活。价值计算与拓扑计算贯穿整个行棋过程的始终，二者相互统一。

二 围棋对弈中数算思维的综合运用

数算思维在围棋对弈中有着广泛而充分的综合运用。比如对弈之前的"庙算"，就是预先分析敌我双方的情况，构思盘算作战的整体方略；布局开始时的"筹算"，就是根据双方初始构想碰撞的情况，筹划、谋算整个作战的走向和作战部署；子力展开时的"估算"，就是对不同方向投入子力的效率进行思索和估量；组织战役时的"测算"，就是对预想目标、手段步骤、发展变化和关联影响进行推想和测度；战局进程中的"格算"，就是对交战双方的得失进行比较和掂量；具体战斗中的"精算"，就是对行棋的着法、变化、结果进行精确、周密的计算。

每一种计算的方式，都联系着特定的思维模式。数算，不仅是战术思维的要素和依据，而且是战略思维的要素和依据。战略构思也要数算。围棋数算的特征，纵向看，是从定性到定量，从抽象到具体，从模糊到清晰，从概略到精确；横向看，每个阶段的数算都是在比较双方量化的程度、准确的程度、预测的程度。特别是在严格限制时间的情况下，更是在比较双方思维的强度、计算的准度和反应的速度。哪一方算得早、算得快、算得多、算得细、算得准，哪一方就是强者，就能取得最终的胜利。

数算思维能力的高低，是围棋对弈取胜的关键。正如《棋经十三篇·得算》所云："战未合而算胜者，得算多也。算不胜者，得算少也。战已合而不知胜负者，无算也。兵法曰：多算胜，少算不胜，而况于无算乎？由此观之，胜负见矣。"[1]因此，对于一名棋手而言，努力提升自己的数算思维对于取得胜利是至关重要的；与此同时，在不断对弈的过程中，棋手的数算思维也会随之逐步提升。因为，围棋对弈是锻炼数算思维的最佳方式。

此外，随着人工智能围棋的不断发展和突破，从人工智能围棋与人类职业棋手的数次交手和对决来看，数算思维是人工智能突破围棋的关键，在数算方面，电脑比人脑具有先天的优势。但是，这并不影响围棋本身数算思维的表达，也不影响棋手通过与人工智能围棋对弈和练习来提升自身的数算思维水平和能力。因此，面对人工智能围棋的突飞猛进，围棋的魅力并没有衰减，反而会不断的增加。因为人类棋手通过与人工智能

---

[1]《围棋文化史料大全》，第378页。

围棋的对弈，不断地提升自身的数算水平，不断地提升自己的围棋水平，从而突破自身能力的局限而为人们呈现出更为精彩的对弈比赛。这是人类棋手不断挑战自我、超越自我的表现。

第三节 围棋的表达方式：图形思维

图形思维是借助和利用图形或者符号而进行的思维活动，是形象思维的一种具体类型。图形思维具有形象性、整体性、符号性、抽象性、经验性以及创造性等特征。一般而言，图形思维分为两个阶段：一是认识图形；二是创造图形。围棋是典型的依靠和通过图形进行思维博弈的智力游戏。围棋没有文字标志，不通过语言方式。围棋的语言就是图形语言。换言之，图形是围棋语言的基本表达方式；图形思维是围棋思维的基本展开方式；图形逻辑是围棋推理判断的基本认识方式。

一 围棋的图形思维与中华传统文明重视图形思维和表达的特征高度一致

中华传统文明非常重视图形思维和表达。河图洛书与周易八卦，不仅是中华传统文明的源头，也是传统图形思维和表达的源头。围棋的图形思维，与以河图洛书、周易八卦为典型代表的传统图形思维和表达关系密切，与中华传统文明重视图形思维和表达的特征高度一致。

围棋的图形思维与河图洛书的密切关系主要表现在四个

方面：①从直观形象上看，河图洛书是以线条上的黑点和白点表示，围棋的图形也正是以线条上的黑子和白子构成；②从数量计算上看，河图洛书是以黑白点相互对应、穿插、平衡的计算结果来表现，与围棋的子数、目数计算有相通之处；③河图洛书所表现的五行学说，与围棋的形制、弈理有相合之处；④从思想内涵的表达方式上看，河图洛书与围棋一样都是依靠图形思维来表达。历史上有一个通过图形思维认识围棋和赢得对弈的经典故事，即"象山弈棋"。以宋代哲学家陆九渊（象山）的奇特经历，来说明围棋的图形思维与河图洛书之间的密切关系。据《鹤林玉露》记载："陆象山少年时，常坐临安市肆观棋。如是者累日，棋工曰：'官人日日来看，必是高手，愿求教一局。'象山曰：'未也。'三日后，却买来棋一副，归而悬之室中。卧而仰视之者两日，忽悟曰：'此《河图》数也。'遂往与棋工对，棋工连负二局。乃起谢曰：'某是临安第一手棋，凡来著者，皆饶一先。今官人之棋，反饶得某一先，天下无敌手矣。'象山笑而去。"[①]这里所说的"河图数也"，其实就是图形思维的具体表现。陆九渊通过不断的观察和思考，发现围棋对弈的本质就是图形思维，这种图形思维与河图洛书所呈现的图形思维竟然如此相似。正是悟到了这一点，他才能够领会围棋的精妙之处，在对弈中打败棋工。

围棋的图形思维与周易八卦的关系更为密切。二者都是以图形定式来表现运行的状态、次序和趋势。八卦是以图形卦象来表现事物存在的状态、关联和变化，即由阴阳二爻重叠变化构成八卦，八卦交替组合构成六十四卦。从六十四卦次序图

---

① 《鹤林玉露》，中华书局1983年版，第249页。

中，可以形象地看到："太极"就像天元，一元为棋枰中心；"两仪"为黑白双方落下第一颗棋子；"四象"是四角定式的展开；"八卦"犹如扭杀到八颗星位代表的方位；"六十四卦"则是延伸到其后更细致的行棋阶段。围棋黑白子在棋盘上发散行动和图形组合，与太极八卦按次序图展开的推演如出一辙。六十四卦中的每一卦，都是一种图形定式，都是一个时空变化的时空架构。卦是画出来的，而围棋的棋格称为"罫"，意思是格中摆卦。围棋以图形结构和定式形态，在点线构成的时空中展现矛盾双方的斗争进程。可见，二者之间关系密切。

二 围棋图形思维的核心是棋形

围棋图形思维的表现形式和核心内容是棋形。通过对棋形的分析、判断和解读，能够认识和把握围棋博弈过程中的所有内容。所谓棋形，即棋子在棋盘上的排列组合，主要由五个要素构成：①棋形的结构。结构是指棋子在棋盘上通过不同的排列和有机组合呈现出的基本样态，也是围棋图形语言思维和表达的基本单位。棋形结构有疏密厚薄之分，不同的棋形结构会产生不同的战术和手段，也会表达不同的内涵、功能、效率以及死活。②棋形的内涵。内涵是指棋形所表达的目的和意图。不同的棋形表达不同的目的，带有不同的意图。围棋博弈的奥妙，是对棋形内涵的解读，即对目的的判断和意图的分析。③棋形的功能。功能是指棋形承担的任务和发挥的功用。在围棋博弈中，不同的棋形承担不同的任务，发挥不同的功用。如有的棋形适于承担进攻的任务，有的棋形则适于承担防守的任务。

④棋形的效率。效率是指棋形所具备的价值和力量。在围棋博弈中，效率高的棋形所具备的价值大、力量强；效率低的棋形所具备的价值小、力量弱。棋形效率的高低，取决于棋形结构的好坏。⑤棋形的死活。死活实际上是棋形在棋盘上的生存问题。只有活的棋形才能在围棋博弈的过程中生存下来，争取更高的效率；死的棋形则没有生存的希望，更谈不上效率。

围棋的棋形表达主要有三种形态：棋型、定式以及具有特殊性、变化性、创造性的棋形。

棋形的常态表达是棋型。棋型是围棋图形语言思维和表达的常用形式。型即模型；所谓棋型，是围棋对弈过程中呈现的具有模式化、常态化、稳定化的行棋套路和常用方法。如在布局阶段，"中国流""变相中国流""迷你中国流""小林流""宇宙流"等曾是常见的棋型表达。新出现的如"阿尔法流"等则迅速风靡棋界。每一种棋型表达和蕴含的，是不同的布局思路和战略意图，是不同的对弈风格和对弈流派。这些不同的棋型，以其清晰的思路，明确的意图和独特的风格，在围棋对弈中往往能够取得较高胜率，因此也会被众多棋手不断的使用和模仿，不断的研究和突破。但是，随着研究的深入，棋手们就会掌握、了解和领会这些常态化棋型的基本变化、思路及意图。如此一来，这些常态化的棋型在围棋对弈中的价值和胜率就会降低，从而被棋手慎用、弃用或革新。

棋形的固定表达是定式。定式是围棋图形语言思维和表达的基本形式。所谓定式，是围棋布局和局部战斗中按稳妥的次序、合理的应对、正常的步调，走出双方都能接受的结果，经过反复检验，被公认的行棋套路和着法。每一类定式都有其独特的图形表达,展示出不同的图形变化。在围棋的图形定式中,变化最复杂、最难解的如"妖刀""大雪崩""大斜"等。这些都是围棋独有的语言表达方式。围棋的图形定式不是规则,但对正确行棋具有基础性、指导性和参照性作用。同时,图形定式也有一定局限性。在真正的围棋对弈中,棋局变化无常,棋盘上的图形变化也不可能完全按照既有图形定式的变化进行。因此,真正的高手过招,既要熟悉围棋既有的图形定式及其变化,同时也要能够根据对弈的实际情况和棋盘上的图形变化,不断的调整和活用图形定式,不断的开拓和创新围棋的图形定式。

除了常态化的棋形和固定化的定式之外,实战中还常见一些具有特殊性、变化性、创造性的棋形,是围棋棋形的重要形态。它们见之于围棋对弈过程中的各个阶段和棋局对弈的各个区域。对这些具有特殊性、变化性、创造性的棋形的判断和解读、应对与拆解,往往决定着局部棋形的死活,甚至影响到对弈全局的胜负。因此,它们往往是考验棋手棋力高低的试金石。

围棋对弈中除追求和重视运用正确、高效的棋形,还要防止出现和使用无理、低效的棋形。如"裂形""愚形"等。但貌似低效的棋形采用逆向思维方式,又可能产生对手意想不到的效果,如对局中有时出现的"愚形好手"等,就是实例。

三 围棋对弈中图形思维的具体表现

关于围棋对弈中的图形思维的具体表现,古代棋论家早有涉及。如《敦煌棋经·势用》云:"直四曲四,便是活棋。花六聚五，恒为死亡。"① 这实际上是运用图形思维来表达围棋的死活问题。如《棋经十三篇·合战》云："阔不可太疏，密不可太促。"② 这实际上是运用图形思维来讨论棋形的好坏问题。再如《凡遇要法总决》云："镇神大而含弄，制虚宽攻为妙"；"形方必觑，跳托递胜虎接"③ 等。围棋术语中的"愚形""疏密""厚势""薄形"等都是以图形思维为基础来判断局部形势的好坏。围棋布局中，角部定式大体有五类：星定式，小目定式，三三定式，外目定式和高目定式。每一类定式都有其独特的图形表达，都展示出不同的图形变化。

  围棋的棋型、定式及其实战运用，具有鲜明的时代性特征。不同时代有不同的认识水平和成果。随着当代科技和围棋实践的发展变化，特别是由于以 AlphaGo（阿尔法围棋）为代表的人工智能围棋的横空出世，围棋的图形思维和图形语言都发生了前所未有的巨大变化。人类棋手对棋型、定式认知和解读的权威性降低，而智能围棋走出的新型，则极大地打开了人们对围棋博弈规律认识的新的空间。但是，由于智能围棋时代人类围棋的本质和主体，仍是人类头脑和思维的博弈与对抗，因此，人类认识所及的棋型和定式，仍是围棋博弈的宝贵精神成果。

---

① 《围棋文化史料大全》，第 376 页。
② 《围棋文化史料大全》，第 372 页。
③ 《围棋文化史料大全》，第 378 页至第 379 页。

第七章 围棋中的方法论

　　方法论是人们认识世界、改造世界的根本方法。方法论、宇宙论、认识论是一个完整哲学体系的基本构成。围棋哲学中方法论的本质是围棋中的辩证法。围棋的行棋进程中充满了辩证关系，是辩证思维最佳的训练场。辩证法的基本要素、范畴、规律，包括矛盾双方的关联、依存、斗争、转化，都在围棋中得到充分地体现。具体表现在以下二十多对范畴上：势与地，取与舍，正与奇，凶与稳，攻与守，连与断，妙与俗，多与少，主与次，优与劣，虚与实，动与静，厚与薄，急与缓，快与慢，活与死，胜与负，得与失，先与后，始与终，腹与角，高与低，等等。正确处理这些关系，需要掌握辩证法，特别是相对与绝对、对立与统一、全局与局部等辩证法原理。围棋哲学中的方法论，是以这些基本的辩证法原理为核心。围棋哲学将这些基本的范畴、规律以及关系，提升到哲学的高度，形成了一套独特的方法论系统。日本名誉棋圣藤泽秀行经常用"懂不懂哲学"

来教育年轻棋手，所谓"懂不懂哲学"实际上是懂不懂围棋哲学的方法论，懂不懂围棋哲学的辩证法。

第一节 目的与手段范畴

目的与手段是辩证哲学中的重要范畴。目的是主体对活动所需要达到的结果在观念上的"设计"；手段是为实现目的而置于主体和客体之间的中介，是为达到预定结果而使用的工具以及方式、方法的总和。辩证哲学大师黑格尔说，"正当的目的使手段正当，不正当的目的就会使手段不正当。"这一充满辩证法玄机的命题，深刻揭示出二者辩证统一的关系。

目的与手段的辩证关系在围棋哲学方法论中也有深刻而具体的体现。围棋方法论中的目的范畴有势与地、取与舍，手段范畴有正与奇、凶与稳、攻与守、连与断、俗与妙。

一 围棋方法论中的目的范畴

在围棋哲学方法论中，目的的范畴是指行棋要达到的目标或效果。具体而言，就是行棋的战略意图，包括谋势、围地、进取以及舍弃。

（一）势与地

"势"是围棋战略思想的核心概念之一。"势"的本意是指由力量的一致性、事物的共同趋向和营造产生的潜能，所形成的一种特殊的能量结构和表现形态。围棋博弈中的"势"主要有以下含义：态势，形成使对手感到压力和威胁、行动受到制约，使自己行棋顺畅、高效的格局和战略环境；外势，外线作战是战略主动的表现，把棋走在正面、宽大的空间，夺取战场制高点和控制权；趋势，逐步释放蓄积的潜能，主导和控制棋局发展的走向。势的构想、营造和运用，即谋势、造势、审势、用势，是围棋战略艺术的关键要素。其基本手法是：布局、序盘作战中贯彻我方意图破坏对方意图形成的压迫；营造大模样形成的压迫；实施包围、割断形成的压迫；进行威胁和攻击形成的压迫等，都是"以势压人"的具体体现。

"地"是指围棋棋盘上的361个交叉点。围棋对弈的结果，最终要看哪一方能占据更多的"地"，多者为胜。现行中国围棋的基本规则，是子、空皆地，就是投下并存活的棋子所占据的交叉点，与由己方棋子围成实空的交叉点都是"地"。围棋的目的，就是争夺"地"，即争夺生存、发展的空间。从本质上看，围棋是由行棋占地的比较效益决定胜负，即在双方轮流行棋的情况下，看哪一方子力占据实地的平均效率和总效率更高。

在围棋哲学方法论中，"势"与"地"是对立统一的辩证关系，本质上属于虚与实的相辅相成与相互转化。这就决定了势的运用是有条件的，也有自身的局限性，包括：要付代价，可能在实地上受损、出现漏洞或意图落空，关键在得失比较；有阶段性，只能在战略展开即序盘和进入中盘作战时期使用；需要结合，不可能独立进行，要与其他作战手段相互配合；必须转化，势要能导致优势，最终转化、落实到实际利益，即实地上。势的功能和作用的释放、发挥的过程，就是逐步向实利、实地转化的过程，转化的结果，是衡量势的作用的最终尺度。

（二）取与舍

取舍是一门哲学，更是一门艺术。《老子·第三十六章》将取舍的哲学和艺术讲到了极致："将欲歙之，必固张之；将欲弱之，必固强之；将欲废之，必固兴之；将欲取之，必固与之；是谓微明，柔弱胜刚强。"[①]《老子》这一章，最早从哲学层面阐释了"取"与"舍"的辩证关系。正所谓"当取不取，反受其乱；该舍不舍，贪得无厌。""取"与"舍"同样是相对而言，辩证统一的。

在围棋哲学方法论中，"取"与"舍"的辩证统一主要表现为取舍转换。转换是围棋博弈中双方在战略层次进行对等较量、相互取舍的一种思维方式和作战样式。转换，以布下的棋子或已围成的实空为成本，得到相应的或更大的战果。转换本质上是有代价的获取。转换在理论上应是对等的或基本对等的，完全不对等的不成其为转换。转换分为三种类型：一是主动转换，按照我方的战略意图和行棋思路，或佯顺敌意，迫使或诱使对方接受利益的转换，结果一般于我有利；二是被动转换，当形势不利或行棋受制时，为了求得转机或把损失减到最小，保持相对平衡，不得不实行的交换；三是劫争转换，劫争的表现为要点争夺，实质上是围绕利益转换进行讨价还价的谈判。谈判中实力强（劫材有利）的一方，往往会迫使对方接受不平等条约，即实行不对等的交换。劫争属于强制性转换。转换不仅需要敏锐的眼光、精准的计算和深远的预见，而且需要坚强的意志和很强的魄力。几乎所有的棋类都有子力兑换行为，唯

---

① 《老子》，中华书局2007年版，第89页。

有围棋的取舍转换，堪称战略艺术。

二 围棋方法论中的手段范畴

在围棋哲学方法论中，手段主要是指根据行棋所要达到的目标和效果而制定的方式、策略以及实现途径。手段的范畴主要包括：正与奇、凶与稳、攻与守、连与断、俗与妙。

（一）正与奇

"正"与"奇"原本是兵家哲学中的一对重要概念。《孙子兵法·兵势》上说："三军之众，可使必受敌而无败者，奇正是也。……凡战者，以正合，以奇胜；故善出奇者，无穷如天地，不竭如江海。……战势不过奇正，奇正之变不可胜穷也。奇正相生，如循环之无端，孰能穷之哉？"[1] 孙子对于"奇正"的认识和阐释主要有三方面内涵：其一，"奇"与"正"是获胜的关键，是三军立于不败之地的法宝；其二，战争"以正合，以奇胜"，且奇正之变化无穷；其三，"奇"与"正"是辩证的，相对而生的，"如循环之无端"。围棋法于用兵，对传统兵家哲学中"奇"与"正"的辩证统一也有认识和体现。如《棋经十三篇》云："棋者，以正合其势，以权制其敌。""夫棋，始以正合，终以奇胜。"[2]

在围棋对弈中，所谓正，就是正道、正着，即普遍规律；所谓奇，就是奇着、变着，即特殊规律。奇正互用，才能制敌而不制于敌。这是围棋哲学方法论中的"奇正"之道。"奇正"

---

[1] 《孙子兵法·孙膑兵法》，中华书局2007年版，第30页至第31页。
[2] 《围棋文化史料大全》，第372页至第373页。

之道的关键在于"权变"和"诡道"。权变，就是权衡利弊而变化，不拘一格，不守一术。要综合运用经验思维、公理思维和辩证思维，有时堂堂正正行棋，有时不按常规出牌，一切以获利为原则，以达到出其不意的效果。诈，指欺敌以方，示假隐真。增强行棋构思、手段、步骤上的隐蔽性和伪装性，使对手摸不清真实意图，始终处于被动状态。用诈的基础，在于筹算的深度、精度高于对手。有的棋我已发现，对手没有看到；我已算清，对手没有算到；我已下套，对手还不知道。结果，一旦出手，完全出乎对方预料，达到出奇制胜的结果。

（二）凶与稳

"凶"是指行棋的手段凶狠激烈，压迫性强。"稳"则是指行棋的手段步履稳健，稳扎稳打，不以凶犯险。在围棋哲学方法论中，"凶"与"稳"也是对立统一的辩证关系。

在围棋对弈中，一方面，凶狠的棋风往往能够展示强势的战力，给对方以迎头一击，造成有利于己方的气势。"棋者，气也。"在围棋对弈中，气势往往成为决定胜负不可忽视的非智力因素。特别是在高手对决之间，单纯的技术差别基本可以忽略不计，决定胜负的往往是谁的棋风更凶狠决绝，谁的气势更高涨。另一方面，凶易生险，凶棋往往多是险棋。因此，行棋稳健，以稳求胜也就同样极为重要。稳健地行棋，能够保证棋形的连续和厚度，使得对方不易截断，不易包围。虽然气势不如对方，但可以"先为不可胜，以待敌之可胜"。这也是"凶"与"稳"之间的辩证关系在围棋哲学方法论中的体现。

（三）攻与守

"攻"与"守"，既是作战行动的基本类型，也是围棋博弈的基本手段。围棋的攻守，集中表现在攻杀与做活、破空与护空、隔断与联络、打入与守地等行动上。恰当地选择、使用攻守的手段，达到攻守平衡，是围棋战略艺术的生动体现和重要指导原则。攻守平衡，不是在进攻和防守之间走一条中庸路线，而是使二者有机结合、互为保障、辩证统一。从一定意义上说，进攻是最好的防御。而这并不意味着攻守可以失衡。进攻是主要的、第一位的，但进攻是有条件的。这里的条件除力量和时机之外，还包括自我防护的程度。没有相应防护的进攻不是好的进攻。在围棋对弈中，组织进攻的同时也要组织防守，原因就在这里。

有人认为，攻守平衡在现代围棋中已经过时。其实不然。一方面，这是由战争的目的决定的，保护自己与消灭敌人是一切军事行动的依据；另一方面，是由进攻的规律决定的，进攻越过顶点会走下坡，防护意识是防止越过顶点的重要保证。围棋博弈是天然的攻守统一。比如，打入是进攻，而联络或者做活或者延气对杀，则是防守。坚持攻守的辩证统一，是攻守平衡的核心。表现在进攻上：利用厚势（既有的坚固防御阵地）进攻；攻击成空或攻击护空；攻击的目标、方向与己方需防护的区域不相矛盾；对攻击子力队形的保护等等。表现在防守上：制造和利用对方进攻中的破绽和漏洞，为反攻创造条件；在收缩中强化自己，积蓄反攻的力量；发现和等待反攻的时机，适时反击制胜。

（四）连与断

"连"与"断"既是围棋对弈最为基本的战术手段，也是围棋哲学方法论中的一对矛盾。"棋从断处生"，是著名的围棋要诀。这里的"棋",是指行棋的战机和步调。意思是说,当对方的棋形联系不牢靠,出现破绽、断点时,冲断、割断对方的棋形,战机就来了。这句话,从反面说明了连络在围棋博弈中的重要作用。

连络,是在己方相关棋子之间形成有机、可靠的联系,保证战斗队形的完整性、安全性和有效性。棋子之间有了可靠的连络,就如同正在攻伐征战的部队有了安全、畅通的交通线、保障线,连结成一个有机的整体,使对方无机可乘。对连络重要性的认识在围棋史上早已有之。中国古代围棋实行"还棋头"制度,就是看谁的棋形连络得好,块数少。块数多的一方按每多出一块棋一个子贴还对方。这个制度现代已经废除,但重视棋形的连络,则是始终不变的重要作战思想。

(五)妙与俗

围棋对弈中的"妙",即"妙手",也称"鬼手",是高明、高效之义。"俗"即"俗手",是平庸、一般之义。在围棋对弈实践中,"妙手"与"俗手"的出现,与定式密切相关。

定式,是围棋布局和局部战斗中按稳妥的次序、合理的应对、正常的步调,走出双方都能接受的结果,经过反复检验,被公认的行棋套路和着法。围棋定式很多,约有一千多种。定式不是规则,但对正确行棋具有基础性、指导性和参照性作用。学围棋的人,需要记住一些最基本的定式。但定式也有局限性。真正的博弈中,棋局变化无常,没有以不变应万变的可能;真正的高手过招,往往不按定式行棋,而会走出各种复杂的变化。因此,对定式,要懂得但不能照搬,要会用但更要活用。在此基础上,还要敢于创新,走出有自己心得的新招。新招经过检验和完善，也可能成为新的定式。在对弈中，棋手不拘定式，走出石破天惊的妙手，往往成为致胜的关键。其中，达到神出鬼没境界的，被称为"鬼手"。"鬼手"具有以下特征：隐藏很深，一般不易察觉；位置绝佳，往往一击致命；时机恰好，常常出其不意；个性鲜明，常人难以企及。如古代棋局和当代对弈中都出现过的"镇神头"即"一子解双征"，就是著名的"鬼手"，堪称棋盘上的神来之笔。弈出"鬼手"，不仅效率极高，而且会给对手心理产生严重打击。

第二节 价值与状态范畴

价值，是一个重要的哲学范畴，它是指以主体需要为尺度的一种主客体关系。马克思认为，"价值是客体对主体的意义"。这句话的哲学涵义是说，价值是对主客体关系的一种主体性描述，它代表着客体主体化过程的性质和程度，即客体的存在、属性和合乎规律的变化与主体尺度相一致、相符合、相接近的性质和程度。[1] 状态，是客体在没有发生质变情况下的存在形式或表现形态，是揭示客体量变和质变特性的哲学范畴。

在围棋哲学方法论中，价值与状态是对立统一的辩证关系。一方面，棋子或棋形的价值由其所呈现的状态决定；另一方面，棋子或棋形的价值大小也直接影响其所呈现出来的状态。具体而言，围棋哲学方法论中的价值范畴主要包括多与少、主与次、优与劣；而状态范畴则主要包括虚与实、动与静、厚与薄、急

---

[1] 李德顺：《价值论》，中国人民大学出版社2007年版，第79页。

与缓。

一 围棋方法论中的价值范畴

在围棋对弈中，价值可以等同于利益或效益。价值大，效益就多；价值小，效益就少。

（一）多与少

"多"与"少"是围棋哲学方法论中的一对重要矛盾。围棋对弈中的"多"有两层含义：一是实地多；一是兵力多。同样，"少"与之相对应，也有两层含义，即实地少和兵力少。

"多"与"少"是对立统一的辩证关系。就围棋对弈而言，一方面，下棋喜好取势者，开始实地少，但如恰当运用外势，或攻击对方，或牵制对方，或围空，到终局时则可能地多。反之，下棋喜好占实地者，开始地多，但若忽视势地平衡，使对手外势得以发挥，到头来，可能虽占四角而不抵对手一腹空。所以，对"多"与"少"，要从实际出发，恰如其分地估计。取势者，不必为始"少"而困惑，关键在应用。取地者，不宜因始"多"而偏好，势地失衡，可能会导致失败。

另一方面，棋盘上的棋子分配，犹如排兵布阵。一般而言，兵力多固然好。兵力多，也就意味着气多、棋厚，被围的难度较大，因此存活的机会也大。反之，兵力少，则意味着气少、棋薄，被围的难度较小，因此存活的机会也小。但这也是相对的，而非绝对的。古往今来，以少胜多的战例比比皆是。正所谓"兵不在多，而在于精"；这个道理同样适用于围棋对弈。愚形之棋子虽多，但价值小；好形之棋子虽少，但价值大。这就是"多"与"少"在围棋哲学方法论中的体现。

（二）主与次

"主"与"次"是矛盾论中的重要概念。事事有矛盾，时时有矛盾；这是矛盾普遍性的经典表述。同时，矛盾也有主次之分：主要矛盾和次要矛盾、矛盾的主要方面和次要方面。在围棋哲学方法论中，同样蕴示着"主"与"次"对立统一的辩证关系。

在围棋对弈中，"主"与"次"有多种指向：主要目标与次要目标、主要意图与次要意图、主要方向与次要方向、主要战场与次要战场、主要战斗与次要战斗等。这些都是"主"与"次"的辩证关系在围棋哲学方法论中的一般体现。"主"与"次"是相对而言，根据局势和意图的变化而发生转化和易位。

（三）优与劣

"优"是指围棋对弈过程中所呈现的优势局面，即有利于己的局势和状态；"劣"是指围棋对弈过程中所呈现的劣势局面，即不利于己的局势和状态。棋局处于优势时，可以趁势进攻，攻击对方薄弱之处，从而扩大自己的优势；同时，也要注重简化和稳定局面，为保证最后的胜利赢得更多的把握，奠定坚实的基础。反之，棋局处于劣势时，需要韬光养晦，避其锋芒，巩固自己的实地，不让对方的优势进一步扩大，以缩小双方之间的差距；同时，要努力进取拼搏，寻找和制造对方的破绽，抓住战机，扭转局势。

"优"与"劣"在一定条件下是可以相互转化的。拼搏可以将劣势转化为优势，保守也可以把优势转化为劣势。因此，"优"与"劣"也是对立统一的辩证关系。这是围棋哲学方法论所蕴示和包含的规律。

二 围棋方法论中的状态范畴

在围棋哲学方法中，状态的范畴主要包括：虚与实、动与静、厚与薄、急与缓等。

（一）**虚与实**

"虚"与"实"是中国传统哲学中的一对重要概念，在兵家以及医道中都有广泛应用。同样，"虚"与"实"的对立统一在围棋哲学方法论中也有重要体现。早在汉代，著名棋论家黄宪在他的《机论》中对"虚"与"实"的辩证关系就有精辟的论证："弈之机，虚实是已，实而张之以虚，故能完其势；虚而击之以实，故能制其形。是机也，圆而神，诡而变，故善弈者能出其机而不散，能藏其机而不贪，先机而后战，是以势完而难制，虽然，此特弈之道耳。"[①] 黄宪通过围棋的"虚"与"实"之间的关系，阐述了围棋中的辩证思想，从侧面反映了汉代的围棋理念已经脱离了简单的计算和胜负的范畴，开始接近围棋的本质，并从中挖掘出了围棋哲学的方法论。

北宋张拟（一说张靖）的《棋经十三篇》非常强调行棋要有实有虚、虚实统一，才能实现效率的最大化。这一思想既体现在自身的巩固上，如《权舆篇》所述"近不必比，远不必乖"，《合战篇》所说"阔不可太疏，密不可太促"；也体现在针对对手的着法上，如《虚实篇》指出"投棋勿逼，逼则使彼实而我虚。虚则易攻，实则难破"。棋经对"虚"作了深刻

[①] 《围棋文化史料大全》，第314页。

分析，指出"绪多则势分，势分则难救"，头绪太多是虚弱的一种，对己不利；但"虚"并不等同于"弱"，正如《杂说篇》所说"夹有虚实，打有情伪"，有时故意露出"虚"来可迷惑对手用强，可达到制造头绪、转守为攻的效果。

（二）动与静

在中国传统的思辨哲学中，老子最早从哲学的高度揭示了"动"与"静"的辩证关系。"反者，道之动。""致虚极，守静笃，……归根曰静，静曰复命。"围棋哲学的方法论深受传统思辨哲学的影响，特别重视和强调"动"与"静"的辩证统一。对此，古代的弈论有很多论述和阐释。如唐代政治家、文学家张说的"方若棋局，圆若棋子，动若棋生，静若棋死"；唐代名臣李泌的"方若行义，圆若用智，动若骋才，静若得意"；宋代张拟（一说张靖）的"局方而静，棋圆而动"；元代虞集的"夫棋之制也，有天地方圆之象，有阴阳动静之理，有星辰分布之序，有风云变化之机"等。

在围棋对弈中，"动"是求变求生，"静"是保持稳定。二者是辩证统一的关系。一方面，求变求生是制胜的关键。行棋中的变化有四个层次：最低层次是被动应变，自己的意图被对方识破采取反制手段，不得不改变原有意图，寻求新的行棋路径，这在对局中是很常见的现象。如果一方感到对方这样下可以接受，也可能顺势而为，无须变化，定式就是双方认同的结果。第二个层次是劣势下主动求变，不变不足以改变不利局面，通过变化打乱对手节奏，引发对手失误，创造扭转局势的可能。第三个层次是均衡或优势情况下因敌而变，瞄准对方弱点突出奇招，一举奠定胜势。最高的层次是以求新求变作为棋道的追求，不满足于常规的下法。吴清源先生就是这方面的典型代表，他的棋以创新为主，淋漓尽致地体现出围棋常变常新、玄而又玄的艺术本质。另一方面，保持稳定、行棋稳健，对于制胜也同样重要。稳健的行棋，最大程度地保持棋形的稳定和厚度，有利于做大做强己方，从而使对方不易冲断、不易进攻、不易包围。如果对方强行打入，则可以依靠稳定厚实的棋形，以逸待劳，歼灭对方。

（三）厚与薄

清代棋论家徐星友在《兼山堂弈谱》曾说："此局白体用寒瘦，固非劲敌；而黑寄纤秾于淡泊之中，寓神骏于形骸之外，所谓形人而我无形，庶几空诸所有故能无所不有也。"[①] 这里所说的"体用寒瘦"，是指白子棋形太薄，不是劲敌；"寄纤秾于淡泊之中"，是指黑子棋形之厚，力道千钧。实际上是在讲围棋哲学方法论中"厚"与"薄"对立统一的辩证关系。

在围棋对弈中，"厚"为强，"薄"为弱。厚，是由棋子聚集组合而成、具有较强力量的棋形结构。厚，按程度分为三种：铁厚，就是活棋，无可撼动；厚势，子力多，棋形好，眼位丰富，联络可靠，不易受对方攻击；厚味，有厚的初步形态和发展趋势，有一定的潜力，但还不够厚。以上也可统称为厚势。善于博弈的人把自己的棋走厚，是为了攻击对方薄弱的棋形。《棋经十三篇》说："凡敌无事而自补者，有侵袭之意也。"厚是为了作战。走厚，是攻击的前奏和准备。有了力量的积蓄，做成了厚势，作战和攻击才有必要的支撑。棋谚说"厚势不围空"，是说厚势不是用来简单围空，而是要用来与对方作战，

[①] 《兼山堂弈谱》，上海书店出版社2013年版，第32页。

强迫对方在己方构筑的厚壁下作战，其子力效率会大打折扣，甚至可能丧师于坚城之下。围棋博弈中的所谓"强手"，并不是简单的指行棋的态度强、弈术强，而是指着法蕴含的力量强，是在厚的背景和支撑下，走出攻势凌厉的好棋。走厚，需要投入子力和步骤。厚势形成的过程，是力量积蓄的过程，是拳头攥紧和收缩的过程。而有了厚，就会呈现出对方的薄，为我方以强击弱创造条件与可能。

（四）急与缓

"急"与"缓"是围棋哲学方法论中的一对重要矛盾。"急"与"缓"首指行棋位置紧迫的程度。"急"指急所，是当下最紧迫的行棋所在，所谓"急所重于大场"。"缓"则是可以稍后处置的地方，如提前行棋则可能成为"缓手"。"急"与"缓"又指行棋节奏。"急"指行棋紧迫急切；"缓"则指行棋缓慢稳重。"急"与"缓"是对立统一的辩证关系。唐代棋手王积薪在其所著的《围棋十诀》中有"入界宜缓"一条，意思是说进入对方的势力范围时，要稳妥慎重，切忌操之过急。要选择恰当的时机和选点，达到对对方的破坏力最大，对己方的负面影响最小的效果，盲目地打入，只顾一时之快，可能因此全局被动。

兵法上说："先为不可胜，以待敌之可胜"，"胜可待而不可求"。讲的也是同样的道理。"先为不可胜，以待敌之可胜"，讲行棋不可急躁，不可冒进，不可贪胜，先要注意安定，做到不被对手战胜，然后再设法去战胜对手。"胜可待而不可求"，讲行棋要等待时机，不可操之过急。需在对方出现毛病，或者己方力量超过对方时，才可以战胜对手。

就行棋的紧迫程度而言，要因地制宜，当急则急，当缓则缓。如在对杀、治孤等场合，提高行棋的紧迫程度，抓住棋形的要害所在，才是制胜的关键。

第三节 过程与结果范畴

从发展的眼光来看，过程是事物发展所经过的程序和阶段；而结果则是事物发展的后续影响或阶段终了时的状态。在围棋哲学方法论中，过程主要表现为行棋风格和谋篇布局的快慢；结果则主要表现为棋子的死活、战斗的得失以及棋局的胜负。过程与结果之间关系密切，过程往往会决定结果。

一 围棋方法论中的过程范畴

快与慢

"快"指行动迅速，争取主动，从而占据有利位置或急所。"慢"是行动迟缓，导致被动，从而处于不利位置或失去急所。

在围棋博弈中，大多数棋手都会求"快"，即先声夺人、争取主动、抢占先机、占据急所，将行棋的效率放在第一位；特别是在布局阶段，更是追求大场和外势的迅速展开。但是，如果一味求快，而不顾行棋的稳健、棋形的厚实，落子过疏、断点过多，反而容易遭到对方的攻击，产生欲速则不达的不利局面。

棋诀云："凡弈当争一着净，诸般莫待两番清。"实际上也是讲行棋不仅要求快，更要求每一手棋的效率和质量。"快"与"慢"的辩证关系，本质上是行棋的速度、质量、效率三者的辩证统一与相互转换。如韩国著名棋手李昌镐，他的棋风习惯于开始很"慢"，有强大的耐心，能经得住实地的诱惑，是"少年姜太公"式的。这样的棋在后半盘会变得快起来，犹如能量聚集而突然爆发。而另一些治孤能手，在布局时往往很快；到中盘时，因为孤子受攻而边打边退，速度必然会慢下来。

二 围棋方法论中的结果范畴

（一）活与死

活与死是棋子在棋盘上存在的根本状态。活棋是指打入对方势力范围或被对方分割的棋子队形，具有两只眼或具备双活的条件；死棋则相反。活是棋子具有效率的先决和底线条件，死则丧失了这种条件。但活与死又是辩证统一的关系。首先，活并不是效率高的唯一指标。局部棋子勉强、痛苦地活可能给全局造成被动；而"巧妙"地死，即某种有设计地舍弃、转换则可能给全局带来主动，带来更大的利益。其次，活与死在一定条件下又是可以转化的。活棋处置不好或经打劫可能会死；死棋由于对方失误或经过打劫，也可能起死回生、转死为活。

活与死的特殊状态是双活。双活是围棋双方的棋子在局部共同存活的方式。它有以下特征：一是双方紧密相依的两块棋，都处于被分割包围的状态，又都不能单独做出两只眼而成活，构成了一个相互依存的矛盾统一体。二是双方各有一只眼，之间有一个空白的交叉点即一口公气，双方都依靠这口公气形成可以连续呼吸的两口气而共同存活；或是双方都没有眼，之间有两个空白的交叉点即两口公气，双方依靠这两口公气而共同存活。三是如有一方违反共同存活的规则和双方已达成的默契，往公气中投一颗棋子想吃掉对方，就会立刻因为自己只剩下一口气而被对方吃掉。四是双方之间的空白交叉点即公气，在最后数子时各得一半。双活是围棋特有的思维方法和行棋方式，具有极为丰富、深刻的思想内涵。双活在围棋全局中属于局部手段，是通过在局部达成妥协，取得相对利益，而为进一步取得全局优势和胜利服务的一种策略思想和方法，因此具有战略意义。

活与死在棋局中，还另具一种精神价值。著名棋手赵治勋在讲死活技巧时曾说过，"即使肯定死了，也要选择一种最壮烈的死法，轻松缴械不是棋士的性格。在失败面前，棋士应该有这种风度，他应该让人看到，他的脊梁始终是挺着的。如此，才可能出现起死回生，转死为活的时机。"[1]

（二）胜与负

胜与负是棋局结束的标志，也是衡量对弈双方棋力水平的尺度。如《关尹子》云："二人弈相遇，则胜负见"，是最早关于对弈胜负的记载。韩国著名棋手曹薰铉也说："如果能抛开胜负而给天下留下一张妙绝千古的棋谱，不就是我们的分内之责么？今天，我们也只有怀此神圣职责，在棋坛上驰骋。"[2]

围棋与其他棋类项目相区别的一个突出特点，是胜负不仅具有绝对性，而且具有相对性。绝对性是指围棋没有和棋，只

---

[1] 白小川：《棋经十三篇图解》，成都时代出版社2010年版，第72页。
[2] ［韩］曹薰铉：《曹薰铉·无心》，北京时代华文书局2016年版，第61页。

是在出现三劫或三劫以上循环时会有无结果的情况。相对性是指围棋以比较效益决定胜负，胜负的界限具有一定的幅度。多半目是胜，多 10 目甚至更多也是胜；反之，少半目是负，少更多也是负。胜负的相对性，决定了行棋的得失、局面优劣的判断与选择、行棋的态度和方法都具有一定的空间性和范围性。在追求绝对胜利的结果时，如果把握不好胜负的相对性，把握不好胜负的幅度，可能会因贪胜而导致失败。

（三）得与失

在围棋哲学方法论中，"得"与"失"是辩证统一的关系。一方面，有得必有失。如占边角，必然失外势；张外势，必然失边角。棋高者，不过是得之多，失之少；棋低者，则是得之少，失之多。另一方面，"得"与"失"之间是可以相互转换的。例如，虽然舍弃某个或某些棋子，但获得先手，可以争取更多的利益。

"得"与"失"的关键在于选择，这在围棋对弈中经常出现：如实地与外势的选择，急所与大场的选择，弃子与治孤的选择等。得失的选择实质上也是有代价的获取。这种获取必须考虑机会成本。机会成本是经济学特有的概念之一，指的是经济活动中会面临各种机遇与可能，作出任何选择都意味着要放弃其他选择。正如西方经济学所指出的："在一个稀缺的世界中选择一样东西意味着要放弃其他东西。机会成本指的是错过了最有价值的物品或劳务的价值。" 机会成本在围棋中说的是选择的复杂性与代价尺度问题。围棋作为世界上变化量最大亦即选择性最多的棋类游戏，每一步行棋都会面临极其多样和复杂的可能性方案，选择某一种方案所得到的，也就是放弃其他种方案所失去的。例如，选择势还是地，攻还是守，凶还是稳，厚还是薄等等。在相同水平的对弈中，往往不可得兼。这就需要在选择中，不仅考虑得，还要考虑失；不仅计算收获，还要计算成本，这也是经营与博弈之道的内在相通之处。

第四节 时间与空间范畴

时间和空间是一对重要的哲学范畴，历来受到哲学家们的重视和解读。著名哲学家、数学家莱布尼兹认为，时间与空间是绝对的精神实体"单子"的表现形式。康德认为，时间是人类认识世界的内感官形式，空间是人类认识世界的外感官形式。黑格尔认为，时间与空间是绝对精神发展到一定阶段的产物。辩证唯物主义哲学则认为，时间和空间是物质存在的基本形式。时间是一种表示物质运动过程持续性、连续性的物质存在形式；空间则是一种表示物质广延性的物质存在形式。时间和空间都是与运动着的物质有机地联系在一起；时间与空间是物质运动的存在形式，是有限性与无限性的统一。

在中国传统哲学中，虽然也有"时""空"的概念，但却与西方哲学意义上的"时间"与"空间"的含义不同。在中国传统哲学中，"时"的内涵是境遇，是因缘，而不是"时间"之义。"空"是一种生命存在的内在品质与精神境界，而不是对外在世界的描摹。因此，在中国传统哲学中，"时"与"空"所表达的是人的生命和宇宙生命的存在与发展的状态。在中国传统哲学中能够与西方哲学的"时间"与"空间"相对应的概念范畴是"宇宙","上下四方曰宇,古往今来曰宙","宇"与"空间"相对应,而"宙"与"时间"相对应。

一 围棋方法论中的时间范畴

时间所表示的是一种延续性。在围棋哲学方法论中,归属时间范畴的矛盾主要有两对:一对是先与后,一对是始与终。

(一) 先与后

在围棋对弈中,"先"指先手,"后"指后手。先手,在围棋博弈中具有特殊的意义。布局中谁先展开,作战中谁先动手,关键点谁先抢占,对跑时谁先出头,等等,谁在先谁就有了主动。中国古代战争也重视先机。《兵经百言》总结百字战争原则,第一个就是"先":"兵有先天,有先机,有先手,有先声。师之所动而使敌谋阻抑,能先声也;居己之所并争,而每早占一等,能先手也;不倚薄击决利,而预布其胜谋,能先机也;以无争止争,以不战弭战,当未然而浸消之,是云先天。先为最,先天之用尤为最,能用先者,能运全经矣。"《棋经十三篇》里讲"宁输数子,不失一先"。争取先手,就可以在竞争的起跑线上取得领先地位;就可以在各种利益的选择上取得优先权,抢先占有较大、较多的利益,而把较小、较少的利益留给对方;就可以在对抗斗争中"先下手为强"。有时候,行棋的先后直接关系整块棋的死活,决定全局的胜负。因此,弈棋高手往往孤心苦诣,千方百计在关键处争取先手、抢占先机。先手是比较的概念,相对于全局利益而言。如果对形势、得失判断不准,也会出现以为是先手其实不是,造成我动而敌不应、抢先而未得利的局面。即使是所谓"绝先",即我动敌必应的着法,如果使用时机不当,也会失去变化、损失劫材。可见"绝先"也并不是绝对的。争取先手还有"先中后"和"后中先"之分。一般情况下,先手主动,后手被动;但由于作用与反作用的原理,有时抢先会留后患,后发可以制人。

(二)始与终

在围棋对弈中,"始"是对局的开始,是布局;"终"是对局的结束,是收官。"始"与"终",实际上是表示整个对弈的过程,也是辩证统一的关系。

布局,是围棋特有的开局方式,也是围棋战略品质的突出表现之一。围棋是空枰开局,即从投下第一枚棋子开始,就要进行全局的筹划、设计和部署。采取何种方式开局,布成什么样的局势与对方作战,都要思考清楚并逐次投入子力,形成有针对性的作战总体格局与基本样式。古代围棋曾经有过座子,即双方事先在四个星位各摆两子,现代围棋已经废止,完全是空枰开局,展示从谋局、布局、中局到收局的战略全过程。现代围棋中曾经出现轻视布局的倾向,已被证明是不正确的。无论过去、现在还是将来,都不能轻视布局;因为布局往往决定整盘棋的格局和走向,决定对弈思路和作战风格的透彻体现与发挥。同时,也不能小看收官,收官往往决定整盘棋的结果。

收官,亦称官子,是围棋博弈三部曲的第三乐章,也是最后的旋律。收官的内涵包括定型、划界、确权和收局。经过布局和中盘战斗,双方利益格局的基本框架已经确定,以什么样的形态和状况进入尾声,需要作出最终明确,这就是定型。通过双方棋子的逐个排列,清晰、准确地标划出双方利益交集的边墙和界线；进行双方权力主张的最后角逐，落实最细微的利益范围，这就是划界和确权；由此进入结局。并不是所有围棋对弈都要收官，有的棋局因战斗过于残酷，中盘就告结束。但多数要进入收官阶段。在这种情况下，收官的水平和质量，往往决定整盘棋的胜负。收官阶段要以细微差别区分胜负，所以战斗仍然激烈。势均力敌时，稍有不慎，就会落败；优势的一方，不经意间便可能被逆转和翻盘；而落后的一方，会因不甘微小差别告负而孤注一掷，掀浪搅局，争取最后的胜机。而此时，双方鏖战已久，精神容易疲惫，精力不易集中，更要努力保持头脑清醒、感觉敏锐、意志强韧、计算准确，夺取最后的胜利。

二 围棋方法论中的空间范畴

空间所表示的是一种广延性。在围棋哲学方法论中，归属空间范畴的矛盾主要有两对，即腹与角、高与低。

（一）腹与角

"腹"，是指腹地，也就是棋盘的中部地区；"角"，是指边角，也就是棋盘的四个边角地区。在围棋对弈中，"腹"地落子，便于取势；而"角"上落子，便于围地。因此，"腹"与"角"之间的对立统一实际上也可以转化为"势"与"地"的对立统一。

棋谚说："金角银边草肚皮"。角和边，成活相对容易一些。在角上活一块棋，只要6枚子；而在边上，则要8枚子；在中腹成活，最少要10枚子。这样，从角到边，再到中腹，是一个由易到难的过程。而这一过程，也是变化逐渐增加的过程。现代的定式有几百上千种，但是大部分的定式是在角部，少数是在边上，在中腹的则是少之又少。因此，在围棋对弈中，占角是有优势的。

但是，"腹"与"角"之间的辩证关系揭示出占角的优势是相对的，而非绝对的。棋谚也说："高者在腹"。这同样也说明中腹作战的重要性和复杂性。中腹的棋虽然难下，但是它四面临空，对空间有很强的辐射力，能量就大。而在边角的棋，虽然容易下，但是发展有限，在棋诀中就有"七子沿边活也输"的警告，提醒棋手在下棋的时候，不能像地鼠一样一味地在狭隘的边角上活动。每一枚棋子，是有影响力和能量的，面对中腹的影响要远远大过面对边角。所以，在边角的对抗中，常常有外势和实地之争。在这两者上取得平衡不是一件容易的事。围棋大师吴清源提出的"21世纪围棋"的精髓，就是要纠正对中腹的传统观念，认为棋手要将目光看到整个棋盘，在天地东西南北都能下棋。这其实是将较"虚"的中腹，放到了一个更重要的位置。由此看来，在谋篇布局之初，也要慎重考虑腹与角的辩证关系，尽量做到二者之间的平衡。这样既有利于抢地，同时也有利于成势。

（二）高与低

在围棋对弈中，"高"，指"高位"，棋盘上四线以上为"高位"；"低"，即"低位"，棋盘上四线以下为"低位"。"高位"与"低位"各有所取，各有所长。在布局阶段，"高位"落子，便于进攻；而"低位"落子，则便于守城。一攻一守，攻守之间，棋子相互配合，才能相得益彰。因此，布局阶段一般落子都在棋盘上的两条黄金线上，即注重实地的三线——实地线，以及更注重发展外势的四线——势力线。

棋谚云："高者在腹。"理解和把握中腹高位作战的重要性和复杂性，越来越成为围棋制胜的关键。这一点，人工智能围棋的发展和强大已经给予了有力的证明。被誉为"AlphaGo之父"的哈萨比斯，在《超越人类认识的极限》的报告中指出："在过去的3000多年里，人们认为在三路上落子和四路上落子有着相同的重要性。但是在与李世石第二场比赛的第37步，AlphaGo落子在了五路上，与四路相比，离中部区域更近。这可能意味着，在几千年里，人们低估了棋局中部区域的重要性。"哈萨比斯的说法虽然有对古人战略思维高度认识不足的一面，但他对AlphaGo讲战略的认识却是十分正确的，是来自于智能围棋实战经验的客观总结。AlphaGo在精确计算的基础上，明显地表现出追求高（高位）、大（宽大）、上（上压）、厚（厚势）、外（外线）、中（中腹）的价值取向，以及为全局均衡而进行的战略性掏空，走出了一些当代人类棋手感到不可思议的着法、方向。比如高位守角（大跳守角）、高位肩冲（五路肩冲）、高位抢点（中腹抢点）、大型转换（大规模取舍）等等，取得了很高的胜率，给专业棋手的围棋理念以极大的冲击与启迪。

第八章 围棋中的审美论

审美是关于美学的理论。"审美"的概念始于 17 世纪的欧洲。英国美学家哈奇生认为,"审美"是天生的先于习俗、教育的"内在眼睛""内在感官",是一种心灵的活动。德国哲学家康德认为,"审美"是一种无关利害、欲念,既有主观性又有普遍性的情感判断。无论是心灵活动,还是情感判断,都共同说明一点:审美活动的主体是人。一般而言,审美活动,是指人们以不同的形式进行的审美创造和审美欣赏的实践活动。从心理学的角度来看,审美活动就是人们在创造和欣赏美的过程中感受、体验、判断、评价美的复杂的心理活动。[1]审美活动的本质在于,审美主体对审美客体所展示的意义世界的历史性、诗意性以及现实性的感受和体验。

围棋不仅是一种智力竞争与思维竞技的游戏,更是一门传承千年的艺术瑰宝。作为"琴""棋""书""画"四艺之一,

---

[1] 参见朱寿兴:《人的美感性存在研究》,中国文联出版社 2003 年版,第 55 页。

围棋天然地具有浓厚的艺术美感,并形成了独具特色的围棋美学。围棋美学的内涵至少包含三个层面:一是围棋美感的本质。围棋的美感本质主要表现在棋具形状美、棋形结构美、内在逻辑美、行棋效率美以及弈棋境界美等几个方面。二是围棋审美的标准。围棋作为审美对象的独特性决定了围棋审美标准的独特性,即以效率评价和价值取向为审美标准。三是围棋美学意义,即围棋美学体现时代的属性、展现民族的特性以及张扬弈者的个性。

第一节 围棋美感的本质

美感即审美感受,是审美理论的核心,是指审美主体与审美客体构成审美关系后当下的心理活动。美感作为人类对美的主观反映,来源于美但又不等同于美。美是客观的,是引起美感的根源,是第一性的;而美感则是人类对客观美的认识、感受、欣赏、评价,是第二性的;美感虽然离不开美,但有了美才有美感。美感的本质是一种由审美对象所引起的复杂的心理活动和心理过程,是人在审美活动中的多种心理因素,包括感觉、知觉、联想、想象、情感、理解及潜意识等。[①]

围棋美感的形成具有美感本质的一般特征,也是一种由作为审美对象的围棋在作为审美主体的弈者或者观棋人的内心所引起的复杂的心理活动。这种复杂的心理活动是因为审美对象的刺激而产生,但也受到审美主体的境遇和心境的制约。然后,

---

[①] 参见刘茂平等编著:《美学导论》,湖北美术出版社2014年版,第37页至第38页。

围棋美感也具有特殊性,这种特殊性也是围棋美感的本质表现:棋具形状美、棋形结构美、内在逻辑美、行棋效率美以及弈棋境界美。

一 棋具形状美

围棋美感的本质,首先表现为棋具的形状美。东汉班固的《弈旨》说:"局必方正,象地则也;道必正直,神明德也;棋有黑白,阴阳分也;骈罗列布,效天文也。"[①] 这是最早对棋具之美的阐释:其一,棋盘、棋道有方正之美。"方正"之美,是中国传统美学的基本范畴。"方正",顾名思义,指的是平正、方直、规整、平稳。"方正"之美表现为一种规范和秩序,给人以整饬稳重、严谨工整、合乎法度的美感。这种美感在中国传统的书法、建筑、铜器中多有体现。其二,棋子有圆转之美和黑白之美。"圆转"之美,也是中国传统美学的基本范畴,"圆转",指的是圆浑、圆润、婉转。"圆转"之美往往表现为一种厚实腴重、温润娴雅的美感。这种美感在中国传统的书法、瓷器、玉器中也多有体现。"黑白"之美,是中国传统美学特别是书画艺术的核心范畴。"黑白"之美导源于中国传统文明的起源——太极图,又称阴阳鱼。黑白对比鲜明,具有强烈的美感。外国学者甚至将中国的书画艺术称之为"黑与白"的艺术。棋子圆润且黑白分明,散落在方方正正的棋盘之上,确实能够给人以无限的遐想和美感。棋迷皇帝梁武帝更是在《围棋赋》中将棋具形状之美总结为:"枰则广羊文犀,子则白瑶玄玉。"

---

① 《围棋文化史料大全》,第313页。

因此，后世也经常用"玉子纹枰"来指代棋具。

二 棋形结构美

棋形结构美，也是围棋美感本质的重要表现。对于围棋的棋形结构美，日本棋界的"美学大师"大竹英雄论述的最为精到："能力强的人下的棋，棋形上没有什么废着；而能力弱的人下的棋，有很多的废着。这一点明显地显示在棋盘上。对没有废着的棋形，人们才有美感。没有废着的棋形，效率高的棋形是漂亮的。真正的美，是从棋形中迸发出来的。"[1]

大竹英雄认为，美寓于棋形之中。首先，棋形类图案，可以让人"看到"关系。例如在美学中经常提到的秩序、安排、对称、比例等等。其次，棋形结构的间架匀称、和谐，且符合力学结构的美学原理。结构美本身就是力的体现，就是力量本身。因为凡是符合力学原理的结构，必然具有巨大的内应力和对外部冲击的抗衡力。最后，许多常见的棋形都令人赏心悦目。小飞守角，如坚实的堡垒；立二拆三，如开阔的阵地。有的定式短兵相接，棋形严整；有的定式疏疏朗朗，若即若离。布局时，三连星如夜空中三颗星星光芒四射；中国流则高低错落，宛如一座桥梁。中盘时，犬牙交错却知己而有序。收官后，盘面整整齐齐。甚至有人说，看一张棋谱，黑中有白，白中有黑，如临赏八卦图一般。[2]

不过，围棋的棋形之美，必须和内在的逻辑美、行棋效率

---

[1] 转引自何云波：《围棋文化演讲录》，湘潭大学出版社2014年版，第8页。
[2] 何云波：《围棋文化演讲录》，湘潭大学出版社2014年版，第9页至第10页。

美以及弈棋境界美结合起来，才能有更加真切和立体的体会，才能给人带来真正的审美愉悦。

三 内在逻辑美

逻辑美，是围棋美感重要的内在表现。逻辑美的本质是理性之美和思维之美。围棋是思维竞技的艺术，是理性和逻辑的竞技场。围棋对弈双方的每一步棋都是理性思维和逻辑推理的产物，都是对弈双方的理性力量和逻辑力量之间的较量。因此，从这个意义上讲，内在逻辑美是围棋美感本质的内在体现。

围棋的内在逻辑美具有四个特性：一是简约性，二是严谨性，三是清晰性，四是顺畅性。围棋内在逻辑美的简约性主要是指行棋没有废着，没有愚形，每一枚棋子都能够充分发挥自己的能量；每一枚棋子所具备的能量都不被浪费，这即是逻辑美所特有的简约性；围棋内在逻辑美的严谨性主要是指行棋思虑推理严密，符合逻辑基本规律，一环扣一环的严密推理，不出现错误性的跳跃。围棋内在逻辑美清晰性主要是指行棋的思路清晰、形势判断清晰、子力计算清晰等。围棋内在逻辑美的顺畅性主要是指战术实施顺畅、战斗攻防转换顺畅以及棋形结构顺畅等。

四 行棋效率美

"效率"一词本是经济学中概念。从不同的角度、不同的层面出发，会得出各种不同的"效率"定义。如微观经济学中的"效率"是指经济运行过程对所有适当的边际条件的满足，即边际产品比率与相应的要素价格比率之间相等关系的实现。宏观经济学中的"效率"是指由既定资源投入或占有所获得的产出数量，即由既定价值的资源所获得的产品价值。从哲学的层面上讲，"效率"是人与自然之间物质变换以满足人需求程度的高低。

围棋美学中所说的效率，就是行棋的质量，是棋子在棋盘上所发挥的能量的大小以及棋形在棋盘上所发挥作用的大小。发挥的作用大和能量大的自然是效率高的行棋，反之，发挥的作用小和能量小的则是效率低的行棋。效率高的棋子或棋形自然就具有美感。比如"刀把五"或者"花聚六"，棋形不合理，没有效率，一点就死，因此被棋手视为丑棋。如古代棋局和现代棋局都曾出现过的"镇神头"，即"一子解双征"，因为效率极高，被棋手视为行棋中的"妙手"美棋。

五 弈棋境界美

境界，中国传统美学中的一个重要范畴。王国维在《人间词话》中开头便说"词以境界为最上，有境界则自有高格，自有名句"。[1] 其实，"境界"说可以适用于一切艺术，包括围棋。围棋是一门不折不扣的艺术，位列"四艺"之一，它的艺术身份是无法否认的。虽然在今天，围棋已归入"体育"一类，但它的艺术身份不会因此而改变。如果套用王国维的原话，应该也可以说："弈以境界为最上，有境界则自有高格，自有名局。"

---

[1]《人间词话》，上海古籍出版社2014年版，第5页。

"境界"有"有我之境"与"无我之境"之分，弈棋的境界美也可以从"有我"与"无我"两个层面来感受。"有我"的境界美以自我为主体，追求个体精神之美。如"晚酌一两杯，夜棋三四局"[1]；如"万事翛然只有棋，小轩高净簟凉时"[2]。"无我"的境界美超越了个体精神之美，转而追求天地宇宙之大美，即自然之美。如"白石山中自有天，竹花藤叶隔溪烟，朝来洞口围棋了，赌得青龙直几钱"[3]；如"樽香轻泛数枝菊，檐影斜侵半局棋"[4]；又如"松间石上有棋局，能使樵人烂斧柯"[5]。

第二节 围棋审美的标准

从学理层面上讲，审美标准就是审美主体鉴别对象的美丑和衡量对象的审美价值高低的尺度和原则。在审美主体的审美实践或者审美活动中，审美的标准有主观与客观之分。真正美的东西，应该是符合社会大多数人的审美要求的。大多数人所体验到的共同性的美感内容，促使大家得出大体一致的共同结论。

围棋审美的标准主要包含两个方面：一是效率评价，一是价值取向。这两个标准都是由围棋美学自身的属性特征所决定，同时也是棋界的共识，因此属于客观的审美标准。

---

[1] 白居易：《郭虚舟相访》，见《全唐诗》卷四百三十。
[2] 吴融：《山居即事四首·其三》，见《全唐诗》卷六百八十四。
[3] 曹唐：《小游仙诗九十八首·其十五》，见《全唐诗》卷六百四十一。
[4] 杜牧：《题桐叶》，见《全唐诗》卷五百二十一。
[5] 灵一：《妙乐观》，见《全唐诗》卷八百九。

第八章 围棋中的审美论

一 围棋审美标准中的效率评价

围棋是思维竞技的艺术。既然是竞技，就要讲求效率。竞技围棋的本质，是基于效果、追求高效率、实现局部与全局的利益最大化。这也决定了在围棋审美的标准中，效率评价成为衡量行棋之美的根本尺度；效率至上，成为围棋审美标准的核心。

棋谚所说的"高者在腹""入腹争正面""二路连爬活也输"等等，都是讲的行棋方向和路线上，效率决定价值的一般规律。追求最高效率和利益最大化，更坚持赢棋第一的原则。效率高低、利益大小，都取决于胜负相关联的程度。为了赢棋，不能满足于"有一手棋"的价值，而必须力求每一手棋的最高效率和最大价值，力戒松散，力避低效、无效甚至负效，为胜利争取最大的可能。高效率，棋形自然就美。行棋效率与棋形美感本来是统一的。棋形美就是指效率高。因此，效率评价就成为围棋审美的标准之一。

二 围棋审美标准中的价值取向

价值取向是一个具有多种含义的概念。在不同的领域中，价值取向有不同的含义。比如在心理学上，价值取向是指个体对其价值成长的判断，更趋向来自外界对其价值成就判断的一致性。在管理学上，价值取向是指人们把某种价值作为行动的准则和追求的目标。在哲学层面上，价值取向可以分为很多不同的类型，如功利主义价值取向、实用主义价值取向、自由主义价值取向、保守主义价值取向、修齐治平的价值取向、退隐无为的价值取向等等。

围棋中的价值取向，是在对所有备选的落子方案所进行通盘性价值判断的基础上，选取其中价值最大的方案的取向。围棋中的价值取向与效率评价具有内在一致性，都是对实现局部和全局的利益最大化的追求。在围棋对弈中，正确的价值判断是获得最大利益的基础，只有以正确的价值判断和正确的价值选择，才能走出高效率的棋形和最美的棋形。因此，价值取向是围棋审美标准的另一个重要参考。

第三节 围棋美学的意义

美学是哲学的重要组成部分。如果说哲学是关于世界观的学问，它的意义不在于解决生活实践中的具体问题，而在于向人揭示宇宙人生的哲理，为人提供认识世界、改造世界的思想方法，帮助人理智地面对生活实践中的种种问题，使人的生活充满智慧和灵气的话，那么美学的意义也不是为人提供打开审美和艺术殿堂的万能钥匙，传授具体操作层面的技巧和秘方，而是在于对人与现实的审美关系、对人类的审美和艺术活动高屋建瓴的理性分析，是对各种审美现象的哲理层面的本质把握。从本质上讲，美学是关于人的审美学问，美学的普遍意义在于陶冶人的情趣，提升人的品位，实现人的精神自由。

围棋美学作为美学的一个分支，它除了具有美学的普遍意义之外，还具有围棋美学所独有的特殊意义。围棋美学的特殊意义主要体现在三个方面：其一，围棋美学体现了时代的属性；其二，围棋美学展现了民族的特性；其三，围棋美学张扬了弈者的个性。

一 围棋美学体现时代的属性

时代属性，是指一个事物发展的历史必然性、现实选择性和动态生成性。它体现了时代的主题、发展要求以及历史所赋予的使命。任何哲学都是自己时代精神的精华，都具有深刻的时代属性。以美和审美为核心的美学也是如此。人类进化的历史表明，美和审美意识会随着社会经济的发展而发展，随着社会政治的变革而变革。因此，美学总是带有时代的属性。熟悉西方美学历史的人应该知道，古希腊、古罗马的人很喜爱、欣赏人体的裸体美，许多艺术大师创作的裸体雕塑，肢体匀称，肌肉丰满，线条美丽，身躯和谐，是健康、活力、睿智、美丽的典范，它产生的巨大艺术魅力是难以估计的。到了中世纪，欧洲处于封建贵族和教会的黑暗统治之下，人体，尤其是健康的裸体被认为是对神的亵渎，是大逆不道的。直到16世纪，文艺复兴的汹涌浪潮冲垮了封建禁欲主义和宗教对人们精神的控制和束缚，人的健美的体态，才又成为美的对象。这说明美和审美意识是和时代的政治、经济、文化、民族传统等多种因素分不开的。因此，美学具有明显的时代属性。

围棋美学作为美学的重要组成部分，当然具有美学所普遍具有的时代属性。围棋美学在本质上是一种特定时代文化产物，是历史性和时代性的有机统一。围棋美学的时代属性主要表现在五个方面：一是先秦时代的百家争鸣赋予了围棋深刻的思想美；二是魏晋时代的玄谈风骨赋予了围棋超凡的境界美；三是隋唐时代的佛法广布赋予了围棋独特的禅意美；四是宋明时代的休闲文化赋予了围棋广泛的市井美；五是明清以及近代以来的竞争文化赋予了围棋激烈的竞技美。

二 围棋美学展现民族的特性

民族特性，是各个民族所具有的不同于其他民族的属性特征。任何美学理论都具有浓郁的民族特性。正如德国哲学家黑格尔说："一个欧洲美人不会被一个中国人乃至非洲霍腾套特族人喜爱，因为中国人的美的概念和黑人的不同，而黑人的美的概念和欧洲人的又不同。"[①] 一个民族繁衍成长，由于区域、政治、经济、历史、语言、文化传统、宗教信仰、生活方式、风俗习惯等多方面因素的差异，从而形成不同的带有强烈民族色彩的美与审美意识，因此，美学就具有了浓郁的民族性。

围棋是中华民族五千年文明的象征，是民族文化的瑰宝和民族智慧的结晶，是黄河文明的产物，具有鲜明的民族烙印和民族属性。围棋所承载的围棋美学必然反映民族的文化品格和美学特征。

首先，围棋美学的内在本质是逻辑美和思维美，展现了中华民族高超的逻辑思维水平。中华民族并不是只擅长形象思维和关联思维，逻辑思维也是民族思维的特性之一。其次，围棋

---

① ［德］黑格尔（G.W.F.Hegel）：《美学》第一卷，商务印书馆1979年版，第55页。

美学的外在形式是结构美和形状美，展现了中华民族对空间的把握和安排。结构对称，形状方正，是中国传统审美的主要特色。这一点在古代建筑美学中体现的最为精彩和明显。最后，围棋美学对于境界的追求，也展现中华民族对外在环境和内在品格的抽象能力。"境界说"，是中国传统美学所独有的，也是民族美学的一大特性。

三 围棋美学张扬弈者的个性

所谓个性，就是一个人的整体精神面貌，即具有一定倾向性的心理特征的总和。一般而言，个性就是个性心理的简称，在西方又称人格。在心理学上，个性是一个区别于他人的，在不同环境中显现出来的，相对稳定的，影响人的外显和内隐性行为模式的心理特征的总和。就围棋而言，弈者的个性是棋手在围棋对弈的过程中所展现出来的性格特点和行棋风格。这种性格特点和行棋风格与棋手自身的成长经历和学棋经历有着直接的关系。此外，时代的特性也会影响弈者的个性。

21世纪的到来，标志着个性化时代的到来。21世纪的围棋对弈，棋手个人的性格特点和技术风格，都更加鲜明地表现出来。在棋中张扬个性，特立独行，成为新的时尚和追求，这也是精神生活开放性和多样性在围棋对弈以及围棋美学中的反映。不同类型的棋手，面对棋局，有时会做出截然不同的选择，使对弈变得更加丰富多彩、变化莫测。这种以个性和风格为特征的多样性作战，成为当代围棋美学中的一道亮丽风景。

第九章 围棋中的道德论

　　道德是伦理学研究的核心议题。因此，伦理学又被称为"道德哲学"或"道德论"。从哲学的一般意义上看，道德是人们通过实践，对于自己所依存的社会关系的一种自觉的反映形式，以善恶评价为标准，依靠教育疏导、社会舆论、传统习惯和内心信念的力量来调整人们之间相互关系的行为原则和规范的总和。道德的一般本质是一种社会意识，受到社会关系特别是经济关系的制约；道德的特殊本质是社会的规范调解方式，是调解人与人、人与自然之间关系的规范体现。然而，道德的深层本质是一种实践精神，物质实践与精神意志的统一。因此，康德将道德称之为"实践理性"，以区别于"思辨理性"和"纯粹理性"。马克思也直接把道德称为人类掌握世界的一种"实践－精神"方式。

　　英国道德哲学家拉斐尔认为，道德哲学是关于规范和价值、关于是非善恶的观念、关于应该做什么和不应该做什么的哲学

第九章 围棋中的道德论

研究。德国哲学家黑格尔更是指出,中国传统哲学在本质上属于道德哲学。在中国传统哲学中,《论语》所表达的思想就其实质而言无疑也是一种道德哲学;它曾与亚里士多德的《尼各马可伦理学》一起,使道德哲学成为一门独立的科学。在中国传统哲学的语境下,道德哲学是治理天下的科学原理,是治理社会的最高准则。

棋道虽小,品德最高。围棋作为中国传统文化及其哲学的产物,必然也深深地打上了道德哲学的烙印,也必然体现和坚守中国特色社会主义价值观念。这主要表现在三个方面:一是围棋的道德品性;二是对弈的道德规范;三是弈者的道德情操。这三个方面相互统一,互为支撑,共同构成了围棋中的道德论。

第一节 围棋的道德品性

"道德"一词,在中国传统哲学中是由"道"与"德"两个词演变而来。"道",最初的涵义是指外在于人的自然规律或自然本质,后来引申为应当遵守的社会行动准则和规范。"德",本义是指人得"道",即对"道"发生认知和体验之后的"心得",或者说是"得道"之后的个人品质状态。由此可见,在中国传统哲学中,"道"与"德"曾经是相通的,《礼记·乐记》上说:"礼乐皆得谓之有德,德者得也"。从这点看,作为个人道德品性的"道德"实则为"德道"或"得道"。在中国传统哲学发展史上,第一个将"道"与"德"联系起来,创造出具有现代意义上的"道德"这一概念的是荀子。他认为,在一个社会里，如果人们能够知晓和遵循"诗""书""礼""乐"，可"谓之道德之极"，即最好的道德。在这里，荀子不是在"天道"的层面而是在"人道"的层面定义道德，因此，他的"道德"的概念本质上就是社会的规律和法则。

围棋的道德品性与传统哲学中的"道德"内涵一致，即围棋的道德品性是传统社会中的"五德"仁、义、礼、智、信在围棋中的体现和延续。对此，宋代学士潘慎修曾经最早给予阐释。据《宋史·潘慎修传》记载："慎修善弈棋，太宗屡召对弈，因作《棋说》以献。大抵谓：'棋之道在乎恬默，而取舍为急。仁则能全，义则能守，礼则能变，智则能兼，信则能克。君子知斯五者，庶几可以言棋矣。'因举十要以明其义，太宗览而称善。"[①] 潘慎修就儒家所倡导的仁义礼智信与弈棋理念之间的关系作了深刻阐述，说明了儒家"五德"在围棋中的体现与延续。此外，"元儒四家"之一的虞集，也以"制胜保德"之义揭示了围棋对传统社会的"五德"之义的践行。因此，仁、义、礼、智、信既是中国传统社会的道德准则和规范，也是围棋的道德品性。

一 围棋之"仁"

《说文》："仁，亲也，从人，从二。""仁"的概念，始见于春秋时期，如"爱亲之谓仁"（《国语·晋语》），"不背本，仁也"（《左传》），"爱人能仁"（《国语·周语》），具有孝父、忠君、惠民、爱人等涵义。孔子"贵仁"，提出一

---

① 《二十四史全译·宋史》第十一册，第6722页。

个以"仁"为核心，仁礼结合的政治、伦理学说。"仁"既指人们内在的心理意识，又指人们行为的基本准则和道德规范。围棋之"仁"，首先表现在对人性的重视，"尧造围棋，以教丹朱"的起源说，正是说明弈棋可以完善人性的不足。其次表现在不嗜杀伐；围棋不以吃子为最终目的，而以围地求生为最终目的，这也是"仁"的体现。

二 围棋之"义"

《中庸》说："义者，宜也。""义"与"不义"对举，具有"善"的价值，指通过内心的自我调节使思想行为符合一定的准则。春秋时期周内史兴说："行礼不疚，义也。"孔子提出了"君子喻于义"的主张，"君子义以为上"，以"义"为君子立身行道的根本；同时也主张"见利思义"。孟子认为，"人皆有所不为，达之于其所为，义也"，并强调"义"含有"敬长"与"羞耻"两层意思；以"义"为"人之正路"及内心固有的道德原则，积极倡导"舍生取义"。荀子说："行弈以礼，然后义也。""遇君则修臣下之义，遇友则修礼节辞让之义，遇贱而少则修告导宽容之义"，是则"贵贵、尊尊、贤贤、老老、长长，义之伦也。"围棋之"义"，主要表现为棋手对弈道的操守，如不欺、不侮、不贪、不嗔、不违等。

三 围棋之"礼"

礼者，履也。在中国传统社会的礼法制度中，"礼"起着重要的规范和准则作用。《左传·隐公十一年》说，"礼，经国家，定社稷，序民人，利后嗣者也""礼，国之干，政之舆也"，都是在强调"礼"对于国家政治治理的重要性。孔子为维护和改造"周礼"，提出"仁－礼"统一的道德伦理模式。他认为，一方面，"仁"是"礼"的道德心理基础，以保障"礼"的实施，"人而不仁，如礼何？""克己复礼为仁"；另一方面，"礼"又是行仁的节度，使"礼"由人们行为的外在约束变成人心的内在要求，主张"为国以礼"，对民"齐之以礼"，打破了"礼不下庶人"的思想界限，使"礼"获得了更广泛意义上的道德普遍性。围棋之"礼"，主要是围棋对弈有一定的礼仪规范，也有一套完整的礼仪制度；这也体现了"礼"的精神在对弈中的延续和承继。

四　围棋之"智"

"智"常与"知"通，《尔雅》上说："知，智也。"从这条释言来看，"智"包含两层不同的含义：一是认识论意义上的对事物的认知、知觉和学识；一是道德论意义上的对"知"的领悟以及由此形成的道德理性。这就是佛家所言的"转识成智"。"智"作为中国传统伦理规范的"五常"以及"三达德"之一，既是一种理性思维方式，也是一种高明的道德境界。"智"首先是一种"人事"之知。孟子论"智"，常提及对事物的认识，如"所恶于智者，为其凿也。"在荀子看来，与实际相符合的知识即是一种智。其次，"智"还表现为一种道德认知，即道德之知。孔子兼重仁智，多次以仁智并举，"仁者安仁，智者利仁"。此外，"智"还有"智力"的含义，"上古竞于德，中古竞于智，近古竞于力"中的"智"即是此意。围棋是思维博弈和智力竞技的艺术，可以提升人的思维水平，培养人的智慧，激发人的潜质，这是围棋之"智"的体现。

五 围棋之"信"

"信"的本义为诚实不欺，恪守信用。在孔子之前，"信"是行礼的必备品德之一。孔子把"信"视为"仁"的主要德目，"能行五者天下，为仁矣"；这里的"五者"是指"恭""宽""信""敏""惠"。他主张"敬事而信""谨而信"，并将"信"引为治民、交友、用人的重要原则。如"上好信，则民莫不敢用情""信则人任焉""与朋友交而不信乎"等等。孟子进而把"朋友有信"纳入到"五伦"的规范之中。及至西汉，大儒董仲舒说："夫仁、义、礼、智、信五常之道，王者所当修饰也。"从此确立了"信"在传统社会道德规范体系中的重要地位。到了宋代，"信"的地位进一步提升，南宋的朱熹说："信是诚实此四者，实有是仁，实有是义、礼、智皆然。"[①] 意思是说"信"涵盖其他"四德"，体现"四德"。围棋之"信"，主要是指弈者在对弈时所表现的诚信与互信，不欺瞒、不耍滑，公平对弈。

---

① 黎靖德编：《朱子语类》卷六，性理三。

第二节 对弈的道德规范

一般意义上说，规范就是一种标准、一种准则，这种标准或准则，既可以是人们约定俗成的，也可以是人们有意识制定的。在现实生活中，最常碰见规范的地方就是法律生活领域与道德生活领域。不同领域中规范的表现形式不同，但究其本质，都具有客观的社会基础。这也正如马克思所说的"人们按照自己的物质生产率建立相应的社会关系，正是这些人又按照自己的社会关系创造了相应的原理、观念和范畴。"[①]

道德领域的规范即道德规范，它是一种诚挚的道德信念，一种道德主体发自内心的真诚的渴望。道德规范的表现形式也同样是多样的，如图腾、禁忌、习俗、礼仪、义务、责任等。对弈的道德规范属于道德规范的特殊性范畴。这种道德规范主要由两个方面构成：一是遵守对弈中的礼仪规范；二是恪守对弈之道。

一 遵守对弈的礼仪规范

礼教，是中国传统社会道德教育的主要形式之一，它可以让人们在庄严肃穆合乎法度的礼仪规范中涤荡心灵，提升道德品性。孔子说："不学礼，无以立。"礼，是立身行道的基础。正所谓"礼教恭俭庄敬，此乃立身之本。有礼则安，无礼则危。

[①] 《马克思恩格斯选集》第一卷，人民出版社1995年版，第142页。

故不学礼，无以立身"，由此可见礼教的重要性。对弈中的礼仪规范，是中国传统礼教精神在围棋中的延续和体现。遵守对弈的礼仪规范，是一名棋手最基本的道德素养。

（一）入座行礼

中国是世界闻名的礼仪之邦，处处都体现着礼的重要性和规范性。围棋对弈也是如此。入座行礼就是对弈的礼仪规范之一。入座，也叫落座或者就座。入座行礼是指对弈双方在棋枰前落座之后，要互相行礼以示敬意和学习之意。入座行礼的目的旨在培养棋手的谦逊好学的美好品德。

（二）猜子分先

围棋对弈，是双方先后在棋盘上落子，一人一手，交替循环，直到一方投子认输。由于围棋规则本身的性质，先行较为容易产生优势，有先手之利。因此，如何决定哪一方先行就非常重要。在围棋对弈的礼仪规范中，猜子分先就是为了解决这一问题。对局前猜先时，下手方应请上手方抓白子，自己则取出1枚（或2枚）黑子，表示白子若是单数则己方执黑先行；若是双数己方执白（取2枚则相反）。比赛前的猜先，应由卫冕者、段位高者、年长者来抓子，以表示对强者和长者的敬重。

（三）取子有法

所谓取子有法，是指棋手在抓取棋子时应该注意的方法和要求。一般而言，是用右手的食指和中指夹起棋子，然后放在棋盘上。取子有法应该注意两点：一是意在子先，思考之后再拿子，不应抓子、翻打或玩弄棋子，以免影响对手的思考；二是下棋应轻拿轻放，不能用力拍子，以示对对方的尊重，同时也是对自己的尊重。

（四）落子无悔

落子无悔是对弈中最为重要和注意的礼仪规范之一。落子生根，不能悔棋，否则遭人厌恶。落子无悔是对弈时最为基本的准则和规范。无论怎么下，棋是自己走出来的，对错都要去接受和面对。这是对弈者胸襟和气度的考验。过于追求胜负，或者太沉醉于棋局中的棋手，可能会犯下悔棋的严重错误。如果是无意的，另当别论；但如果是有意为之，就是对规则、对自己以及对手的极不尊重。关于这一点，还应该注意落子时不要推子，因为推子往往会引起悔棋的纷争。此外，通过对弈落子无悔的练习，使人更能够接受自己行为造成的结果，而不是反悔、失信。围棋最终的胜负，全都是自己一步一步下出来的。对局后常常会进行复盘反思，这时再来总结过程中有哪些棋下得不好，以期在下一次对弈中能够做得更好。

（五）观棋不语

棋谚说："观棋不语真君子。"君子，是品德高尚之人。观棋不语，也是对弈中的重要礼仪规范。这一规范的对象主要指观棋之人。正因为是在观看别人下棋，往往比自己亲自下还要焦急紧张，所以会经常忍不住指手画脚，这是观棋大忌。此外，所谓"当局者迷旁观者清"，作为旁观者，对棋局指点或批评，也是对对弈双方的不尊重。

（六）投子终局

投子终局，也是围棋对弈中的一条重要的礼仪规范。投子终局是指一方认输，要结束棋局时，在棋盘上投放两枚己方的子（或投放一枚自己所提掉的对方的子）即可。中国人讲究做事要有始有终，不能虎头蛇尾，围棋对弈也是如此。在棋局结束时，无论胜负，都应该保持良好的心态。围棋对弈，胜负乃是常事，能够做到"胜固欣然败亦喜"，才是弈者品德修养的最高境界。因此，投子终局，既是对胜负的坦然，也是对对手和自己的尊重。

二 恪守对弈之道

恪守对弈之道是围棋中道德规范的另一个重要方面。在中国传统围棋文化中，对弈之道主要包括五点，即不欺、不悔、不贪、不嗔、不违。

（一）不欺

《说文》云："欺，诈欺也。"在中国传统道德哲学中，"不欺"有三层含义：不欺己，不欺人，不欺天。《中庸》上说："内不欺己，外不欺人，上不欺天，君子所以慎独。"内不欺己，是说不能自欺；外不欺人，是说不能欺骗他人；上不欺天，是说不能欺骗天地神灵。这三条是古代君子修身立德的准则。正如"童叟无欺"是行商之本，"不欺"也是对弈之道的重要规范。对弈双方应该光明正大的公平对弈，不应有欺骗欺诈的行为。《弈律》对欺诈诓骗的行为有相应的处罚，如"诓骗"一条说："凡棋力高出人上而故寻对著减饶，诓赌人财务者，杖六十。"[①]

（二）不侮

侮，本义是伤害，侵侮。"不侮"的意思是不能伤害、侵侮他人。孔子曾说："恭则不侮，宽则得众，信则人任焉，敏

[①] 《围棋文化史料大全》，第385页。

则有功,惠则足以使人。"孟子也说过:"恭者不侮人,俭者不夺人。"由此可见,"不侮"在传统道德哲学中的重要性。"不侮"也是围棋对弈之道的重要规范和要求。在围棋对弈中,"不侮"主要是告诫棋手不能以强凌弱,不能因为自己棋力高就瞧不起对手。在棋枰面前,对弈双方地位平等,相互尊重才是对弈之道。

(三)不贪

《说文》云:"贪,欲物也。"贪,是欲望过盛的一种表现;也是佛教"三毒"之一。在传统道德哲学中,"不贪"就是不能贪心、贪婪、过分追求得。孔子曾说:"君子有三戒:少之时,血气未定,戒之在色;及其壮也,血气方刚,戒之在斗;及其老也,血气既衰,戒之在得。"其中"老而戒得"的"得"者,获取、占有利益之意也。老年人历经沧桑,深悟"生不带来,死不带去,人生只是一个过程"的道理,更应珍惜所有,不贪不占。古人以"不贪"为宝,如宋诗云:"人间五福少,世事罕兼全。将此不贪宝,延予有限年。"对弈之道中的"不贪",主要是"不得贪胜"。围棋博弈,赢棋取胜是最终的目的。因此,很多棋手往往容易"贪胜";而过分"贪胜",不仅会导致输棋,还会影响到对弈双方的比赛友谊。所以,"不贪"也是棋手应该恪守的对弈之道。

(四)不嗔

"嗔"的本义是生气;嗔心是怨愤不平的恨意,也是佛教的"三毒"之一。在中国传统道德哲学中,"不嗔"与"不愠"基本同义。孔子曰:"人不知而不愠,不亦君子乎?"别人不了解我,而我也不生气,这不也是君子的行为吗?在围棋对弈中，"不嗔"或者"不愠"，是针对结果而言。有些棋手心理素质差，或者过分看重输赢，一旦输棋内心就愤愤不平，甚至言语伤人，这些都是有悖于对弈之道的。

（五）不违

在古代汉语中，"不违"的含义比较丰富，大致有三种不同的含义。首先，《论语·为政》："子曰：吾与回言终日，不违，如愚。"孔安国注释说，"不违者，无所怪问，於孔子之言，默而识之，如愚"。这里的"不违"实际上是依从、认同的意思。其次，《国语·齐语》："天威不违颜咫尺。"韦曜注释说："违，远也。"因此，"不违"就是不远的意思。最后，《左传·昭公二十年》："征敛无度，宫室日更，淫乐不违。" 杜预注释说："违，去也。"这里的"不违"，就是没有休止的意思。在围棋对弈中，"不违"主要是指不违悖棋道，恪守围棋对弈中的道德礼仪和规范。

第三节 弈者的道德情操

一般意义上讲，道德情操通常是指道德情感和操守的结合，是构成道德品质的重要因素，是为人处世的基本原则，是社会上层建筑的基础。英国经济学家和伦理学家亚当·斯密有两部名著传世，一部是《国富论》，另一部就是《道德情操论》。他发现了"道德情操"在社会经济中的重要作用：利己主义的"经济人"在"道德情操"的约束作用下，竟然克制自私的感情和行为，实现利己主义与同情他人的统一，同时成为

"道德人",从而构成了一种相互行善的社会群体。

如果说商人的道德情操是童叟无欺、诚信互利,军人的道德情操是勇敢顽强、不怕牺牲,官吏的道德情操是清正廉明、奉公守法,医生的道德情操是救死扶伤、悬壶济世的话,那么对于围棋而言,弈者的道德情操则是节制、谦逊、忠义、守道。

一 节 制

节制、正义、智慧、勇敢是古希腊道德哲学的"四大美德"。柏拉图认为,节制表示人有自知之明,表现为对欲望的自我约束和控制。亚里士多德指出,节制是对灵魂中非理性部分——情感和欲望的控制,不使它们超出理性所许可的范围。"古罗马文化之父"西塞罗甚至说:"人是唯一知道节制的动物。"而在中国传统道德哲学中,忠、孝、节、义也是中国传统社会的四美德。这里的"节",就是节制的意思。《周易·杂卦》说:"节,止也。"《说文》说:"节,操也。"《庄子·逍遥游》说:"鹪鹩巢于深林,不过一枝;偃鼠饮河,不过满腹。"这是以动物为喻来讲节制。《中庸》说:"喜、怒、哀、乐之未发,谓之中。发而皆中节,谓之和。"这是以情欲为喻来讲节制。

节制是弈者必须具备的道德情操,围棋对弈也要有节制,应该适可而止,不能因为弈棋而荒废事业,否则不仅是对自己的伤害,也会引起世人对围棋的误解。正如韦曜在《博弈论》中所说:"今世之人多不务经术,好玩博弈,废事弃业,忘寝与食,穷日尽明,继以脂烛。当其临局交争,雌雄未决,专精锐意，心劳体倦，人事旷而不修，宾旅阙而不接，虽有太牢之馈，《韶》《夏》之乐，不暇存也。"①韦曜对围棋的误解和批评，实际上不是围棋之过，而是因弈者不懂得节制的道德操守而导致。因此，弈者必须具有节制的道德情操，如此才能推动围棋事业健康稳定的发展。

二 谦逊

谦，恭敬也；逊，辞让。谦逊的本义就是为人处世要懂得恭敬辞让。谦逊是一种美德，也是弈者应有的道德操守。如果说"三人行必有我师"是孔子的谦逊，"未闻齐桓晋文之事"是孟子的谦逊，"认识你自己"是苏格拉底的谦逊，那么"强不欺人，胜不自大"则是棋手的谦逊。

谦逊可以成就大事。张良"圯桥三拾履"的谦逊成就了他"西汉三杰"的地位；刘备"三顾茅庐"的谦逊成就了他蜀国的霸业；吴清源"中和自然"的谦逊成就了他"昭和棋圣"地位。因此，谦逊也是弈者必须具备的道德操守。

三 忠义

忠义是中华民族自古以来的传统美德，也是弈者必须具备的道德操守。《说文》："忠，敬也；从心，中声。"宋代史学家司马光说："尽心曰忠。"大儒朱熹也说："尽己之谓忠。"意思是说只要能尽己之心，与人为敬，就是忠。可见，

---

① 《围棋文化史料大全》，第318页。

忠是一个人心中情感的外化形式,是与他人相互关系中的一种心理状态的体现。"义"的含义很多,有威仪、美善、公平、正义、适宜等。《周易·系辞下》说:"理财正辞,禁民为非曰义。"朱熹说:"义者,行事之宜。"因此,忠义主要含义是对朋友要尽心敬重,要行事合宜。中国有悠久的忠义文化,也产生了很多忠义的化身和代表,如先秦时期的蔺相如、廉颇,三国时期的关羽、赵云,宋代的岳飞、文天祥等等。

对于弈者而言,忠义表现为一种责任,一种对社会的责任,对国家的责任以及围棋的责任。棋运与国运密切相连,弈者的忠义,承载起围棋对于国家民族的特殊责任。

四 守道

"道"既指人道,也包含弈道。守道就是坚守做人之道,坚守对弈之道。守道也是弈者必须具备的道德操守。

对于弈者而言,首先是做人,因此,必须恪守为人之道。正所谓"为学先为人",做人是为学的基础,恪守为人之道也是恪守弈道的基础。其次是对弈,所以必须坚守对弈之道。弈者对弈道的坚守,正如医生对于医道的坚守,老师对于师道的坚守,君主对于为政之道的坚守一样,同等重要。医道的传承需要医生的良心与操守,师道的传承需要老师的无私与奉献,政道的传承需要为政者的勤政与爱民,弈道的传承也需要棋手的坚持与努力。

《棋经十三篇》中提出了弈德弈礼的一些具体要求。如要谦让,不要争忿(振廉让之风者,乃君子也;起忿怒之色

第九章 围棋中的道德论

者，小人也）；敬畏对手，不要说对手不如自己（能自畏敌者强，谓人莫己若者亡）；不要悔棋和作弊（赧莫赧于易，耻莫耻于盗）；说话要少，动静要小（语默有常，使敌难量；动静无度，招人所恶）；胜负不挂在嘴上（胜不言，败不语）；言辞动作得体、正派（得品之下者，举无思虑，动则变诈，或用手以影其势，或发言以泄其机……岂假言辞喋喋，手势翩翩者哉。《传》曰："正而不谲。"其是之谓欤）。

第十章 围棋中的价值论

　　围棋是中国人发明的,但中国人对围棋的认识却似乎永远没有完结。几千年来,围棋在国家、民族精神生活中的价值地位,波澜起伏,曲径通幽,峰回路转,沧海云帆,可以说是曲折与浪漫交织,艰难与光明相伴。当我们回过头来,对这个过程进行冷静的观察和思考时,会发现,围棋的价值地位,反映的并不仅仅是对围棋的认识,而是国家、民族的精神状态和文明程度。它就像镜子和量尺,反映和测度了整个民族的心态状况、理性水准、智力渴望、包容程度和文明追求。从某种意义上说,围棋的成熟,是伴随着民族精神的成熟而发展、前行的。这是我们今天思考围棋价值地位新的着眼点。

第十章　围棋中的价值论

第一节　围棋价值认识的视角演变

从哲学角度说，价值是指客体能够满足主体需要的效益关系，即客体的属性和功能与主体需要之间的一种效用、效益或效应关系。围棋的价值，从根本上说，是它作为智力博弈游戏，满足围棋使用者主观需要的效用、效益。由于围棋曾经以多种形态出现，具有不同的属性和功能，因此在满足人的需要上表现出多方面、多层次的效用和效益。围棋的本体价值，当然在于满足弈棋者的主观需要；但它的外延价值，却可以延伸到与围棋有关的几乎全部思想和社会领域。围棋价值的多样性，来源于它自身所具有的抽象性。在思想领域，抽象程度最高的是哲学；在社会领域，抽象程度最高的是战略；在智力博弈领域，抽象程度最高的是围棋。抽象，就意味着普遍性、概括性和覆盖性。这也是围棋与哲学、战略高度相通、相似，哲学思维与战略思维贯穿于整个围棋思维，并居于最高层次，而围棋思维可以运用于各个领域的根本原因。

一　围棋价值认识的表述形式

在中国围棋发展史上，对围棋价值的认识主要有五种表述形式。

（一）最初的表述形式是安心益智价值

《世本·作篇》说："尧造围棋，丹朱善之。"张华《博物志》说:"尧造围棋,教子丹朱。或云舜以子商均愚,造围棋以教之。"讲的都是围棋具有安心静神、开发智力的功能效用。孔子说:"不有博弈者乎,为之犹贤乎已。"孟子说:"弈之为数,小数也。"讲的也是围棋能够使人心有所寄,行为向贤和增强数算能力。尹文子说:"以智力求者,譬如围棋,进退取与,攻劫收放,在我者也。"明确指出围棋是讲求和培养智力的活动。

(二)最高的表述形式是天道哲理价值

班固《弈旨》说围棋"局必方正,象地则也。道必正直,神明德也。棋有白黑,阴阳分也。骈罗列布,效天文也"。[①] 蔡洪《围棋赋》说围棋"秉二仪之极要,握众巧之至权,若八卦之初兆,逐消息乎无文"。[②] 陆九渊说围棋之数即"河图之数"。

(三)核心的表述形式是王政战略价值

刘向《围棋赋》说:"略观围棋,法于用兵。拙者无功,怯者先亡。"班固《弈旨》说围棋"上有天地之象,次有帝王之治,中有五霸之权,下有战国之事,览其得失,古今略备",还说围棋"四象即陈,行之在人,盖王政也。成败臧否,为仁由己,危之政也"。马融《围棋赋》说:"略观围棋兮,法于用兵,三尺之枰兮,为战斗场。"应玚《弈势》说:"盖弈棋之制,所来尚矣!有像军戎战阵之纪,旌旗既列,权虑蜂起,络绎雨集……"曹摅《围棋赋》则对此高度概括、画龙点睛,指出:"昔班固造弈旨之说,马融有围棋之赋,拟军政以为本,引兵以为喻,盖宣尼之所以称美,而君子之所以游虑也。"

[①] 《围棋文化史料大全》,第 313 页。
[②] 《围棋文化史料大全》,第 320 页。

（四）主体的表述形式是游乐修身价值

梁武帝萧衍《围棋赋》说："故君子以之游神，先达以之安思。尽有戏之要道，穷情理之奥秘。"刘义庆《世说新语》称："王中郎以围棋为坐隐，支道公以围棋为手谈。"这是以围棋表现玄学、清谈的标志性语言。沈约《俗说》还记录了袁羌弈棋答《易》的故事："诸从在瓦官寺上，于是袁羌共在窗下围棋。仲堪在里问袁《易》义，袁应答如流，围棋不缀。袁意傲然，如有余地。"这里，围棋既昭示宅心玄虚的妙境，又成了与麈尾同构的替代物。

（五）本位的表述形式是竞技制胜价值

关尹子早就说过："两人弈相遇，则胜负见。"强调围棋就是要分胜负的。梁武帝萧衍在《围棋赋》中，对围棋要努力获得胜利的竞技价值说得淋漓尽致："尔乃建将军，布将士，列两阵，驱双轨，徘徊鹤翔，差池燕起。用忿兵而不顾，亦冯河而必危。无成术而好斗，非智者之所为。运疑心而犹豫，志无成而必亏。今一棋之出手，思九事而为防。敌谋断而计屈，欲侵地而无方。不失行而致寇，不助彼而为强，不让他以增地，不失子而云亡。落重围而计穷，欲佻巧而行促，剧疏勒之迍邅，甚白登之困辱。或龙化而超绝，或神变而独悟，勿胶柱以调瑟，专守株而待兔。或有少棋，已有活形，失不为悴，得不为荣。若有苦战，未必能平，用折雄威，致损令名。故城有所不攻，地有所不争，东西驰走，左右周章，善有翻覆，多致败亡。虽蓄锐以将取，必居谦以自牧，譬猛兽之将击，亦俛耳而固伏。若局势已胜，不宜过轻，祸起于所忽，功坠于垂成。" 这段密不容针的骈文偶句充分说明，竞技获得胜利，这是围棋的本位价值所在。上述价值认识的表述形式，有一个十分重要的特点，就是相互关联，兼容共蓄，有深化而无贬抑，有拓展而无排斥，一直发展至今。

二 围棋价值认识的主体态度

中国古代的主要思想流派，由于核心理念、学说体系、价值取向和地位影响的不同，在对围棋的价值认识上，也有不同的视角、看法和主张。

（一）儒家对围棋的认识态度

总的统一于孔子"游于艺"的思想，以对孔孟围棋之说的理解为直接依据，概括起来就是有肯定、有保留、有区别、有限度，已见前述。在儒家思想成为中国封建社会占统治地位的指导思想之后，由于儒家学说的核心理念是"仁"与"礼"，而围棋则是体现攻杀争夺的智力游戏，在对待围棋与儒家核心理念和价值取向的关系上，出现了两种不同的态度和认识。一种是"一致说"，就是认为围棋与圣人之教是一致的。提出围棋是尧、舜所造，教子丹朱、商均以使不愚；依据孔子关于弈棋"犹贤乎"、孟子关于"弈之为数，小数也"等带有肯定意味的论述，阐发其意义；系统研究和揭示围棋理论与圣人之说的内在联系。比如，《宋史·潘慎修传》记载，朝官潘慎修向宋太宗赵光义上《棋说》，就儒家所倡导的仁义礼智信与围棋的关系作了深刻阐述，既是从思想上给围棋以正统地位，也是用儒家理念来说明棋理，"太宗览而称善"。另一种是"异质说"，就是认为围棋博弈中争斗谋利的思想，与儒家道统、圣人之说不符。比如,唐末皮日休所作《原弈》中说:"不害则败,不诈则亡,不争则失,不伪则乱,是弈之必然也。"[①] 用害、诈、争、伪四个字概括棋战的基本特征,本来是有棋艺眼光和辩证思想的,但把对棋道内容的评论升格为道德审判,并因而断言围棋不是圣人所制,不仅逻辑荒唐,而且结论有害。从总体看,儒家思想对围棋是包容的,否则不会有数千年弈道的繁荣;儒家思想中精华的东西,对当时条件下围棋博弈思想的发展,是有启发作用的;而把儒家的思想道德理念照搬到围棋博弈上来,则不符合棋道规律。

(二)道家的认识和态度

道家对围棋总体上持肯定态度。道家学说的核心理念"道",以及关于无为而治、适可而止、不争而胜、以曲求全、示假隐真、弱能胜强、大象无形、以柔克刚、后发制人、哀兵必胜、慎终如始、以静致胜、自胜者强等思想,与围棋的棋道、棋理具有根本的一致性。道家所提倡的思想和生活态度,也与围棋的价值取向相一致。中国古代最著名的围棋合集《忘忧清乐集》,书名取自信奉道教的宋徽宗诗句"忘忧清乐在枰棋";而《玄玄棋经》的书名,则取自老子《道德经》中的"玄之又玄,众妙之门"。道家的许多重要人物与围棋有关,如春秋战国时期的关尹子、尹文子都有关于围棋的论述。历史上几大盛世之帝也与此有关,如"文景之治"的汉景帝喜爱围棋,他的墓葬汉阳陵中出土了目前最早的十七路棋盘;"贞观之治"的唐太宗李世民,喜爱围棋并留下了有名的咏棋诗;"开元之治"的唐玄宗李隆基,酷爱围棋并作出了重要贡献,而他们的共同特点

---
① 《围棋文化史料大全》,第329页。

是信奉道家。史上还有许多关于道家人物喜爱围棋的记载。

（三）佛家的认识态度

佛教传入中国后，由于自身教义和融入本土文化等多方面的原因，对围棋的认识态度经历了复杂的变化。围棋不是在印度起源的，因此佛教是在走近和进入中国之后才接触到围棋，这也是只有汉译佛经中才有围棋名称的缘故。汉译佛经中提及围棋的48部62处中，主要包括四个方面的内容，即作为禁戒游戏的内容，宣传赌博游戏危害的内容，作为佛教允许的随顺世间法的内容，作为展示智慧全能的技艺内容。其中，作为禁戒、警示的内容，是否定的态度，主要针对赌博的危害而言，也有不能耽于玩乐的意义；而作为随顺世间的技艺和展示智慧全能的内容，则是肯定甚至是称赞的态度，特别是关于佛祖释迦牟尼也善于下围棋的内容，更表达了对佛祖全能智慧的赞颂。当然，这些汉译佛经中围棋的名称，只是翻译的结果，并不能说明当时印度已有围棋。从印度、中亚、西域来到中国内地的佛教僧侣中，有些人后来也学会了围棋，如十六国时的鸠摩罗什。很多中国僧人也很喜爱围棋，如东晋时的支遁。佛教在中国传播的过程中产生了禅宗这个中国化、本土化的流派。禅宗的教义充满了中国气息和朴素辩证法味道，与围棋的弈理有的十分接近，因而总体上是包容的。但对过度游乐等违背教规的做法，当然也是反对的。

（四）兵家的认识态度

从古代兵学体系和军旅人物的角度看，对围棋总体持肯定、尊重和习用的态度。由于围棋本身就起源于战争，其最初形态是模仿军事的智力工具，因而围棋保留有丰富的军事基因，棋理、弈法都与军事密切相关、高度相似、有机相通。《孙子兵法》中几乎所有的重要观点和军事原则都可以用于围棋。现存古代围棋棋经《敦煌棋经》和《棋经十三篇》，共同的特点都以兵谈棋、仿兵谈棋和以棋论兵，而这也是几乎所有古代围棋论著中不可缺少的重要内容和特点。古代重要军事人物几乎没有不下围棋的，甚至连隋末唐初刘黑闼这样的草莽英雄也下围棋。"兵家善弈"成了普遍现象和规律。

三 围棋价值认识的方法途径

中国古代对于围棋价值的认知，就其性质而言，主要可分为尚用价值、戏艺价值、哲思价值和竞技价值四类。所谓尚用价值，就是可以在社会生活和人生路径中实际可用的功能效用。所谓戏艺价值，就是作为游戏、游艺在娱乐、修养身心上的功能效用。所谓哲思价值，就是在领会和解悟宇宙、自然、人生之道上的功能效用。所谓竞技价值，就是满足人们在智力博弈致胜上的功能效用。而获得这些价值认识的途径，主要有以下四种：

（一）立象比德

就是用围棋棋具、棋规、棋理上的特征与内涵，与其他领域的事物作对比、比较、印证、推理或模拟，从中找出可参照、借用的道理，从而起到指导的作用。例如，说围棋通王政、兵法，并不是说可以用围棋的套路直接去管理国家、指挥打仗，而是说可以运用围棋棋理中包含的战略谋略思想，去更好地治国理政、从事战争。

（二）研几悟道

通过"研几"领会围棋独立于儒家政治伦理之外的价值。"研几"源出《周易·系辞》："夫《易》也，圣人之所以极深而研几也。"围棋由于自身的博大精深，成为古代文人"研几"的重要对象和工具。沈约说围棋是"理生于数，研求之所不能涉；义出乎几，爻象未之或尽"。这是对围棋中所包含的天人合一之道的感悟。

（三）游艺心学

把围棋作为追求心神愉悦、超逸的绝好载体，在"坐隐""手谈"中寻找对文人名士洒脱放逸行为的认同感，获得自由骋思的心理感受。"临局之际，逸思争流"，通过弈棋，发挥主观气质和才性，向静中参妙理，砥砺品格、涵茹性情、浸润人格。这是打开围棋心灵之门的钥匙。

（四）博弈贵智

围棋是智力竞技，通过博弈才能体现"智"的价值。古人称"通国之善弈者""棋圣"，都是全国性竞技的结果；而设棋品、著棋经、编棋谱，成立围棋州邑，组织品棋活动，都是为了提高竞技水平。博弈实践、彰显了围棋特有的价值。

第二节　围棋价值地位确立的曲折进程

围棋作为中华五千年文明的象征、民族文化的瑰宝、高度智慧的结晶，这种地位不是任何人封赐的，也不是带有感情色彩的主观结论，而是人们在反复实践和比较中认识到的，是随

第十章 围棋中的价值论

着社会和文明的进步而不断深化和升华的。这一过程主要表现在三个方面。

一 围棋的价值和地位是在与各种掷彩博累活动的比较中确立起来的

最早有文献记载的围棋活动是在春秋时期。当时与围棋一起在社会上流行的还有六博棋、累棋等博弈活动。六博棋用投箸的方法来决定行棋的步数，累棋则以棋子叠垒的高度来决定胜负。博累棋因具有运气性和刺激性，宜于赌博，在当时浮躁、趋利的社会风气下流行甚广，远远超过围棋，直到西汉都盛极一时。而围棋作为一种高尚宜静的智力博弈活动，在这种大气候下处于受挤压的位置，但始终保持着顽强的生命力。随着秦汉统一帝国的形成，围棋向全国传播。东汉中期后，社会风气转变，文明程度提高，思想更为自由，人们不满足于掷彩行棋的非公平的竞智斗巧，围棋更加受到人们的喜爱和重视，而曾经盛极一时的博累棋逐步走向衰落，到唐代完全消亡了，现在我们只能偶尔在考古发掘中见到它们的踪影。博累棋消亡的原因从根本上说是它们不符合我们民族的思想特征，不能满足人们精神生活的真正需求，而围棋在与它们的比较中表现出了本质上的优势。围棋的兴起、传承和兴旺，是历史的必然，它充分说明了社会选择的尺度和力量。

二 围棋的价值和地位是在与传统礼教观念斗争中确立起来的

围棋作为反映和体现人们心灵自由的智力博弈活动，在很长一段时间里，被认为不符合传统伦理观念。主要表现在认为围棋平等下棋的方式影响上下尊卑关系，不符合封建礼教的等级观念；认为围棋使人们耽于娱乐影响对父母尽孝道，违背孝为先的理念，孟子就把"博弈好饮酒，不顾父母之养"当作"五不孝"之一；认为围棋倡导争斗影响传统的礼节礼制，破坏社会的良俗。后来，人们逐步认识到这些观念都是不对的。从东汉中后期（2世纪中叶后）到魏晋时期，人们开始从生命意义上认识围棋的价值，把围棋作为自觉的艺术追求和精神寄托的工具，并把它纳入儒士必备的艺技。围棋与封建礼教的冲突以及由此引起的各种误解和非议，从本质上说，是人们对心灵自由、平等的追求与僵化的封建伦理道德和秩序之间的矛盾造成的。现在，那些反对围棋的封建礼教"宏论"早已被历史无情地抛弃。文明的发展、人类精神生活的需求，必然会冲破一切陈旧伦理观念的桎梏，以不竭的生命力蓬勃发展。

三 围棋的价值和地位是从正反两方面的社会实践对比中确立起来的

人们在围棋活动的实践过程中逐渐认识到，围棋本身具有娱乐、教育、竞技、交际、健身等各方面的功能，某些弈棋活动的负面作用不能归咎于围棋本身，而是人们自己处理不好导致的，问题在于对"度"的把握，而不在于围棋本身。"下棋误国"的看法是错误的，就如同"红颜误国"一样，其实是把统治者的责任无理地推给了围棋。随着历史的发展，人们普遍认识和肯定了围棋的功能和价值，确立了围棋在民族文化中的精髓和瑰宝地位，对民族国家精神生活的发展具有重大的作用和积极的影响。

第三节 围棋价值功效论争的历史归宿

由于围棋的形态、价值和社会效果本身就具有多面性、多重性，因此从它问世开始，就必然相伴多方面、多角度的看法甚至争论。圣贤有不同的说法，后人也有自己的认识。围棋到底有什么用？应当怎么看围棋？为什么要下围棋？应当怎么下围棋？对这些问题的不同理解和回答，不仅反映了对围棋的态度，从更深的层次讲，表现的是不同的世界观、人生观和价值观。对围棋价值功效的争论，伴随着整个围棋发展史。今天，当我们立足围棋普及、发展的现状，从更高的立足点俯瞰这些历史论争的时候，也许可以更清楚地理出脉络、找准症结、看到归宿，从而更发自内心地感谢前人。

一 论争的过程

中国围棋史上关于围棋价值功效、地位作用的论争，按时代顺序划分，主要有六次：

（一）春秋战国时期

集中表现在对孔孟围棋之说的不同理解和儒道之间的态度差别。由于孔孟有关的论述对围棋的态度是有肯定、有保留、有区别、有限度，使人们产生了不同的理解和认识。有人认为是扬抑兼有，抑更多些。这也为后世的争论埋下了种子。同时期道家代表人物关尹子、尹文子对围棋的论述，有肯定而无贬抑，所表明的态度与孔孟有所不同，这也是儒道两家对围棋认识态度的最初差异。

（二）西汉时期

先是贾谊（前200—前168），指责"失礼迷风，围棋是也"。[①]汉元帝时曾任黄门令的史游，在教儿童识字的《急就篇·卷三》中说"棋局博戏相易轻"[②]，意思是参与棋博之戏的人因有争心，则言辞轻侮，失于敬礼。汉宣帝刘询酷爱辞赋，动辄召集文士做辞赋之会，厚加赏赐，臣下以为这种做法太过浪费，且非正务。宣帝当即反驳说："'不有博弈者乎，为之犹贤乎已！'辞赋大者与古诗同义，小者辩丽可喜。譬如女工有绮縠，音乐有郑卫，今世俗犹皆以此虞说耳目，辞赋比之，尚有仁义风谕，鸟兽草木多闻之观，贤于倡优博弈远矣。"[③]宣帝虽然自己也下围棋，还因此重用棋友陈遂，但在其内心深处，显然至少还是认为围棋还不如辞赋。汉武帝时，淮安王刘安（前179—前122）在主持编写的《淮南子》中说

---

① 《白孔六帖》卷三十三，文渊阁四库全书本。
② 《急就篇》卷三，文渊阁四库全书本。
③ 《二十四史全译·汉书》第二册，第1346页至第1347页。

"以弋猎、博弈之日诵诗读书，闻识必博矣"①，意思是以打猎、下棋的时间读书，一定博学多识。这是历史上对围棋指责比较多的一段时间，原因应与汉初强调严立纲纪、以孝治国有关。当然，西汉也有正面肯定、倡导围棋的言论。杜陵杜夫子说围棋，"精其理者，足以大裨圣教"，②是在弈史上第一次树起了援儒倡弈的旗帜。西汉末年，刘向作《围棋赋》始论围棋源于军事；扬雄则说"围棋、击剑，反自、眩刑，亦皆自然也"，③竟看出围棋之道与道家崇尚自然之道相合。东汉班固作《弈旨》，桓谭作《新论》，李尤作《围棋铭》，马融作《围棋赋》，突出地强调围棋的意义、价值、社会功用和游艺功能，是中国围棋史上集中论述、倡导围棋的第一个文化、理论高峰。

（三）魏晋时期

三国后期吴国太子孙和认为，交友游玩和下围棋浪费时间，无实际用处，妨碍提高修养和建功立业。如果需要娱乐，应是宴饮、弹琴、书法、骑射，围棋不在此列。他还布置幕僚韦曜写《博弈论》，全面攻击、否定围棋，指责围棋争胜作伪，违背忠信仁义，下棋不合时势，浪费精力，耽误时间，不成大业。④这些主张不是没有合理的因素，但总体上主观、片面、偏激，采用归谬法写作，缺乏证据和全面、客观的分析，难以服人。后孙和因政治失败而死，没有当上吴国皇帝。恰恰是在这一时期，魏晋在政治、军事上胜利的同时，弈风炽盛。

---

① 《二十二子》，上海古籍出版社1986年版，第1305页。
② 《西京杂记全译》，贵州人民出版社1993年版，第73页。
③ 《扬子法言》卷三，文渊阁四库藏书本。
④ 《三国志》，中华书局1999年版，第1075页至第1076页。

魏国三曹皆下围棋；晋武帝下围棋时，定下伐吴统一大计，而应玚所写《弈势》、曹摅所写《围棋赋》，都对围棋作出高度评价和充分肯定，成为著名的"五赋三论"之一。

（四）南北朝时期

北齐学者颜之推在《颜氏家训·杂艺》中对围棋的价值观定了调子，主要强调孔子所说"博弈尤贤"是指"犹胜饱食昏睡，兀然端坐耳"，肯定吴太子和韦曜的"无益"说：六博等数术短浅，不足可玩；"围棋有手谈、坐隐之目，颇为雅戏。但令人耽愦，废丧实多，不可常也"。此论有人认为"冷静平实"，实则为有合理之处，也有片面解读和偏见。与此对应，南朝的围棋理论与实践都处在弈史上又一个巅峰期，特别是沈约的《棋品序》、梁武帝的《围棋赋》、梁宣帝的《围棋赋》，对围棋的价值功效和棋道棋理讲得十分透彻，堪称弈论中的佳作。

（五）唐宋时期

唐末皮日休作《原弈》，用"害、诈、争、伪"四个字对棋艺理论作出了总结，上升到道德审判，并进而得出围棋不是圣人所造的结论[①]，这当然是迂腐和不当的。而宋初朝臣潘慎修，却作《棋说》，完全从儒家核心理念的高度释述围棋的意义和价值，上呈给宋太宗，得到充分肯定[②]。

（六）元明时期

元孝帝就南朝宋中书郎虞愿曾说过"（围棋）非人主所宜好也"一事，与大臣进行讨论。当时为奎章学术院翰林的虞集，

[①] 《皮子文薮》，上海古籍出版社1981年版，第25页。
[②] 《二十四史全译·宋史》第十一册，第6722页至第6723页。

即著名的《玄玄棋经·序》作者邵庵老人回答说，围棋"有经营措置之方，攻守审决之道，犹国家政令出入之机，军师行伍之法，举而习之，亦居安虑危之戒也"，并用"周天画地，制胜保德"来作比喻。孝帝对此非常赞成，"深纳其言"。明代董中行在《仙机武库·序》中，深刻论述了当局决策者学习围棋以求"智远"的道理。他针对有人提出"善博弈者，智不远"的观点，指出："智不远者，正不可不善弈。古今当局家，按彼己情形，识取舍大势，着着居先，无贻后悔，不屑于趋罫作活者，能有几人。"[①] 振聋发聩，引人深思。

二 论争的焦点

以上争论归纳起来，主要集中于四个问题：

（一）围棋是不是"害诈争伪"之道，违背"圣教"大义？ 围棋本身属于智力竞技游戏，是要分胜负的。这当然就要与对手争夺，而争夺就要争取胜利，争取胜利就要用计谋，并善于隐蔽自己的意图。这些本是弈棋之道，也是完全符合"天道""人道"即自然、社会和思维规律的。儒家的核心理念仁与义，本身并不是简单地排斥竞争，也不是一味地反对从军事、战争角度讲的"谋道"。如果真是这样的话，那所有信奉儒学的政权和统治者都无法存在。所以，弈棋不能用谋，这本身就是不能成立的悖论命题。

（二）围棋是不是逾越礼制，有违伦理道德？ 围棋本身是充分体现平等、民主理念的棋类。下围棋是二人对弈，当然需

---
① 《续修四库全书》第1098册，上海古籍出版社2002年版，第139页至第140页。

要平等地位。围绕这个问题的争论有一个前提，就是必须先承认人分等级、高下，下位者不能与上位者相争，即使是游戏，也要奉行"上尊下卑"，这当然是只有在陈腐的封建礼制中才是合理合法的。这也涉及"孝道"，晚辈与长辈、年幼与年长不能在棋盘上相争，这当然与围棋作为"游于艺"平等工具的本旨不符。如果把平等下棋就看作是"不孝"，这个命题自然也是迂腐的。

（三）围棋是不是"末技小道"，妨碍成就大业？ 围棋是不是"末技小道"，妨碍成就大业。相比于事业、人生，围棋当然属于小道。但围棋中包含的道理，却因为涉及哲学、战略的深层次问题，作为博弈之道，对几乎所有的"大道"都具有启发、借鉴作用。所以才有杜夫子"大裨圣教"之说。

（四）围棋是不是耽于玩乐，浪费时间精力？ 过度游乐，当然害己误事，围棋也不例外。但下围棋如果把握得当，可以很好地起到娱悦心身、增长智慧、磨砺性情、交友沟通的作用。过去在这个问题上的争论，实质上并不是围棋本身有什么"原罪"，而是下围棋的人，一定要把握好"三度"，就是态度、程度和尺度。有了正确的"三度"，下围棋则有益无害。

三 论争的结果

实践是检验真理的唯一标准，时间是评判是非的最终尺度。围棋以旺盛的生命力冲破一切障碍和阻拦，顽强发展到今天，已经对过去的一切争论给出了最权威的结论。

在这里，我们可以站在今天的认识角度，对历史上否定围

第十章 围棋中的价值论

棋的代表作——三国时东吴太子孙和的门客韦曜所作的《博弈论》，作一个集中的分析。据《三国志·吴书·孙和传》记载，孙和是孙权的次子，从小因为母亲得宠而受到喜爱。赤乌五年（242年）19岁时被立为太子。他的突出特点是反对下围棋，有三个表现：一是时常讲下围棋费时无用。"常言当世士人宜讲修术学，校习御射，以周世务，而但交游博弈以妨事业，非进取之谓。后群寮侍宴，言及博弈，以为妨事费日而无益于用，劳精损思而终无所成，非所以进德修业，积累功绪者也。"二是各种嬉娱可玩而不可玩围棋。"夫人情犹不能无嬉娱，嬉娱之好，亦在饮宴琴书射御之间，何必博弈，然后为欢？"三是发起讨伐围棋的"八臣矫弈"，从中产生了韦曜的《博弈论》。"乃命侍坐者八人，各著论以矫之。于是中庶子韦曜退而论奏，和以示宾客。时蔡颖好弈，值事在署者颇学焉，故以此讽之。"[①]韦曜所作即《博弈论》，其立论依据、中心思想、主要论点都完全来自孙和的观点。此文突出强调围棋不属"正道"："技非六艺，用非经国；立身者不阶其术，征选者不由其道；求之于战陈，则非孙吴之伦也；考之于道艺，则非孔氏之门也；以变诈为务，则非忠信之事也；以劫杀为名，则非仁者之意也；而空妨日废业，终无补益。"强调下围棋没有实际用处，如果把下围棋的精力用到事业上，则功名利禄可得。"夫一木之枰，孰与方国之封？枯棋三百，孰与万人之将？……假令世士移博弈之力，用之于诗书，是有颜闵之志也；用之于智计，是有良平之思也；用之于资货，是有猗顿之富也；用之于射御，是有将帅之备也。如此，则功名立而鄙贱远矣。"特别强调"方今

[①] 《三国志》，中华书局1999年版，第1010页至第1011页。

大吴受命，海内未平，圣朝乾乾，务在得人……当世之士，宜勉思至道，爱功惜力，以佐明时"。① 孙和、韦曜的观点可谓是言之凿凿、道貌岸然，成为历史上攻击、贬低、否定围棋的经典作品和主要理论依据。但是，经过了二千年历史风雨的冲刷，人们联系社会发展的实际，再回过头看这些曾经冠冕堂皇的观点，不能不产生一系列的质疑，主要有六点：

（一）《博弈论》所攻击的目标和论据是不是作者自己杜撰并强加给围棋的？究竟有谁认为下围棋是为了"觅封侯"和"得天下"，没有说；有什么证据证明只要不下围棋就可以成为各个领域的成功者和大名人，也没有说。倒是后来清人邓元鏸汇辑的《历朝弈事辑略》中列出了一大批围棋、事业两不误，功名成就斐然的历史名人。

（二）孙和提出各种"嬉娱"包括饮酒欢宴都可行而下围棋不行，究竟是采用了什么价值尺度？既然下围棋浪费时间精力，那么其他"嬉娱"就不浪费时间精力？与这种生硬的指责相比，倒是同时代曹魏君臣关于"猎乐孰胜"的讨论里，魏侍中鲍勋的立论要堂皇正大得多。魏文帝曹丕喜欢打猎，鲍勋便讲出了一番同为娱乐，音乐胜于游猎的道理："夫乐上通神明，下和人理，隆治致化，万邦咸乂。移风易俗，莫善于乐。况猎，暴华盖于原野，伤生育之至理，栉风沐雨，不以时隙哉？昔鲁隐观渔于棠，《春秋》讥之。虽陛下以为务，愚臣所不愿也。"② 此番言论比之孙、韦，高出太多。更何况鲍勋对于音乐功能和好处的分析，其实对于围棋也完全适用。

---

① 《三国志》，中华书局1999年版，第1076页。
② 《三国志》，中华书局1999年版，第290页。

（三）孙和、韦曜认为下围棋会影响抓大事，特别是在国家面临外敌威胁的情况下，更会误大事，但令人奇怪的是，在孙和担任吴国太子的四年间，没有抓过一件正经的"大事"。在《三国志·吴书·孙和传》中，除了记载他反对围棋外，没有其他任何一件值得史书记载的军政业绩或重要的治国之策。这使人明显感到，他攻击围棋误大事的言论，有政治作秀之嫌，即显得自己重大事、懂大事、不屑于玩乐，而并不符实。

（四）孙和攻击围棋不是真正的文韬武略，没有管用的谋略智慧。令人不解的是，孙和在宫廷政治斗争中没有表现出任何高明的政治机谋和智慧。仅仅因为他去拜谒祖庙时顺便去了一趟岳父家，就被政敌在孙权面前一状告倒，失去了孙权的信任直至被废。可见他的政治头脑和权谋比较简单低下，并不被其父王看好。

（五）孙和攻击围棋的言论在吴国上下本身就没有根基，因此未得到任何响应。孙和的伯父、东吴的开创者孙策，文武兼优，既会打仗，又通围棋，以他之名留传后世的《孙策诏吕范对弈局面》，是现存世界最早的冠名棋谱。东吴大将陆逊、宰相顾雍都是围棋高手，他们下棋不但没有误事、反而都成就了大事。

（六）孙和、韦曜想以反对围棋使吴国强盛，结果却是被喜好围棋的对手晋武帝在弈棋中定下伐吴统一大计，这是绝妙的历史讽刺。孙、韦没有抓住当时吴国积弱的要害原因，没有从富国强兵的根本抓起，而是汲汲于反对围棋，可以说是乱下针砭。倒是当时的西晋国富兵强，晋武帝司马炎头脑清醒，战略得当，善纳良策，还喜爱围棋，又恰恰是在与重臣张华对弈中确定采纳杜预的灭吴大计,并由张华主持伐吴大局。一年后,吴国灭亡。在这里,历史开了一个大大的玩笑。围棋"误国"的罪名,被他们自己的结局彻底否定。历史上也曾经有人相信过《博弈论》而真以为围棋无益于事,后来在实践面前又不相信了。写过《棋诀经》的北宋著名文学家黄庭坚就是一例,他在《书〈博弈论〉后》中写道:"偶开韦昭《博弈论》读之,喟然以为真无益于事,诚陶桓公所谓牧猪奴戏耳,因自誓不复弈棋。自今日以来,不信斯言,有如黔江云。"[1]

  我们必须感谢历史上曾经有过的有关围棋价值功用的一切论争,正是在这些论争中,围棋的本质特点更清了,围棋的价值地位更清了,围棋的态度准绳更清了,围棋的界限标准更清了。我们更加清楚地认识到,对围棋,既不能神化,也不能矮化,正确认识围棋价值的出发点,应当是"国艺价值观"。所谓"国艺",就是与国家民族有深厚渊源,上升到国家层面,能够反映民族精神需求的艺术技能形式。事实证明,围棋在民族文化中的精髓地位,也只有"国艺"一词才能相配。而下围棋,既不能贬抑,也不能过度,正确对待围棋活动的态度,应当是"适度弈棋观"。有了这样的态度,才能更好地对待围棋、享受围棋、保护围棋、发展围棋。

---

[1]《围棋文化史料大全》,第336页。

下篇

围棋的时代哲思

第十一章 围棋中的科技哲学

　　21世纪是科学技术飞速发展的时代，也是科技哲学日益受到重视的时代。一般而言，科技哲学，是以自然和科学技术为研究对象，运用哲学的思维和方法进行研究并做出具有哲学高度性和抽象性的结论，从而为认识自然、改造自然、保护自然提供正确的世界观与方法论。具体而言，科技哲学具有三个基本特征：一是整体性。科技哲学是从整体上把握自然界与科学技术的最一般的问题，是宏观认识，而不是微观认识。二是交叉性。科技哲学是多种学科的交叉，既有哲学与科学的交叉，有科学与技术的交叉，又有各门自然科学之间的交叉以及科学技术与社会科学、人文科学之间的交叉。三是辐射性。所有的人类认识、改造、保护、创造自然的活动，所有的自然科学和工程技术领域，都蕴涵一定的哲理性，因此所有这些活动和领域都可以成为科学技术哲学所关注的对象。

　　科技哲学的很多理论在围棋中也都有体现：其一，围棋是人工智能理论的重要目标与标尺；其二，围棋是建构拓扑结构理论的理想模型；其三，围棋是阐释系统科学理论的最佳途径。

第一节 围棋：人工智能理论的重要目标和标尺

人工智能理论是当今科技哲学领域中的热门话题和主要研究对象。一般而言，人工智能是意图用计算机智能来模拟人类智能的行为，并以此加深对人脑的功能、智能以及思维本质的认识和理解。人工智能理论研究的核心问题与目标主要包括推理、知识、规划、学习、自然语言处理、认识以及操作物体的能力等。人工智能理论不仅具有系统性，同时也具有开放性与交叉性，例如人工智能与数学、人工智能与心理学、人工智能与语言学、人工智能与行为科学以及人工智能与围棋等相关领域的交叉。其中，人工智能与围棋的交叉性研究又最引人注目。

2016年初"人机对弈"之后，人工智能围棋实现了从AlphaGo（阿尔法围棋）到AlphaGo Master（阿尔法围棋大师）再到AlphaGo Zero（阿尔法元）的技术更新，一跃成为当今世界最为神奇、最吸引人眼球，也最具震撼力的事件之一；并引发了学界和棋界对人工智能理论的重视和研究。人工智能围棋之所以能够掀起如此波澜，一个重要的原因就是围棋一直是人工智能理论的重要目标和标尺。人工智能理论在围棋上的突破性进展，使得这一理论以及最新研究成果备受关注。这种关注主要集中在两个方面：一是人工智能围棋的发展所引爆的"思维革命"；二是人工智能围棋之后对围棋本质及其发展的时代反思。

一 人工智能围棋的发展引爆"思维革命"

人工智能围棋在理论界所引起的最为强烈的震动就是"思维革命"。一般认为,"思维"是人脑的特有属性和本质特征,是发展到高度完善的物质的产物,即人脑的产物,是人们对于客观事物的一种间接、本质的认识活动。思维的过程就是理性认识的过程,是反映客观现实的一种能动的过程。思维的本质是人的头脑对客观事物的一种本质、间接的认识活动。

但是,随着人工智能理论的发展,特别是人工智能围棋的突破性发展,使得人们开始重新思考和认识"思维"本身。"思维"的本质是什么?是不是只有人脑才能"思维"?人工智能会不会也具有"思维"的能力?这些都是"思维革命"所引发的问题。针对这些问题,理论界主要有三种回答:一种是过程主义式的回答,一种是结果主义式的回答,另外一种则是人工智能理论的回答。

(一)过程主义的思维观

顾名思义,过程主义的核心强调事件发生的过程本身,认为过程决定事件的性质,而结果是次要的。因此,过程主义的思维观,同样强调思维产生的过程,只有满足思维产生的过程性条件,才能够被定义为"思维"。

从过程主义的视角来看,首先,思维是一种精神性活动,是一种内在的心理活动过程,而不是外在的机器或者智能的模拟。其次,一切思维活动的唤起,都必须依赖于人主体性心理诉求和感觉;没有主体性的心理诉求和感觉器官的物质性活动,就不可能唤起其他的认识和思维器官的能动性活动,也就不能唤起思维的精神现象。再次,思维的产生离不开具体的主体性实践,思维是从实践中产生,实践是思维的源泉和基础,没有实践作为基础,就不可能产生思维。最后,思维是人脑发展到一定阶段的产物,人脑是产生思维的物质基础和载体。这是思维产生的必要条件。因此,思维的过程就是通过主体性的心理诉求和感觉,作用于实践活动本身,并最终在人脑中反映和形成的一种心理活动。只有满足这个过程所具备的每一个条件和环节,才能被认为是思维。所以,从过程主义的视角来看,人工智能在围棋领域的突破,并不能说明人工智能已经具有人的思维甚至超越了人的思维水平。

(二)后果主义的思维观

后果主义与过程主义相对,它强调的是事件所带来的结果,而不是过程本身。后果主义最早出现在道德哲学领域,简单而言,道德哲学领域中的后果主义认为,一件事情或者一种行为是不是合乎道德的,是由事情所产生的影响或者行为所引发的后果决定的,而不是事件本身是如何发生的或者行为本身的动机是什么。因此在后果主义看来,不道德的动机不必然产生不道德的结果;反之,道德的动机也并不必然产生道德的结果。好心办坏事就是很好的说明。

如果从后果主义的角度来理解思维的本质,那么所得出的结论就与过程主义有所不同。后果主义的思维观认为,思维的本质不是由产生思维的过程来决定的,而是由思维所表现的结果所决定的。首先,逻辑性和抽象性是思维的基本特征。其次,发现问题、形成判断、给出决策、完成目标是思维的结果表现。

最后，认知能力和学习能力是思维的本质特征。如果一种行为或者智能机器具有认知能力和学习能力，能够以抽象性和逻辑性的特征来解决问题、做出判断、制定方案并最终完成目标，那么就可以说这种行为活动是一种思维活动或者这种智能机器已经具备思维的能力。因此，从后果主义的思维观来看人工智能围棋的发展，人工智能已经具备了思维的能力。

（三）人工智能时代的思维观

人工智能时代的到来，引爆了"思维革命"，产生了新时代的思维观，即人工智能时代的思维观。人工智能时代的思维观与传统形式的思维观有所不同，传统形式的思维观关注的是思维的过程或者思维的结果；而人工智能时代的思维观关注的是思维的实现。这种思维观认为，思维的实现包括人脑思维的实现和人脑思维过程在机器上模拟的实现。二者又都包括思维的认知实现和思维的物质实现。思维的认知实现，即主体获得与对象客体深层状态一致的反映结果，或者说得到了预定目标对象的客观真理。思维的物质实现，即主体把获得的对象客体的深层状态相一致的反映结果投放到实践过程中去，并取得对于对象客体的预期的变革效果；或者说得到了符合预定实践目标的物化结果。

人要思维，追求的就是思维实现，而思维的意义、价值就体现于思维的实现中。人工智能时代的思维观，正好也是以思维的实现为目的。因此，从实现的角度来看，不管是人脑还是人工智能，都有思维的能力或者有发展出思维能力的可能。

二 围棋是人工智能理论的重要目标和标尺

目标是促使我们研究人工智能的重要途径，标尺则能帮助我们衡量人工智能的水平。围棋作为世界上最为复杂的智力游戏，涉及逻辑思维、抽象思维、形象思维、图形思维以及优化决策等多种人工智能的核心问题，早已成为人工智能理论的重要目标和标尺。围棋是人工智能领域长期以来的重大挑战，这是国际人工智能协会所公认的；而且，国际学术界也曾经普遍认为，要解决人工智能围棋问题至少还需要 10 到 20 年的研究。

（一）人工智能围棋：人工智能理论的重大突破

围棋，人工智能理论的重要目标和标尺。人工智能围棋的研发，也是人工智能理论的重大突破。围棋之所以能够成为人工智能理论研究的重要目标和标尺，人工智能围棋之所以能够成为人工智能理论的重大突破，与围棋本身的特质是分不开的。

首先，围棋对弈的思维方式，既需要抽象思维与逻辑思维的判断和比较，也需要形象思维对围棋棋子之间形状的优劣进行判断。围棋是人脑高级认知功能的产物，围棋对弈中的人脑机制与人工智能的本质有直接的联系。也就是说，人工智能围棋的研究能够更加接近人脑思维和决策的本质。

其次，围棋是世界上最为复杂的智力游戏。它看似简单实际却极为复杂，具有天文数字的状态空间和决策空间。复杂是围棋的固有特征，而制造复杂、利用复杂、操控复杂也是现代围棋竞技的最新理念。围棋的复杂性体现在很多方面，其中最令人惊愕的是算度的复杂性。《围棋与国家》作者组织专家使用阶乘的方法来计算围棋的搜索空间复杂度，即在不考虑重复提子的情况下，第1步行棋有361种可能，第2步行棋有360种可能，依次类推，可知行棋的最大变化量为 $361 \times 360 \times 359 \times \cdots \times 2 \times 1$，即 361！，约为 10^{768}。进一步假设每盘棋有30步的重复提子，计算围棋的搜索空间复杂度为 10^{808}。如果我们假设每盘棋有150步，每步棋有250个落子选点，那么围棋的搜索空间复杂度是 10^{360}。2007年特龙普（John Tromp）和法尼拜克（Gunnar Farnebäck）的文章中给出了在不同落子长度下的围棋搜索空间复杂度的上限。如果一盘棋不超过300步，那么围棋搜索空间复杂度的上限是 7.8×10^{766}。[1]这与国际象棋每局棋10的201次方，象棋每局棋10的200次方的总变化量相比，差别为天文数字，足见围棋算度的复杂性。复杂性也是衡量人工智能解决某一特定问题难度的一种重要科学指标。因此，围棋的复杂性成为人工智能理论突破的一个重点和高峰。

最后，围棋对弈，最重要的是对形势的判断和决策；而且这种形势并不是通过语言或者文字揭示出来的，而是通过图形图像所揭示的。就形势判断而言，需要根据当前棋盘上所有棋子的位置、数量、结构等，进行定量分析和定性分析，从而评估整个盘面的形势；并且，还有对形势的准确判断做出最佳的决策和选择。这一点，也是人工智能理论必须要解决和面临的技术难点。

AlphaGo 的出现和技术更新，再次证明了人工智能在围棋

---

[1] 胡廷楣、刘知青：《对面千里：人工智能和围棋文化》，上海文化出版社2016年版，第30页至第32页。

领域的重大突破，也是人工智能理论的重大突破，这种突破是历史性的，是人工智能理论所取得的前所未有的突破性进步。

（二）人工智能围棋之后：围棋的时代反思

人工智能围棋的出现和突破，不仅引发了"思维革命"，也引发了围棋的时代性反思。在人工智能的时代，围棋竞技与发展到底应该向何处去？围棋的魅力会不会因为人工智能围棋的出现而减退？棋手的竞技水平和能力是否还能够继续提升？围棋的文化内涵和哲学精神又该如何传承和发扬？这些都是棋界和学界必须深入反思和应对的。

1. 围棋的风采魅力长盛不衰。

围棋具有无穷的魅力。很多人认为，我们自己会下围棋，我们的孩子会下围棋，是家族的荣光。可以说围棋受到了高度的崇拜。这种魅力的基础，也来源于围棋自身，它确实存在我们称之为高深莫测的神秘感，作为人类最古老、最复杂的智力博弈的自豪感，作为世界上唯一还没有被计算机打败过的棋类运动的优越感。所以在国际象棋和中国象棋被打败的时候，我们曾经都是用比较轻视的态度去看待的。还有，人们从围棋中获得的幸福感，就是使我们精神愉悦，能够体会人生内涵，体会中华文化魅力的内心感受。

面对人工智能围棋的历史性突破，围棋的风采魅力依然会长盛不衰。原因在于，围棋的风采魅力从根本上说来自于人作为生命主体对思维博弈乐趣的感受。目前人机对弈的性质，还是人与自己发明的工具之间的一种比赛。它还是一种测度、一种实验，换句话说，它现在本质上还是一种科学试验活动。它不是人与已经被承认的另一种生命主体之间的高下较量。从社会学和法律的角度，我们现在还不能说机器人已经是一种生命主体，虽然随着未来科学发展，人类的认识会进步，那是将来量变到一定程度发生质变的时候，可能会发生。我们就只在现在的社会学和法律的范围内来谈论这个问题。围棋的风采魅力是来自于人的感受。人对围棋魅力的感悟，现阶段是机器无法具有的，也是不可替代的。围棋的风采魅力是人的感受这一点，是决定围棋本身的魅力会继续存在乃至长盛不衰的客观前提。

2. 棋手的竞技能力得到提升。

人工智能围棋的历史性突破，并不会终结围棋的竞技特征。相反，棋手可以通过与人工智能围棋的对弈和训练，来提升自身的竞技水平。也就是说，人工智能围棋将在未来的围棋训练和围棋教学中发挥巨大作用。这一点，与人工智能围棋本身的技术优势是密切相关的。

一方面，人工智能围棋使用前沿的深度学习算法，构建了两套神经网络，其一是策略网络，其二是价值网络。前者类似于人类的直觉，后者类似于人类的判断。人工智能围棋通过巨量的自对弈学习，不断提升这两套网络的精确度，终于使得它的棋感直觉和形势判断都超过了古往今来所有职业棋手的水平。

另一方面，人工智能围棋所特有的蒙特卡洛树搜索，大大提升了它的搜索验证能力。在围棋对弈中，没有棋感直觉是不行的，但是完全依赖棋感直觉也是不行的。直觉需要通过严格的数学模型和计算方法进行验证。这一点，是人工智能围棋的一大优势和特点。人工智能围棋所携带的蒙特卡洛树搜索，能够对落子棋感和胜负棋感进行非常准确和快速的计算和验证。

人工智能围棋所具备的这两个方面的技术优势，是职业棋手很难超越的。因此，如果职业棋手能够以人工智能围棋作为训练的工具和手段，那么在不久的将来，他们的围棋竞技水平应该会有质的提升和突破。

3. 围棋的文化内涵更加丰富。

人工智能围棋时代的来临，不仅能够大大提升围棋的竞技属性，同时也会更加丰富围棋的文化内涵。围棋具有竞技性与文化性的双重属性，是竞技性与文化性的统一。从一定意义上讲，围棋竞技的灵魂是文化，围棋技术体系的真正根源在文化。围棋对弈从根本上讲是思维的对抗，是文化的较量。在不同形态的围棋对弈中，文化以不同的方式发挥主导和引领作用。围棋竞技特有的精神内核与价值取向，也都深深地打着文化的烙印。围棋对弈所崇尚的精神气质，如平等、淡定、大气、谦逊、包容、超然、内秀、坚忍、果敢、敏锐等，都是围棋文化性的生动体现。此外，围棋的文化内涵和社会功用也非常的丰富。包括哲学、战略、谋略、美学、心理学、艺术、养生，还有政治、教育、交际等，这些才是围棋最具魅力的东西。

面对人工智能围棋的历史性突破，围棋的这些文化内涵不仅不会掩盖或者消亡，甚至还会更加凸显和丰富。围棋的这些文化内涵本质上属于人的精神感悟，是人进行智力博弈才能产生的，因此不可能被简单的数字程序所代替、抹杀、掩盖。通过人机对弈，实际上使我们在新的事实面前，又对围棋产生了新的精神升华。在排除了一些盲目性之后，我们对围棋的感悟更真实了，认识更充实了，信念更厚实了，喜爱也更扎实了。很多东西过去我们认识不到，或者虽然认识到了，但是还没有

围棋与哲学

如此清晰大胆的表达。

围棋之所以能够流传如此之久，正是因为它在不同的时代背景之下能够衍生出不同的价值。每一次时代精神的革新变化都不会将它淘汰，反而会催发它新的意涵。人们用某一种知识体系去认识它、使用它，它就会展现出与之相适应的价值。孔子曰"君子不器"，庄子谈"无用之用"，这些品质都在围棋中得到呈现。围棋文化的深刻意涵也隐藏在这种独特的品质之中。人工智能围棋作为工具的一个重要意义，是帮助我们反思围棋。这种反思在某种程度上帮我们打通了围棋本质与文化之间的通路。①

围棋的核心规则极为简易："交替落子，气尽棋亡，禁止循环，地多为胜。"简易的规则，却衍生出近乎无穷的变化。如前所述，不管围棋的变化量级是 10^{808}，还是 10^{768} 或者 7.8×10^{766} 等，对于人类而言都近乎无穷。即使是电脑，也离穷举有非常遥远的距离。但是，围棋毕竟是一个封闭的空间，它的变化数在本质上仍然是有限的。围棋的变化数与棋盘的大小直接相关。②

但是，我们计算的极限离最优解还有非常遥远的距离，因此无法将盘面做数据化的处理。面对这样的情境，人类思维的特长展现了出来：我们使用了很多抽象的方法来分析盘面，再用道理的方式帮助决策。我们将子和子的关系抽象为术语，如"跳""飞""长"等；又抽象出一些具体的知识，如"定式""棋形""谚语"等；再往上，我们还抽象出如"厚

---

① 李喆：《"数"拓新土，道不远人》，载《读书》2016 年 5 月号，第 33 页至第 41 页。
② 李喆：《"数"拓新土，道不远人》，载《读书》2016 年 5 月号，第 33 页至第 41 页。

第十一章 围棋中的科技哲学

薄""虚实""轻重""缓急"等二元概念，这些概念带有强烈的中国文化印记，起到了帮助我们定义局面的作用。在定义局面的基础上，我们使用道理的方式来帮助决策，这就是所谓"策略"。围棋十诀就是对道理的一些经典阐述：不得贪胜，入界宜缓，攻彼顾我，弃子争先，舍小就大，逢危须弃，慎勿轻速，动须相应，彼强自保，势孤取和。这些道理的方式不仅可以用在围棋上，还可以举一反三，用在世间万物。面对世界上所有人类无法完全用计算方式达到认知的事物，人们便用道理的方式去理解。围棋提供了对思维进行训练的场所，这个场所的独特优势在于通过胜负和复盘我们可以很轻易地分析自己思维的正误，从而使我们的思维能力得到提升。

在心性的层面，围棋同样能起到锻炼的效果。围棋十诀的每一条，实际上都是对欲望、情绪的克制，对理性的发扬。在对局的过程中，一旦理性未能居于主导地位，就很容易受到对手的惩罚。通过围棋的练习，我们能够更好地安排理性、激情和欲望的位置关系。使用道理的方式来理解和思考围棋——恰是这些道理的方式赋予围棋以价值。

道理的普遍性才是人类思维的独特优势，正是看到了道理的普遍性，才使我们能够踏实地说一句：棋如人生。即使未来有一天计算机穷尽了围棋变化，得出了最优解集合，围棋的竞技性荡然无存，围棋的这个根本价值依然存在。那时人类仍然要用道理的方式来接收这些最优解，而最优解能使道理的根基更强，从而使道理更强。人工智能围棋用"数"的方式达到了很强的能力，而人类则用"道"的方式来接收和理解它的下法。在这个过程中，我们不仅能够得到围棋技术的提升，从而不断趋近围棋真理，更重要的是，通过道理的接收、理解和分析，我们能够获得思维的提升，这种提升是因抽象而具有普遍性的。当我们用智慧的方式来对待围棋，围棋便成为智慧的源泉。

4. 围棋的哲理精神日益凸显。

围棋对弈不仅是竞技性与文化性的统一，而且还具有深刻的哲学思想。围棋中的哲学思想主要包括两个部分：

一是围棋的哲学溯源。首先，易学是围棋图形本体的发端；易学体系中的阴阳、八卦、河图、洛书、五行、研几、三易、生生等思想都对围棋的产生和发展具有重要的影响。其次，儒家思想对围棋才艺德性的滋养。最后，道家哲学也是围棋自然辩证思维起源；其中道法自然、相辅相成、逍遥以及坐隐等思想，都与围棋对弈理论关系密切。此外，佛教思想对围棋超然境界的追求起到了一定的提升作用。这些都是毋庸置疑的。当然围棋的实践基础，也是模仿战争的军事游戏。

二是围棋自身的哲学体系。围棋作为中华五千年文明的象征，民族文化的瑰宝，高度智慧的结晶，随着社会和文明的进步而不断的深化和升华。这种深化和升华逐渐产生了内涵丰富的围棋哲学。围棋哲学既是我们民族文化殿堂和精神家园之中的"灵光"，同时也脱胎于我们民族国家的文化母体。围棋哲学的主要内涵包括三个层次：第一个层次是"气为本原""道统阴阳"的宇宙论。围棋哲学所揭示的"气为本原"和"道统阴阳"分别从宇宙本体论和宇宙生成论两个不同的维度阐明了人们对于宇宙的看法和态度。第二个层次是"逻辑思维""数算思维"和"图形思维"的认识论。围棋哲学所展示的严谨的和独特的思维方式，分别回应了认识论中的三个根本性问题：

如何认识？如何演绎？如何表达？第三个层次是以辩证法为核心的方法论。围棋的行棋和进程中充满了辩证关系，是辩证思维最佳的训练场。围棋哲学对于辩证法的基本要素、范畴和规律，包括矛盾双方的关联、依存、斗争和转化，都有深刻而详细的阐释。

面对人工智能围棋的冲击，围棋的哲学内涵和思想并没有消失，反而表现得更加充分、更加具体、更加现实。人工智能围棋的大局意识很好，但它具有这种感知能力吗？实际上就是价值系统和决策系统综合工作的效率。结果证明，AlphaGo 所谓的大局观，实际上是来自于最佳一手的选择，来自于对于胜率的判断。这里仍然有局部和全局的关系，只不过是更加量化、准确化了。这些辩证关系——大与小、生与死、快与慢等等，这些有变化吗？完全没有。所以，人工智能围棋并没有也不可能超越围棋的这些基本哲学范畴，只是使围棋的哲学精神日益凸显。

第二节 围棋：建构拓扑结构理论的理想模型

简单来说，拓扑结构理论是研究"空间"的连续性和连通性的科学理论，是数学的一个重要分支，也是渗透到整个现代数学中的思想方法。"拓扑"一词是音译自德文"topologie"，最初由高斯的学生李斯亭引入数学，用来表示一个新的研究方向——"位置的几何"。中国第一个拓扑学家是江泽涵，他早年在哈佛大学师从数学大师莫尔斯，学成后为中国带来了这个新学科（1931年）。拓扑学经常被描述成"橡皮泥的几何"，意思是说拓扑学主要研究的是拓扑空间在拓扑变换下的不变性质和不变量。

围棋是建构拓扑结构理论的理想模型。原因在于围棋对弈与拓扑结构理论之间具有非常密切的相似性。这种相似性主要表现在三个方面：首先，围棋的图形思维与拓扑结构理论之间具有共同的本质特征；其次，围棋的图形定式是建构拓扑结构的理想模型；最后，围棋的图形逻辑是发展拓扑理论的重要规范。

一 围棋图形思维与拓扑结构理论的共同本质

围棋是争夺空间的艺术，拓扑结构理论也是空间思维的艺术，二者具有共同的本质特征。主要表现在以下三个层面：

其一，围棋对弈的本质是对"空间"的争夺和抢占。在围棋对弈的过程中，棋手利用棋子之间的联结和切断来不断地变化自己的棋形在棋盘上的"空间"位置，在空间的转换与扩展中实现自身利益的最大化；但是"空间"本身的构成性质是不变的，不会超出棋盘上的三百六十一个交叉点所构成的"空间"地域。拓扑结构理论的本质也是如此，主要是研究"空间"的连续性和连通性，即"拓扑空间"在"连续变换"的情况下保持不变的性质。这是围棋的图形思维与拓扑结构理论的第一个共同的本质特征。

其二，围棋对弈的过程实际上是根据形势分析和形势判断进行战略决策的过程。棋形的好坏、厚薄以及棋势的大小、强弱，都会直接影响到结局的胜负。可以说,形势分析和形势判断一直贯穿围棋对弈的始终。而拓扑结构理论起初也叫形势分析学,最早是由德国数学家、哲学家莱布尼兹提出。后来,德国数学家黎曼在复变函数的研究中强调研究函数和积分就必须研究形势分析学,从此开始了现代拓扑学的系统研究。因此,形势分析也是现代拓扑理论的开端和基础。这是围棋图形思维与拓扑结构理论的第二个共同的本质特征。

其三,在围棋图形思维中,棋形的"连续性"与棋形之间的"连通性"是图形思维的关键。连续性好的棋形断点也少,不容易被对方切断,也就不容易被对方分割包围;连通性强的棋形之间可以相互支援,相互照应,棋形本身的效率自然也就比较高,在棋盘上存活的机率自然也就比较大。而"连续性"和"连通性"也是最简单、最基本的拓扑性质。在拓扑结构理论中,"连通性"是这样定义的:若X中除了空集和X本身外没有别的既开又闭的子集,则称拓扑空间X是连通的。若E作为X的子空间在诱导拓扑下是连通的,则称拓扑空间X的子集E是连通的。围棋与拓扑,实际上都是在"连通性"与"连续性"之间寻找最大可能。这也是围棋图形思维与拓扑结构理论之间的第三个共同的本质特征。

二 围棋图形定式是建构拓扑结构的理想模型

拓扑结构理论是研究空间或者图形的"连续性"和"连通性"的科学,其基本研究方法就是建构理想的空间模型或者图形模型。这一点,与围棋图形定式的研究具有深刻的相似性。

围棋中的图形定式,主要表现为两种形式:一种是经过长期经验的积累和研究所形成的定式和走法。一种是在具体的围棋对弈过程中所呈现的图形本身。这两种都属于围棋图形定式的范畴,区别在于前者是静态的,而后者是动态的。无论是静态的定式还是动态的图形,其本质都表现为图形思维以及对图形结构的研究。在研究围棋图形定式的过程中,会形成和出现很多理想的图形结构和模型,而这些图形结构和模型,对拓扑结构理论的建模具有重要意义。因此,从这个意义上说,围棋的图形定式是建构拓扑结构的理想模型。

第三节 围棋:阐释系统科学理论的最佳途径

系统是由相互联系、相互作用的要素组成的,具有一定结构和功能的有机整体。系统是多样的,根据不同的原则和情况可以划分为不同的类型,如自然系统、社会系统、宏观系统、微观系统、开放系统、封闭系统等等。而系统科学理论则是研究系统的一般模式、结构以及规律的科学,是在系统论、信息论和控制论的基础上形成的,也是信息时代高科技发展下的认识世界和改造世界的方法论,并广泛应用于各个领域和学科之中。整体性、关联性、结构性、动态平衡性以及时序性是所有系统的共同的基本特征,而这些基本特征,也在围棋对弈中都有具体的体现。从这一点来说,围棋是阐释系统科学理论的生动范例。其中,围棋中的大局观与系统科学的整体性可以相互对话;而动态平衡,也是围棋对弈与系统科学理论的共同追求。

第十一章 围棋中的科技哲学

一 系统科学理论的核心观念

系统科学理论认为，所有的系统都具有整体性、关联性、结构性、动态平衡性以及时序性等基本特征。这些就是系统科学理论的基本思想，也是系统科学方法的基本原则。其中，整体性原理和动态平衡性原理则是系统科学理论的核心观念。

（一）整体性原理

整体性是系统的本质特征，也是系统科学理论的核心。整体性原理认为，一方面，任何系统都是由要素构成的，系统的要素是相互关联的，它们之间受到一定规律的制约，要素之间的联系形成系统的结构，不同的结构具有不同的功能。系统都是由要素构成的，但不能孤立地考察一个要素，应该把要素置于系统之中去考察，因此，研究系统必须从整体出发，考虑各个要素之间的联系与制约。另一方面，任何系统本身也不是孤立的，它与环境紧密相关，应该把系统置于环境中去考察。任何系统虽由若干部分或要素构成，但在功能上，各个部分或要素的功能总和不等于整体的功能；任何系统的整体功能应大于各个部分或要素的功能的总和。这是系统科学理论的整体性原理。这一原理给我们的最大启示就是整体性思维，在围棋对弈中，整体性思维也具有非常重要的作用。

（二）动态平衡性原理

动态平衡性原理认为，系统的动态性和可变性是绝对的，而系统结构的稳定性，即系统结构的各个要素之间的相互关系是相对的。任何一个系统，都有一个产生、发展、转化的过程，系统结构一旦形成,到它转化为其他系统之前总存在相对稳定的平衡期,这就是一种相对的暂时的稳定性或平衡性。系统结构在本质上都是动态的、开放的,但在一定程度上又存在暂时的静态和封闭的状态。这是系统理论中的动态平衡性原理。这一原理给我们的启示在于要动态地、发展地看到系统结构的变化,同时也要认识到动态的、变化的结果是保持系统本身平衡性。在围棋对弈中,棋盘上所展现的形势或者双方棋子在棋盘上所构成的系统,也是符合动态平衡性原理的。

二 围棋的大局观与系统科学理论整体观的对话

对大局的认识与掌控被称为大局观。大局观是围棋特有的理念和术语,它的基本逻辑是:围棋是一个整体,是由多个相互关联、制约的局部战役、战斗组成的战略全局;任何方向、领域的作战都是全局的组成部分,必须统一于整体的构思和行动;要想取得最终的胜利,必须从大处着眼,通观全局、理解全局、关照全局、把握全局;根据全局和发展的大势确定战略的重心,组织作战行动。否则,局部可能得利,全局已经输棋。大局观是围棋制胜的关键,是围棋对弈思想的核心。

一方面,人工智能围棋的发展印证着围棋的大局观。2017年5月,哈萨比斯在中国乌镇关于人机大战的技术报告中直接指出:"棋类程序讲战术,AlphaGo(阿尔法围棋)讲战略。"哈萨比斯的说法虽然有对古人战略思维高度认识不足的一面,但他对AlphaGo讲战略的认识却是十分正确的,是来自于智能围棋实战经验的客观总结。AlphaGo表现出最令人吃惊的是具有极强的大局观,即通观全局、把握全局的战略思维特点。

另一方面,大局观是棋手综合实力的体现,主要反映在棋手的战略选择、次序安排、棋子取舍、争先补厚等关键环节,是以形势判断为基础、以定型手段为依据、以发展决策为指导的综合性技术,具体包括双方空的计算、攻防焦点的判断、战略目标的确定及技术手段的选择等。大局观要求棋手能够把目光放长远,能够把握好整体利益和局部利益的关系,分清主要矛盾和次要矛盾,不因小失大,对待问题能做出快速的反应和正确的决策,从而使整体的利益最大化。

从思维的角度讲,大局观的本质是一种整体性思维。这种整体性思维与系统科学理论的整体性原理在思维方式上是一致的,都是整体性思维的具体应用和体现,这也为二者之间的对话提供了可能性。

三 动态平衡:围棋对弈与系统科学的共同追求

围棋对弈过程中的动态平衡,主要是指在双方交替落子的过程中,棋盘上所展现的双方势与地的较量和变化以及黑白两种力量之间的此消彼长,这些较量和变化以及彼此间的消长,处于一种动态的平衡之中。这种动态的平衡是依靠对弈双方的攻防转换、利益转换以及势地转换等维持的。在高手对决中,这种棋盘上两种力量之间的动态平衡体现得最为明显。对于这种动态平衡的把握和认识,在很大程度上往往也决定了全局的胜负。能够更好的把握和认识动态平衡的一方,也一定能够把握和认识动态平衡的临界点,而这种临界点往往就是难得的转瞬即逝的战机。在围棋对弈中，把握和认识到动态平衡的临界点，也就等于把握了战机，也就意味着能够抓住适当的时机打破动态平衡从而赢得最后的胜利。

在围棋对弈中，棋手之间的水平差距越小，或者棋手的水平越高，维持动态平衡的时间也就相对越长。例如，AlphaGo自对弈的胜率显示，双方的胜率平衡往往会保持到200多手之后，最终往往胜负只在一子之间，即使棋局经过沧海桑田的大转换，双方仍能在这些动态变化中保持微妙的平衡。因此，对于动态平衡的理解和体会，也是棋手综合实力的体现。当代著名棋手时越认为，万事万物皆系"平衡"二字，人的一生也在不停地探索和寻找自己心灵的位置，心境在不停变化之中，一旦平衡被打破，也就意味着终结和毁灭。人生是如此，围棋对弈更是如此。围棋大师吴清源也曾指出，21世纪围棋的本质特征是"中和"，这实际上也是对动态平衡的另一种理解和解读。因此，不仅系统科学理论强调动态平衡，围棋对弈也强调动态平衡，这也是二者的共同追求。

第十二章 围棋中的人生哲学

　　围棋中的人生哲学，是指围棋对弈中所蕴含的人生哲理，以及弈者借助围棋对人生基本问题展开深度思考后形成的根本性和系统性观点。对于围棋中所蕴含的人生哲学，习近平总书记曾有重要论述："围棋中包含着人生的哲学和世界战略。"① 这一论述简明而深刻，具有丰富的内涵和深远的意义，是迄今大国领袖对于围棋与人生话题最经典的论述。对这个问题，不少著名棋手也有深刻感悟，如围棋世界冠军曹薰铉九段就曾说过："围棋之所以可以穿越数千年的历史洪流，延续到现在，真是因为它不仅仅是单纯的游戏，还可以反映一个人的人生观和生活哲学。"②

　　围棋对弈和认知中所表现出来的人生哲学是系统化和理论化的，不仅有积极入世的人生哲学、清净出世的人生哲学、待隐遁世的人生哲学，还有围棋九品与人生四境的对应与互证。

---

① 熊玠：《大国胸怀与大国威严：习近平的国际新思维》，载《学习时报》2016年7月7日A3版。
② ［韩］曹薰铉：《曹薰铉·无心》，北京时代华文书局2016年版，第19页。

这既是围棋中所蕴示的哲学体系的重要组成，也是围棋哲学的一大特色。

第一节 积极入世的人生哲学

"世"，即世间，人世，也就是人们所生活的社会环境。中国传统的人生哲学，针对人们对世间的不同态度，为人们提供了三种不同选择和追求的人生哲学：即以儒家哲学为基础的积极入世的人生哲学、以道家哲学为根基的逍遥遁世的人生哲学以及以佛教哲学为渊薮的清净出世的人生哲学。这三种不同选择和不同追求的人生态度，在围棋中都有具体而丰富的体现。而其中影响最为深远和广大的，则是入世的人生哲学。

在围棋中，积极入世的人生哲学主要体现在三个方面：一是围棋中具有"修齐治平"的人生抱负；二是围棋中具有立德、立功、立言的人生追求；三是围棋中所展示的圣贤观。

一 围棋中的"修齐治平"

以"祖述尧舜，宪章文武"为标榜的儒家哲学，具有浓郁的入世情怀，因此也形成了一种具有积极入世精神的人生哲学。儒家所追求的这种积极入世的人生哲学主要体现在"修齐治平"的为政理念之中。儒家经典《大学》上说："古之欲明明德于天下者，先治其国。欲治其国者，先齐其家。欲齐其家者，先修其身。欲修其身者，先正其心。欲正其心者，先诚其意。欲诚其意者，先致其知。致知在格物。物格而后知至，知至而后意诚，意诚而后心正，心正而后身修，身修而后家齐，家齐而后国治，国治而后天下平。"意思是说，修身、齐家、治国、平天下是儒家基本的人生追求和为政理念。

围棋深受儒家文化以及哲学的影响，被列为儒家六艺之一，深受儒家士大夫所喜爱，其深层的内在根源就是在围棋之中，有儒家积极入世与修齐治平的理想人生的寄托。具体而言，一方面，儒家的安心、修身以及立命，在围棋中皆有体现；另一方面，围棋作为儒家六艺，能够满足儒家士大夫积极入世的人生追求。

（一）围棋与安心

围棋是绝佳的安心之器。安心，即安放内心，寻求内心的安宁与坦然。安心是儒家积极入世的人生哲学的追求之一，只有内心安宁、坦荡，才能正己正人，才能体会人生的幸福之感。《大学》："欲修其身者，先正其心。"这里的正心，即是安心。儒家认为，不追逐利欲，人我相融，才能达到安心的境界。而这一点，恰恰是围棋所擅长的，也是围棋所能满足的。正如《玄玄棋经·序》所说，围棋"足以养其良心，而合乎张弛之道也"；[1]《听秋轩弈谱·序》上也说，围棋有助于君子之道，能够"恪恭震动以范身，悠游泮奂以养心"。[2]这里所提到的"养其良心"与"养心"，实际上都是"安心"的方式和前奏。围棋有"养心"的功用，必然也能够安放弈者的内心，使弈者在围棋对弈中获得内心的安宁与坦然。

---

[1]《围棋文化史料大全》，第240页。
[2]《围棋文化史料大全》，第272页。

（二）围棋与修身

围棋对于修身养性具有重要作用。修身，即修养身心，涵养德性。修身的具体行为表现在日常生活中就是择善而从，博学于文，并约之以礼。儒家以修身为八条目之一。《大学》上说："所谓修身在正其心者，身有所忿懥，则不得其正，有所恐惧，则不得其正，有所好乐，则不得其正，有所忧患，则不得其正。"修身是有德之人的人生价值的最高、最完美的概括。要达到"治国""平天下"的至高境界，自然非常人所能及，但在自己的事业范围内，我们应当把它作为一种价值追求。而"修身"，则是做人的基本追求。

儒家学说中的"仁、义、礼、智、信"无不与"修身"有关。修身，一是修德，二是修智，德才兼备，便是修身的理想结果。而修德又是修身的首要任务。为了适应儒家修身养性的需要，围棋并没有局限于斗智谋伐的娱乐游戏，而是转化成为儒家君子修德、修智的必备技艺。据《宋史·潘慎修传》记载："慎修善弈棋，太宗屡召对弈，因作《棋说》以献。大抵谓：'棋之道在乎恬默，而取舍为急。仁则能全，义则能守，礼则能变，智则能兼，信则能克。君子知斯五者，庶几可以言棋矣。'因举十要以明其义，太宗览而称善。"[①]通过潘慎修的阐释，我们很容易就能明白围棋与儒家修身之间的密切关系。

（三）围棋与立命

有人认为，围棋只是游戏，与安身立命无关。其实不然，围棋作为一种技艺，更作为一种境界修为与安身立命有密切关联。"立命"一词，语出《孟子·尽心上》："夭寿不贰，修

---

① 《二十四史全译·宋史》第十一册，第6722页。

身以俟之，所以立命也。"东汉赵岐注："修正其身，以待天命，此所以立命之本也。"对于人生而言，"立命"即是事业，即一个人立足于世的基础和条件。就这个意义而言，围棋与儒家所推崇的经史子集之学别无二致，都是安身立命之学。就经学而言，国家有五经博士之职；就围棋而言，朝廷也有棋博士以及棋待诏。根据欧阳修所著的《新唐书·百官志》记载："内教博士十八人，经学五人，史、子集缀文三人，楷书二人，庄、老、太乙、篆书、律会、吟咏、飞白书、算、棋各一人"。[①]

唐代所立的棋博士，是对围棋上升为与经史子集同列的安身立命之学重要标志。棋博士或棋待诏的任命，也要经过推荐与考选，滥竽充数，没有真才实学是不行的，所以唐朝的棋待诏都是当时第一流的国手。朝廷将这些人选拔到京师，他们又通过自己的棋艺活动推动了围棋的发展。围棋对于他们而言，已然是安身立命之学；他们也以围棋而安身立命，以围棋为毕生志业。

二 围棋中的"三立"

围棋中不仅有儒家修齐治平的现实追求，也有儒家"三不朽"的价值追求。儒家对于人生价值的期许和追求，集中体现在"三不朽"之中，这也是儒家关于人生价值理论的根本观点。所谓"三不朽"，即"立德""立功""立言"。《左传》说："太上有立德，其次有立功，其次有立言。"唐代大儒孔颖达曾对"三不朽"作了极为精辟的阐释："立德，谓创制垂法，博施济众；

[①] 《二十四史全译·新唐书》第二册，第982页。

立功，谓拯厄除难，功济于时；立言，谓言得其要，理足可传。"

（一）围棋与立德

立德，即树立德业。陈毅将军说："棋虽小道，品德最高。"可见"弈"与"德"之间的内在联系。而且，在四千多年的围棋史上，也曾出现过许多以围棋而"立德"的史迹。其中，最为著名的当推宋代翰林学士潘慎修。潘慎修善弈棋，并且深谙棋道，将棋道与儒家"仁""义""礼""智""信"之五德相结合，为宋太宗讲述"弈"与"德"的互证，并以此获得太宗的欣赏，称赞其德行与棋力。这便是围棋立德的最好例证。

（二）围棋与立功

立功，即建立功业。韦曜在《博弈论》中批评围棋"废事弃业"，说围棋对弈不能实现儒家建功立业的政治抱负。这既是对围棋的误解，更不符合历史事实。古往今来，多少大国手因弈棋而闻名于世，因弈棋而建立功业。如唐代大国手顾师言以"镇神头"而胜日本王子，在中日交流史上影响深远；他所建立的功业，绝对不亚于那些能够开疆拓土的军事将领。在当代中日围棋交流史上，也有一位以围棋立下赫赫战功的代表性人物，那就是"棋圣"聂卫平。作为第一个完全由中国本土培养出来的大国手，在较长时期的比赛中连续地击败了日本最强棋士的第一人。聂卫平在中日围棋擂台赛中取得的十一连胜对中国围棋的振兴起到了重要作用，他在中日围棋擂台赛中所立下的赫赫战功，也将永载史册。因此，围棋并非与功业无关，弈棋也并非"废事弃业"，围棋与立功也并不是矛盾的。

（三）围棋与立言

立言，即树立精要可传的言论，也就是指著书立说以传后世。围棋可以立言，已是不证自明的历史事实。无论是广为流传的五赋三论，还是家喻户晓的《棋经》《棋诀》，以及被历代棋手视为珍宝的棋谱，都是对以围棋立言的最好证明。这些经典性的围棋典籍，已经成为我们古代典籍宝库中的无价之宝，它们凝结了历代弈者对围棋的思考和认识，也见证了千年棋运的繁盛与衰落。因此说，围棋不仅可以立德、立功，也可以立言。

三 围棋中的圣贤观

从尧造围棋开始，围棋就与圣贤发生了联系。这种联系不仅仅是因为围棋乃圣人所造，更重要的是围棋中所体现的具有儒家入世色彩的圣贤观。围棋对圣贤的理解以及围棋对成圣成贤的助推作用构成了围棋中圣贤思想的主要内容。具体而言，表现在两个方面：一方面，围棋是贤人"进德修业"的必备工具；另一方面，围棋是圣人"教化万民"的重要载体。

（一）围棋是贤人"进德修业"的重要工具

"贤人"是儒家人生哲学和政治伦理中的一个重要概念。就其一般意义而言，贤人是指德才兼备之人。具体而言，符合什么样的标准，才是儒家所认同的贤人呢？《周易·系辞上》说："有亲则可久，有功则可大。可久则贤人之德，可大则贤人之业。"意思是说，贤人进德修业，可久可大，有永久之价值，是人人效仿的对象，也是理想上的人格。《论语》中，也有很多关于什么是贤人的经典论述。如子贡问："伯夷、叔齐何人也？"孔子回答说："古之贤人也。"《论语》中又说："见贤思齐焉，见不贤而内自省也。"在《孔子家语》中，孔子对什么是贤人下了一个明确的定义:"所谓贤人者,德不踰闲,行中规绳,言足以法于天下,而不伤于身;道足以化于百姓,而不伤于本;富则天下无宛财,施则天下不病贫。此则贤者也。"由此可见,其一,孔子对贤人的要求是很高的,像伯夷、叔齐这样品德高尚且成就一番功名的人才被孔子认可为贤人。其二,贤人是理想的人格,是世人效仿和学习的对象,也是做人的标尺。其三,贤人的德行符合法度,言语可以为天下人所效法。其四,贤人能够道济天下,富无宛财,施无贫病。

围棋是贤人"进德修业"的重要工具。围棋作为儒家六艺之一,是每个贤人必备的技艺。世人可以通过弈棋来提升个人修养和德行,在对弈中体会圣人制器的内在精神,从而达到贤人的境界。

(二)围棋是圣人"教化万民"的重要载体

"圣人"是儒家最高标准的理想人格,也是才智道德的最高典范。在儒家积极入世的人生哲学中,"圣人"的形象是十分饱满而丰富的。孔子认为,圣人是"仁""智""勇"的统一,是比君子、贤人以及仁人都要高的道德境界。孟子说:"圣人,人伦之至也。"又说:"大而化之之谓圣,圣而不可知之之谓神。"将"圣"与"神"联系在了一起。《孔子家语》更是明确指出:"所谓圣人者,德合于天地,变通无方。穷万事之终始,协庶品之自然,敷其大道而遂成情性。明并日月,化行若神。下民不知其德,睹者不识其邻,此谓圣人也。"

圣人尧帝造围棋教化其子虽然尚未证实,但从本质上说明古人对于围棋所承载的圣人遗风的敬仰和寄托。围棋是圣人"教化万民"的重要载体,因圣人制器设道而具有教化的功能;儒家学说的本意便是承继圣人制器设道以教化万民，围棋正好满足这两点，因此也被后世儒家士大夫所接受和喜爱。

第二节 清净出世的人生哲学

"出世"是佛教哲学中的重要概念，与"入世"相对，指超出六界、六道生死轮回的世界，相当于涅槃。佛教哲学自汉代传入以后，在与传统儒家哲学、道家哲学相互融合、相互影响的作用下，形成了独具特色的清净出世的人生哲学。《妙法莲华经·譬喻品》云："令诸众生，知三界苦，开示演说，出世间道。"《南齐书·高逸篇·顾欢传》云："孔、老、释迦，其人或同，观方设教，其道必异。孔、老治世为本，释氏出世为宗。"[1]《南史·隐逸篇·顾欢传》云："孔、老教俗为本，释氏出世为宗，发轸既殊，其归亦异。"[2]《朱子语类》也说："佛氏之学，超出世故，无足以累其心，不可谓之有私意。"[3]《佛祖通载》云："孔老教俗为本，释氏出世为宗。"[4] 佛教这种清净出世的人生哲学对围棋也有深刻的影响，因此，在围棋所蕴含的人生哲学中也有清净出世的一面。

---

[1] 《二十四史全译·南齐书》，第720页。
[2] 《二十四史全译·南史》第二册，第1589页至第1590页。
[3] 《朱子语类》卷第四十一，《论语》二十三。
[4] 《佛祖通载》卷八。

一 围棋中的"隐逸超然"

在围棋对弈中,也有"隐逸超然"的人生态度。沈约的《棋品序》说:"支公以为手谈,王生谓之坐隐。是以汉魏名贤,高品间出,晋宋盛士,逸思争流。"[①]围棋又名"坐隐","坐隐"一名,本身就蕴含了"隐逸超然"的意味,魏晋名士对围棋爱不释手,也是因为围棋能够寄托他们好清谈、求隐逸的人生追求。对此,汪延讷的《坐隐记》也说:"古人之隐法,不可缕指。独坐隐者,其地善,其术良。楸沐之域有弈国者,厥地四维相等,其中坦夷平旷,亦名方平。"[②]意思是说,古人选择隐遁的方法很多,不可胜数,但是唯独"坐隐"(即弈棋)最好。小小棋枰,也有万千山河可供隐者玩味。因此,"晋之诸贤多隐于此,谢安携其侄,王茂弘携其子,并居之而不疑,后世谱牒传于世,而人争至其国,非复昔日工资之寂邈矣"。谢安是东晋名士,因不愿出世为官而隐居会稽郡山阴县的东山,与王羲之、许询、支道林等游山玩水,倾心于"隐遁超然"的人生哲学;王茂弘即王导,是东晋政权的奠基人之一,在东晋政坛上,王导虽然位极人臣、功勋卓著,但他也有魏晋名士的超然风骨与隐逸情怀。王谢都是东晋的名门世家,不可能真正地隐逸山林,因此,只能以弈棋为凭借而"坐隐"其中。这也是弈棋深受魏晋名士喜爱的深层原因。

---

① 《围棋文化史料大全》,第 324 页。
② 《围棋文化史料大全》,第 360 页。

二 围棋中的"梦幻泡影"

《金刚经》上说:"一切有为法,如梦幻泡影,如露亦如电,应作如是观。"如梦、如幻、如泡、如影、如露、如电,也称为"六如"。佛教哲学认为,人世无常,恰如梦、幻、泡、影、露、电一般,空幻变化,不可捉摸。这种思想反映在人生观上,就形成了消极遁世的人生哲学。这种人生哲学所强调的是人生的转瞬即逝与变幻无常,感叹人生易老,流年易逝,正如"梦幻泡影"一般。棋局千变,素有"千古无同局"之称。因此,这种如"梦幻泡影"似的人生态度在围棋中也有很多具体的体现。最能体现围棋给人带来"梦幻"之感的就是"烂柯"的传说。根据南朝梁任昉的《述异记》记载:"信安郡石室山,晋时王质伐木,至,见童子数人,棋而歌,质因听之。童子以一物与质,如枣核,质含之,不觉饥。俄顷,童子谓曰:'何不去?'质起,视斧柯烂尽,既归,无复时人。"[①] 晋人王质上山砍柴,遇见童子弈棋而观看,乃至砍柴的斧头把都朽烂了也浑然不知,后人便以"烂柯"来指称围棋,暗示围棋中所揭示的岁月流逝与人事变迁。

第三节 待隐遁世的人生哲学

"遁世",即避世。"遁"有逃避的意思。遁世的人生哲

[①] 《前定录等》上册之《述异记》,中华书局1991年版,第10页。

学是一种逍遥的避开现实,远离众人,隐遁自身的人生态度。遁世有两种类型:一种是精神上的遁世,一种是物质上的遁世。"遁世"的思想和精神在中国传统哲学中古已有之,《周易·乾》有"遁世无闷"之语,这里的"遁世",即是逃遁避世的意思。《礼记·大学》上也有:"君子依乎中庸,遁世不见知而不悔,唯圣者能之。"意思是说,君子若能够行中庸之道,即便是隐遁避世而不被世人所知也不会后悔,而这一点只有圣人能做到。由此可见,遁世的精神和观念古已有之,而且这种待隐遁世的人生态度在围棋中也有体现。

一 围棋中的"待隐"之源

从人生哲学的层面来看,围棋中包含着"待隐遁世"的人生态度。当然,围棋中的"待隐遁世",是弈者在对弈中的切身感受,是弈者从对弈或者弈境中的感性经验中抽象出来的心境与态度,更是弈者对自己人生经历的反思和内省。这种切身的感受和体会在历代的棋苑诗文中俯拾即是。

围棋中的"待隐遁世"首先体现在对弈之境中。如唐人傅梦求《围棋赋》开篇的描述:"待隐之园,神仙所都。世隔两尘,维以逍遥云尔。饮过三爵,不由博弈者乎?"[①] "隐"是道家文化的象征,而"神仙"则是道教文化的理想追求。因此,无论是"待隐之园",还是"神仙"所居,都处处流露着待隐遁世的向往。为了满足内心的逍遥,以饮酒和对弈来寻求那"相与推枰而一笑,目送浮云之遐征"的淡然心境。

---

① 《围棋文化史料大全》,第331页。

围棋中的"待隐遁世"也体现在对弈的过程中。如唐代诗人白居易的诗云："红旗破贼非吾事,黄纸除书无我名。唯共嵩阳刘处士,围棋赌酒到天明。"[①]当破阵杀贼而建功立业机会与他无关时,他能做的也就是与好友刘处士下棋赌酒,通宵达旦。这里面所展现出来的心境,正是道家哲学那种逍遥忘我的遁世态度。

二 围棋中的"忘忧清乐"

围棋,又名"忘忧",宋代李逸民编纂的《忘忧清乐集》是我国现存最早的围棋古谱。"忘忧清乐"之名源自宋徽宗"忘忧清乐在枰棋"一句。围棋中的"忘忧清乐",所展现的是弈棋能够给人带来的愉悦感,这种愉悦感可以使人忘记人生中的烦恼与忧愁,忘记人生中的痛苦与不快。这既是围棋的一种价值所在,也是围棋给人的一种人生观上的启迪。人生短暂,应当及时行乐。

宋人陈造在《棋序》中说:"假物乃乐,假物而忘于物,乐之至也。乐之至,陶翁之琴,长翁之棋,相异而相同。"[②]意思是说,弈棋之乐与抚琴之乐都是"乐之至",而"乐之至"是能够借助一定的器物获得快乐又同时忘记器物本身。这是从围棋的价值层面来说明围棋中的"忘忧清乐"。元代文人胡助在《围棋赋》开篇即说:"闲居适意,惟棋甚美。"这里所表达的则是另一种闲适悠游的人生态度。这种闲适悠游的人生,

---

① 白居易:《刘十九同宿(时淮寇初破)》,转引自《围棋文化史料大全》,第405页。
② 《围棋文化史料大全》,第339页。

也是一种待隐遁世、与世无争的心境："无间彼此，何亏何成，不生不死，两忘所争，揖让是似。至若花阴兮深院，竹色兮虚庭，青登兮夜雨，爱日兮窗明，敌手相逢，时对一枰，高怀逸韵，实备常情。……胜忻然而败亦喜，庶足以顺神而保年。"① 除了这些棋苑美文之外，很多诗人也以诗词的形式表达了围棋中的"忘忧清乐"，其中最著名的就是唐代诗人白居易，如"晚酌一两杯，夜棋三四局"；②"兴发饮数杯，闷来棋一局"；"款曲数杯酒，从容一局棋"等。

第四节 围棋九品与人生四境

棋谚说，"棋如其人"。围棋对弈，最能看出一个人的人品如何，境界如何。这也是人品如棋品的道理所在。围棋九品，既是对弈者棋力的划分，也是对弈者境界的评判。人生也是如此，能力不同，修养不同，境界也不同。因此，从这个意义上来说，围棋九品与人生四境是有内在的相通之处的。

一 棋之九品

围棋九品，最早见于三国时代的《艺经》，称为"围棋九品制"，简称棋品。魏晋时期，棋之九品是对棋手水平和境界的划分和评定，及至宋代张靖（一说张拟）的《棋经十三

---

① 《围棋文化史料大全》，第344页。
② 白居易：《郭虚舟相访》，见《全唐诗》卷四百三十。

篇》，已经明确提出棋分九品，每一品都有一个专有名称："夫围棋之品有九：一曰入神；二曰坐照；三曰具体；四曰通幽；五曰用智；六曰小巧；七曰斗力；八曰若愚；九曰守拙。九品之外不可胜计，未能入格，今不复云。《传》曰'生而知之者，上也；学而知之者，次也；困而学之又其次也。'"①

围棋九品是对棋手竞技水平和弈棋境界的评判。一品曰入神（神游局内，妙不可知，故曰入神），是指"变化莫测，且能先知，棋艺已入化境，而能不战而屈人之棋"。无人能敌者，这算上上。二品曰坐照（不劳神思而不意灼然在目，故曰坐照），是指"入神者让半先，棋艺空灵，善于应变，可随手应之，不思而得"。这算上中。三品曰具体（人各有长，未免一偏，能兼众人之长，故曰具体。如遇战则战胜，取势则势高，攻则攻；守则守是也），是指"入神者让一先，临局之际，看形状即悟，具入神之体而稍逊"。这算上下。四品曰通幽（通，有研穷精究之功；幽，有玄远深奥之妙。盖其心虚灵洞彻，能深知其意而造于炒也，故曰通幽），是指"受以上三品者两先，临局之际，看形状阻能善应变，战或不战，能掌握主动权"。这算中上。五品曰用智（智，知也。未至于神，未能灼见棋意，而其效着不能深知，故必用智深算而入于妙），这算是中中。六品曰小巧（虽不能大有布置，而纵横各有巧妙胜人，故曰小巧），是指"受让三子，未能通幽，对战时可用智慧以达到自己的目的"。这算中下。七品曰斗力（此野战棋也），是指"受让五子，喜欢缠斗，与敌相抗，不用其智而专靠蛮力"。这算下上。八品曰若愚（观其布置虽如愚，然而实，其势不可犯。所谓"始

---
① 《围棋文化史料大全》，第372页。

如处女，敌人开户，后如脱兔，敌不敢拒"是也），这算下中。九品曰守拙（凡棋有善于巧者，勿与之斗巧，但守我之拙，彼巧无所施，此之谓守拙），这算下下。

二 人生四境

棋可以分为九种不同的品级，人也可以分为四种不同的境界。在人生哲学中，境界是指人的思想觉悟和精神修养，即修为和人生感悟；其可表现一个人的思想境界如何，实际上指的是一个人的思想觉悟和精神修养的水平如何。冯友兰在《新原人》中说："人对于宇宙人生底觉解的程度，可有不同。因此宇宙人生，对于人底意义，亦有不同。人对于宇宙人生在某种程度上所有底觉解，因此宇宙人生对于人所有底某种不同底意义，即构成人所有底某种境界。"[1]境界即是人对于宇宙人生的觉解程度，每个人都有各自不同的境界。根据觉解程度的不同，境界大体上可分为四种，即自然境界、功利境界、道德境界和天地境界。此四种境界的觉解程度依次升高，是一种辩证的发展。自然境界的觉解程度最低，功利境界与道德境界次之，天地境界最高。

（一）自然境界

身处自然境界的人，为人处世只是顺着他的本能或者社会的风俗习惯。就像小孩和原始人一样，做他们所做的事情，但是对于事情本身或许并没有太多觉解。这样他所做的事情对于他而言也就没有什么意义或者很少有意义。这就是自然境界中

---
[1] 《新原人》，生活·读书·新知三联书店2007年版，第43页。

的人的生存状态。在围棋对弈中，对于棋手而言，一些棋手对于棋局本身的变化和意义也不甚了解，他们只是按照基本的定式或者套路在进行对弈，就如"守拙"与"若愚"的品级，他们所处的境界可以说是自然境界。

（二）功利境界

身处功利境界中的人，可能意识到他自己是一个主体性的存在，意识到自己是在为自己的生存而努力做事。处于这种境界的人并不必然是不道德的，他可以做些事，虽然动机是利己的，但是所产生的后果可能是有利于他人的。所以，他所做的各种事，对自身而言是有功利意义的。因此，他所处的人生境界，也就是功利境界。围棋对弈中，也有功利境界的棋手，他们在对弈的过程中，知道运用各种技巧和智谋来赢得胜利，但是他们执着于胜负，对棋局的把握和了解不够深入和全面，就如"小巧"与"用智"，他们所处的境界可以说是功利境界。

（三）道德境界

身处道德境界中的人，既可以意识到他是一个主体性的存在，同时也能意识到他是一个社会性的存在。有了这种觉解和认识，他就会为社会的利益做各种事，或像儒家所说的那样，他做事是为了"正其义不谋其利"。因此，他是一个真正有道德的人，他所做的也都是符合严格道德意义的道德行为；并且，他所做的各种事都有道德的意义，而他所处的境界，也就是道德境界。在围棋对弈中，也有身处道德境界的棋手，他们已经放下了对胜利的执念，更不再局限于各种技巧与智谋的使用。对于全局，他们有整体性的认识和把握，就如"通幽"与"坐照"一般，因此他们所处的境界可以说是道德境界。

（四）天地境界

身处天地境界中的人，他所意识的就不仅仅是主体性的存在或者社会性的存在，而是超乎个体和社会整体之上的天地宇宙。他已经觉解到，他不仅是社会中的一员，同时还是宇宙中的一员。他既是社会组织的公民，同时也还是孟子所说的"天民"。有这种觉悟的人，他实际上是在为整个宇宙的利益做各种事，他了解他所做的事情的意义，也了解宇宙存在的意义。这种觉解为他构成了最高的人生境界，即天地境界。在围棋对弈中，当然也有达至天地境界的棋手，他们已经不再局限于技巧和智谋，不再局限于胜负和输赢，不再局限于棋局整体与部分变化，甚至不再局限于棋枰之上，他们的认识和觉解已经超越围棋对弈的本身，既可以神游局内，又可以出乎局外，优游自若而静观万千变化，因此说他们所处的境界是天地境界。

第十三章　围棋中的政治哲学

弈道广大，既饱含治国之方，又启迪为政之道，因此弈道也具有浓厚的政治哲学色彩。政治哲学是哲学体系的重要组成，是以寻根求源、广泛而系统的方式探讨人类政治生活的问题。美国当代著名政治哲学家施特劳斯为"政治哲学"下了一个经典定义："政治哲学就是要试图真正了解政治事务的性质以及正确的或完善的政治制度这两方面的知识。"[①] 施特劳斯的定义虽然经典，总结了自古希腊以来的西方政治哲学的一般特征，但却未能道破中国古典政治哲学的根本精神及其本质。在人类政治文明史上，中国古典政治哲学是浓墨重彩的一笔，也是其他任何文明体系中的政治哲学无法企及的；因为中国形成了始于秦汉且延续两千多年而未曾中断的政治制度。这一点在人类政治文明史上是独一无二的。

中国古典政治哲学以"内圣外王"为主题，是试图真正了

---

① ［美］施特劳斯（L. Strauss）：《什么是政治哲学》，转引自［美］古尔德（J. Gould）等编：《现代政治思想》，商务印书馆1985年版，第61页。

解政治事物的性质以及最适宜于统治天下或作为天下之王的政治主体这两方面的统一之道。围棋是中国传统文化与智慧的结晶和载体,弈道也与古代政治哲学有很多相通之处,如保子与保民,谋势取胜与以德服人,攻守兼备与杀伐有道,围地围城与围天下等等。此外,在弈道中也具有自由、平等、转换、效率以及共存等现代政治理念。

第一节 "弈之大义"饱含治国之方

班固在《弈旨》中说,围棋"上有天地之象,次有帝王之治,中有五霸之权,下有战国之事,览其得失,古今略备"[①],从理论上首次点明了围棋与治国理政之间的关系。就历史事实而言,古往今来的很多帝王将相和大政治家,都非常重视和热爱围棋。据统计,中国历朝历代的开国皇帝基本都下围棋,有作为的皇帝基本都下围棋,所有的皇帝基本都下围棋。开国皇帝如汉高祖刘邦、魏太祖曹操、吴大帝孙权、晋武帝司马炎、唐高祖李渊、宋太祖赵匡胤,明太祖朱元璋等;还有一些著名的皇帝如唐太宗李世民、宋太宗赵光义、明成祖朱棣和清康乾盛世的三位皇帝康熙、雍正、乾隆等都喜爱下围棋。进入近现代中国,民主革命的先行者孙中山先生也喜爱围棋。中国共产党的主要领导人,从毛泽东同志到习近平同志,都下围棋并有重要论述。历史上重臣、名将、高士喜爱下围棋者灿若群星,比如诸葛亮、关羽、曹植、陆逊、谢安、杜甫、白居易、杜牧、

[①]《围棋文化史料大全》,第313页。

王安石、欧阳修、苏轼、范仲淹、陆游、文天祥、刘伯温、唐寅、袁枚等等，在围棋史上有名者就有多达数百人。近现代以来喜爱下围棋的各方面名人更是不胜枚举，比如曾国藩、左宗棠、袁世凯、段祺瑞、黄兴、蔡锷、李宗仁、白崇禧，我党我军领导人朱德、陈毅、李立三、张闻天、谭震林、邓子恢、叶飞、方毅、张劲夫等。由此可见，无论是理论还是事实，都说明一点，围棋之道与治国理政之间存在着密切联系，也就是说"弈之大义"饱含治国之方！

一 保民而王：保子与保民

在中国古典政治哲学中，保民而王是治国理政的第一原则，保民是为政之本；而在围棋中，保子而胜也是对弈之道的首要原则，棋盘上活子的数量及其所占地盘的大小，直接决定了棋局的胜负。

保民，即安民、养民和以民为本。如《尚书·梓材篇》说："欲至于万年惟王，子子孙孙永保民。"意思是说君主要想将自己的基业传承万代而不失王位，那么他的后世子子孙孙就必须保护人民。《国语·周语上》说："至于武王，昭前之光明而加之以慈和，事神保民，莫弗欣喜。"韦曜注说："保，养也。"意思是说"事神"和"保民"是君主的两项重要责任，如果做得好，百姓没有不欣喜的。《孟子·梁惠王上》也说："保民而王，莫之能御。"意思是说若能够依靠保民而成为君主，则无敌于天下。由此可见，"保民"在中国传统政治哲学中的重要性。

围棋与哲学

"保民而王"是中国古典政治哲学中民本思想的体现。民本,即"以民为本"。"以民为本",意思就是人民是国家的根本,只有维护好这个根本,国家才能繁荣昌盛。"以民为本",是一种关注、重视人民利益的政治哲学思想,重视和承认人民在社会政治、经济、文化、道德生活等领域中的重要地位和作用,反映了广大人民的愿望和要求,具有深刻的人民性和进步性。《尚书·五子之歌》中:"皇祖有训,民可近,不可下。民惟邦本,本固邦宁。""民为邦本"即是民本思想的源头活水。

为政保民,对弈保子;保民与保子,是中国古典政治哲学与围棋对弈之道相互印证的根据之一。保护棋子,使它能够在棋盘上生存而不被提掉,是对弈之道的首要原则。对此,梁武帝的《棋枰要略》开篇即说:"棋之大要,当立根源。根源之意,以带生为先。"① 意思是说,首先要让棋子在棋盘上生存下来,有立足之地,是"棋之大要"。李纲在《论天下之势如弈棋》中也说:"譬如弈棋,先当自生,乃可杀敌。生理未固,而欲浪战以侥幸,此非制胜之术也。"② 意思也很明确,棋子在棋盘上的生存是围棋对弈的第一要务。由此可见,围棋弈道的保子与为政之道的保民二者在理念上是相通的。

"民本思想"是围棋一切思维形态包括战略思维的重要思想根源和人文基础。与其他博弈活动的棋子、牌张由等级规定能量、身份决定作用的设置不同,围棋的每个棋子身份都是平等的,只有被摆在不同的位置,即参与不同的实践才体现出不同的价值。"王侯将相宁有种乎",在围棋中得到了生动诠

---

① 《围棋文化史料大全》,第325页。
② 《围棋文化史料大全》,第338页。

释。众多普通、平等的棋子,在棋盘这个舞台上,通过有机组合与对手博弈,获胜靠的是"人民",而不是帝王和权贵。围棋体现的民本思想,是对宗法等级制的冲击与否定,符合社会发展、文明进步的要求,包含治国之道的深刻内涵。"重民本"的思想,贯穿于习近平关于治国理政的全部论述之中。在习近平新时代中国特色社会主义思想体系中,人民是中心。他指出:"中国共产党人的初心和使命,就是为中国人民谋幸福,为中华民族谋复兴。"[1]他强调"中国梦归根到底是人民的梦,必须紧紧依靠人民来实现"[2]"小康不小康,关键看老乡"[3]"天地之大,黎元为先"[4]。他明确提出精准扶贫的工作标准是:"要下好'精准'这盘棋,做到扶贫对象精准,扶贫产业精准,扶贫方式精准,扶贫成效精准。"[5]人民是历史的创造者,群众是真正的英雄,人民群众是力量的源泉,在围棋博弈中是形象的比喻,而在当代中国的大棋局中,得到了最充分的诠释。

二 崇德谋势:德政与势治

在中国古典政治哲学中,以德服人是治国为政的基本理念,德政也是历代君主和百姓所期待的理想政治;而在围棋中,谋势胜人则是对弈之道的重要原则,体现了中国古典政治哲学中

---

[1] 习近平:《决胜全面建成小康社会 夺取新时代中国特色社会主义伟大胜利》,人民出版社2017年版,第1页。
[2]《习近平谈治国理政》,外文出版社2014年版,第40页。
[3]《习近平关于全面建成小康社会论述摘编》,中央文献出版社2016年版,第21页。
[4]《习近平关于全面建成小康社会论述摘编》,中央文献出版社2016年版,第13页。
[5]《习近平春节前夕赴河北张家口看望慰问基层干部群众》,载《人民日报》2017年1月25日第1版。

势治思想的基本内涵。德政与势治，可以说是中国古典政治哲学中崇德谋势思想的具体体现。

"崇德"的为政理念在中国起源很早，早在西周时期，伟大的政治家和思想家周公就已经提出了"以德配天，明德慎罚"的政治哲学。周公，姓姬，名旦，也被称为周公旦，是周文王的儿子，周武王的弟弟，因为封地在周所以称为周公。周公继承和发展了夏商以来的神权统治思想，打破了巫师"绝地通天"的束缚，他认为上天只把统治人间的天命交给那些有德者，一旦统治者失去德行，也就失去了上天的庇护，新的统治者就会应运而生，取而代之。因此，作为君临天下的统治者应该"以德配天"。"德"的要求主要包括三方面的内容：敬天、敬祖、保民。意思是规劝统治者要恭行天命，尊敬天帝与祖先的教诲，爱护天下的百姓，成为有德的君主。孔孟继承了周公之道，进一步发展"崇德用法"的思想，使它成为了中国古典政治哲学以及伦理的核心。孔子说："为政以德，譬如北辰，居其所而众星拱之。"就是在宣扬德政。并且，孔子还对"德礼之治"与"政刑之治"作了深刻的比较："道之以政，齐之以刑，民免而无耻，道之以德，齐之以礼，有耻且格。"孟子更是明确指出："以力服人者，非心服也，力不赡也；以德服人，中心悦而诚服也。"意思是说以力不能服人心，只有以德才能服人。

"势治"则是战国时期法家所提出的政治哲学。势治的核心是强调君主的权势在治国理政中的重要性。战国中期法家的重要代表慎到提出，"尧为匹夫不能治三人，而桀为天子能乱天下"，故"势位之足恃，而贤智之不足以慕也"。战国末期的韩非在此基础上进一步区分了"自然之势"与"人之所得势"，丰富了"势治"的内容，并强调"势治"必须以"法"为基础，故提出了"抱法处势则治"的政治理念。

在围棋对弈之道中，"谋势胜人"是对中国古典政治哲学中"崇德谋势"思想的转化，也是对"势治"理念的继承。势的本义是指由力量的一致性、事物的共同趋向和营造产生的潜能，所形成的一种特殊的能量结构和表现形态。围棋对弈之道中，"势"主要有三种含义：一是态势，是指形成使对手感到压力和威胁、行动受到制约，使自己行棋顺畅、高效的格局和战略环境；二是外势，即外线作战是战略主动的表现，把棋走在正面、宽大的空间，夺取战场制高点和控制权；三是趋势，指逐步释放蓄积的潜能，主导和控制棋局发展的走向。势的构想、营造和运用，即谋势、造势、审势、用势，是围棋战略艺术的关键要素。基本手法是：布局、序盘作战中贯彻我方意图、破坏对方意图形成的压迫；营造大模样形成的压迫；实施包围、割断形成的压迫；进行威胁和攻击形成的压迫等，都是"谋势"的具体体现，也是"势治"思想的具体应用。

三 慎用攻伐：攻守兼备与杀伐有道

在中国古典政治哲学中，慎用攻伐的为政理念是与崇德谋势的为政理念一派相承，相互一致的。古典政治哲学认为，为政者应该以德服人而崇德谋势；杀伐有道而慎用攻伐。《左传》上说："国之大事，在祀与戎。"因此，君主必须重视，不能轻易发动战争。这种慎用攻伐的为政理念在围棋对弈中主要体现在两个方面：一是宽攻的对弈之道；二是攻守平衡的对弈之道。

　　宽攻，是围棋特有的术语和思维方式。东汉马融的《围棋赋》最早提出"宽攻"思想，说要"攻宽击虚"。意思是攻击对方的棋子，可以与之保持一定的距离，不一定非要靠近、紧逼，而是在周围瞰制、钳制、挟制对方，通俗地讲就是盯着、瞅着、看着对方，使之心理不自在、行动不自由、发展不顺畅，处处感到受威胁、受压迫、受制约。"宽攻"与"势"有相通之处。"势"主要是指战略态势、趋势与环境所造成的压迫，而"宽攻"是一种特殊的进攻方式与行动，是直接与间接相结合的攻击手段。"宽攻"是介于"势"与直接、抵近攻击之间的作战运动。宽攻可以有效地增加攻击的选择性和灵活性，在必要的时候进行转身，并避开对方困兽犹斗反咬一口。

　　攻守兼备，即攻守平衡。进攻与防御是围棋对弈的基本手段。围棋的攻防，集中表现在攻杀与做活、破空与护空、割断与联络、打入与守地等行动上。恰当的选择、使用攻防手段，达到攻守平衡，是围棋艺术的生动体现和重要指导原则。攻守平衡，不是在进攻和防守之间走一条中庸路线，而是使二者有机结合、互为保障，辩证统一。从一定意义上讲，进攻是最好的防守。而这并不意味着攻守可以失衡。进攻是主要的，第一位的，但进攻也是有条件的。这里的条件除力量和时机之外，还包括自我防护的程度。没有相应防护的进攻不是最好的进攻。战争中，组织进攻作战的同时要组织防卫作战，原因就在这里。有人认为，攻守平衡在现代围棋中已经过时，其实不然。一方面，这是由战争的目的决定的，保护自己与消灭敌人是一切军事行动的依据；另一方面，是由进攻的规律决定的，进攻越过顶点会走下坡，防护意识是防止越过顶点的重要保证。围棋对弈是天然的攻防统一。比如，打入是进攻，而联络或者做活或者延气对杀，则是防守。坚持攻防的辩证统一，是攻守平衡的核心。

宽攻的对弈之道，正是古代君主重视战争，而不轻易发动战争的体现；而攻守兼备，是对古典政治哲学中慎用攻伐且杀伐有道的具体实践。

四 围地而胜：从"围城"到"围天下"

在中国传统农耕社会，土地是生存的必要条件，也是为政治国的基础性财富。换言之，没有土地，国家就没有立足的根本；没有土地，也就没有国家。因此，历代君主都非常重视土地问题，也非常热衷于对土地的争夺。

首先，土地问题是民族国家的根本问题，对以农为本的国家而言，土地直接决定了人们的衣食住行，直接决定了国家的政治稳定和兴衰。最后，疆土的大小是国力强弱的重要标志。回望历史，秦皇汉武，唐宗宋祖，历代伟大的帝王都在为开疆拓土而征战四方。在他们的观念中，国家要生存，必须有足够大的疆土作为保障。实际上，这种重视土地、重视疆土的生存观在我们每个人心中都是根深蒂固的。无论是党和政府，还是我们每个公民，都绝不会认为"三农"问题不重要；同样也都绝不会认为台湾问题不重要。因为这都是关系到国家生存的大问题。

这种重视土地继而争夺土地的政治理念，在围棋对弈中也有深刻的体现。棋枰之上，"气"的存在以"地"为基础。

"养气"与"争地"之间存在必然的联系。如果没有"地"的保障，"气"迟早会散尽；长气需要夺地，气紧也需要夺地。因此，棋子想要在棋枰之上生存而不被提掉，就必须有足够的地作为生存空间。说得更直白一些，有地则有生，无地则无生。

围棋不是以杀死对方的帝王、将帅为胜，不是以消灭对方的子力为胜，而是以获得最大利益（实地）为胜。围棋棋盘上共有361个交叉点，这些交叉点就是"地"。围棋对弈的过程和结果，最终要看哪一方能占据更多的"地"，多者为胜。现行中国围棋规则的基本原则，是子、空皆地，就是投下并存活的棋子所占据的交叉点，与由己方棋子围成的实空的交叉点都是"地"。围棋的目的，就是争夺"地"，即争夺生存、发展的空间。

从政治学意义上的相互制约与管理关系，可以形象地表述为：民被官围，官被君围，君被国围，国被天下围，天下被宇宙围，宇宙被"造物"围，最终，"造物"又被芸芸众生围。此即天道人道，亦即棋道。所以，棋以围命名，正合天地万物之法则。棋道，以围地为归宿，但必以取势为根本。势高，则围广；势卑，则围小。因此，从中国古典政治哲学的层面上看，围地而胜既是古典政治哲学的基本理念，也是围棋对弈的基本原则；二者都揭示了世间万物皆环环相围而生的根本法则。

第二节 "弈之时义"启迪为政之道

围棋中所蕴含的政治哲学具有双重属性，即民族性与世界性。就民族性而言，"弈之大义"饱含治国之方，围棋对弈之道与中国古典政治哲学中的许多基本理念如民本、德政、宽攻、围地等思想关系密切。就世界性而言，"弈之时义"启迪为政之道，围棋对弈中也蕴示着许多现代西方政治哲学中的基本理念，如自由、平等、效率、转换、共存等。围棋自身所具有和承载的政治智慧，在不同历史时期，总能放射出独特的光彩。

一 围棋中的自由模式

围棋对弈中的自由模式，是人类追求自由精神的先声，也是现代政治哲学中自由思想的一种体现。自由是人的本质规定，是人类历史发展的中心线索，是人类理想社会的价值目标。恩格斯认为，文化上的每一个进步，都是迈向自由的一步。马克思也认为，现实的个人是自由的主体，人的生命活动的自由本质是自由的根据。在现代政治哲学中，自由的内涵包括五个方面：其一，它是对身处弱势的少数人的权利的保障；其二，它是理性对理性的支配，而不是意志对意志的支配；其三，它是对超越人类的上帝所尽的义务；其四，它是理性支配意志；其五，它是公理战胜强权的标志。

围棋对弈中的自由模式，体现了现代政治哲学中的自由理念。围棋棋子的行动方式没有固定模式，没有预先设定的走法与线路，如车路、炮路、马步、象步等，而是自由选择投放点，是棋子运用自由度最高的棋类运动。

行棋方式的自由性主要体现在三个方面：首先是投放棋子的区域是完全自由的，没有任何限制。在棋枰上，没有任何区域是不能行棋的，也没有"大本营""军营"或者"将""帅"的"田字宫"。随着历史的发展以及世人对围棋智慧的发掘，人们会越来越体会到围棋行棋方式的这一自由性所带来的无尽魅力。其次，投放棋子的路线和走法是完全自由的，既没有预先设定的走法，也没有预先规定的着点。在对弈的过程中，弈者可以完全根据自己的思考和判断，自由地布局谋篇，自由地行棋布阵，不受任何既定走法和着法的限制。最后，投放棋子的时间是完全自由的，什么时候在此处行棋，什么时候在彼处行棋，也没有任何的时间限制，这就使得弈者有更多的自主权来"待时而动"。因此，就围棋的行棋方式而言，无论是时间上，还是空间上，还是走法上，都是高度自由的。

二 围棋中的平等理念

平等是人类政治文明进步的重要价值尺度，也是现代政治哲学中的重要理念。一般而言，平等就是人与人之间在经济、政治、文化等各方面处于同等的地位，享有相同的权利。平等的实际状况往往体现一个国家社会制度的民主化程度。在现代政治哲学中，平等的涵义可以分为三个层次：一是权利平等，即国家承认所有公民在法律面前平等，都享有广泛、相同的权利。二是机会平等，即社会应该为每个成员追求自身利益、自我发展和自我完善平等地提供必要的机会和条件。美国当代著名的政治哲学家罗尔斯的社会正义两原则之一就是，"在公平的机会平等的条件下，使所有的职务和地位向所有人开放"。三是结果平等，即主张全社会的劳动产品和价值物对所有人平等分配。这种观念在历史上体现着劳动者反对剥削和压迫，建立一个理想社会的强烈愿望。但这种主张在阶级社会中脱离了社会发展的规律，具有空想的性质。

人类对于平等的政治诉求，在围棋中也有具体的体现，因为围棋对弈中也有深刻的平等理念。围棋的子分为黑白两色，每个棋子之间没有任何差别，子与子的关系都是平等的，这与其他策略性棋类运动是截然不同的。以象棋为例，布局阶段，象棋每个子的位置都是确定的，子与子之间不是平等关系，这极大地束缚了棋手的想象力。同时，象棋的目的是为了将对方的"帅"或者"将"杀死，所以，象棋的其他子都是为了保护"帅"或者"将"而设定的。反观围棋，每个子之间都是平等的，没有主次之分，每个子在对局者的操控下都能发挥出巨大的作用，对局者不会为了保护某一个子而大动干戈。每一个棋子都是平等的，具有平等的"棋格"，可以在棋局中扮演任何角色，担当任何任务。这恰恰体现出了平等的思想。

三 围棋中的效率意识

与自由、平等一样，效率也是现代政治哲学中的一个重要范畴。政治哲学上所说的效率就是指一种政治制度所能够展现出来的服务能力和办事能力的大小。我们通常说，这个部门的办事效率真低，这个机构的办事效率很高，这里的效率就是政治哲学中的效率。效率意识，不仅被现代政治哲学以及政治制度所重视，同时也被围棋对弈所重视。从某种程度上甚至可以说，效率至上是围棋对弈的首要原则。

竞技围棋以争胜负、夺锦标为首要目标，竞技性是主导因素。竞技围棋的本质，是基于效果，追求最高效率，实现局部与全局的利益最大化。这就决定了在围棋对弈中，效率成为衡量行棋价值的根本尺度：效率至上，成为核心价值观。比如，棋谚所说的"高者在腹""入腹争正面""二路连爬活也输"等等，都是讲的在行棋方向和路线上，效率决定价值的一般规律。追求最高效率和利益最大化，要坚持赢棋第一的原则。效率高低，利益大小，都取决于胜负相关联的程度。为了赢棋，不能满足于"有一手棋"的价值，而必须力求每一手棋的最高效率和价值，力戒松缓，力避低效、无效甚至负效，为胜利争取最大的可能。要坚持效率高于审美的原则。行棋效率与棋形美感本来是统一的，所谓棋形美本义是指效率高。但在有的围棋流派的观念和实践中，美的棋形成了形而上的东西，审美的要求甚至超过了胜负标准，这是不正确的。实践中棋手之所以在意棋形，是因为好的棋形本身就是高效行棋的结果，而好的棋形会带来好的效率。所以，不能以僵化的思想对待棋形和效率，要贯彻效率至上的意识。

围棋与其他棋类根本的不同，在于目的的不同，即决定胜负的方式不同。围棋从本质上来说，是由行棋占地的比较效益决定胜负，即在双方轮流行棋的情况下，看哪一方子力占据实地的平均效率和总效率更高。围棋的这一思维特征，对理解和贯彻当今新发展理念，建设现代化经济体系有深刻的启发。习近平指出："我国经济已由高速增长阶段转向高质量发展阶段，正处在转变发展方式、优化经济结构、转换增长动力的攻关期，建设现代化经济体系是跨越关口的迫切要求和我国发展的战略目标。必须坚持质量第一、效益优先，以供给侧结构性改革为主线，推动经济发展质量变革、效率变革、动力变革，提高全要素生产率，着力加快建设实体经济、科技创新、现代金融、人力资源协同发展的产业体系，着力构建市场机制有效、微观主体有活力、宏观调控有度的经济体制，不断增强我国经济创新力和竞争力。"[1]

四 围棋中的转换机制

转换，在现代政治哲学中扮演着重要的角色。特别是在现实的外交和军事领域，为了达到原有的政治目的，保护和获得更大的、更根本性的政治利益，有时不得不付出代价甚至是惨痛的代价。可以说，转换是一种政治妥协的逻辑，没有妥协和取舍就没有转换。例如在第一次世界大战末期，苏维埃俄国于1918年3月3日与德国及其盟国签订了《布列斯特和约》。这是以列宁为首的布尔什维克党为保存新生的苏维埃政权而被迫采取的暂时性妥协行动。它以苏俄割让100万平方公里领土、赔款60亿马克的代价，为巩固新生政权、恢复和发展经济、

---

[1] 习近平：《决胜全面建成小康社会 夺取新时代中国特色社会主义伟大胜利》，人民出版社2017年版，第30页。

壮大红军赢得了喘息时间。这实际上就是转换在现代政治中的经典性应用与实践。

同样，转换也是围棋博弈中的双方在战略层面上进行对等较量、相互取舍的一种思维方式和作战样式。转换，以已布下的棋子或已围成的实空为成本，得到相应的或更大的战果。转换在理论上应是对等或基本对等的，完全不对等不成其为转换。转换分三种类型：一是主动转换，按照我方的战略意图和行棋思路，或佯顺敌意，迫使或诱使对方接受转换，结果一般有利于我方。二是被动转换，当形势不利或行棋受到制约时，为了求得转机或把损失减到最小，保持相对平衡，不得不实行转换。三是劫争转换，劫争一般表现为要点争夺，实质上是围绕利益转换进行讨价还价的谈判。谈判中实力强（劫材有利）的一方，往往会迫使对方接受不平等条约，即实行不对等的交换。劫争属于强制性转换。转换不仅需要敏锐的眼光，精准的计算和深远的预见，而且需要坚强的意志和很强的魄力。几乎所有的棋类都有子力兑换行为，唯有围棋的取舍转换，堪称战略艺术。

五 围棋中的共存状态

在全球化的背景下，共存或者共赢已经成为政治博弈的共同追求。只有互利共赢，才能建立国与国之间良好的双边关系；也只有互利共赢，才能实现国际关系的良性发展。因此，如何实现互利共赢，成为当代政治哲学理论研究和探讨的核心议题。现代博弈理论研究表明，合作博弈通过采取一种妥协的方式，即博弈各方通过合作产生合作剩余，再根据各方的力量对比和技巧运用分配这些合作剩余，能够达到"双赢"的结果。这种合作博弈理论所证明的"双赢"或者"共赢"的理想状态，不仅在现实的政治外交中应用广泛，而且在围棋对弈中也有具体实践。

在围棋对弈中，共存或者双赢实际上就是双活，这是围棋中双方的棋子在局部共同存活的方式。双活有以下特征：一是双方紧密相依的两块棋，都处于被分割包围的状态，又都不能单独做出两只眼而成活，构成了一个相互依存的矛盾统一体。二是双方各有一只眼，之间都依靠这口公气形成可以连续呼吸的两口气而共同存活；或是双方都没有眼，之间有两个空白的交叉点即两口公气，双方依靠这两口公气而共同存活。三是如有一方违反共同存活的规则和双方已达成的默契，在公气中投一颗棋子想吃掉对方，就会立刻因为自己只剩下一口气而被对方吃掉。四是双方之间的空白交叉点即公气，在最后数子时各得一半。双活是围棋特有的思维方式和行棋方法，具有极为丰富而深刻的思想内涵。双活在围棋全局中属于局部手段，是通过在局部达成妥协、取得相对利益，为进一步取得全局优势和胜利服务的一种策略思想和方法，因此具有战略意义。

六 围棋中的大局观念

围棋是最体现全局性、整体性、系统性、关联性的智力博弈活动。围棋最注重的是大局。大局，指围棋博弈的整体局面、作战全局和发展大势。对大局的认识与掌控被称为大局观。大局观是围棋特有的理念和术语，它的基本逻辑和内容是：围棋是一个整体，是由多个相互联系、制约的局部战役、战斗组成的战略全局；任何方向、领域的作战都是全局的组成部分，必须统一于整体的构思和行动之中；要想获胜，必须从大处着眼，通观全局、理解全局、关照全局、把握全局；根据全局和发展大势，确定战略重心，组织作战行动。否则，局部可能得利，全局已经输棋。大局观，是围棋致胜的关键，是围棋博弈思想的核心。习近平新时代中国特色社会主义思想的一个突出特点，恰恰就是卓越的大局观。党的十九大报告明确指出："中国特色社会主义进入了新时代，这是我国发展新的历史方位。""我国社会的主要矛盾已经转化为人民日益增长的美好生活需要与不平衡不充分的发展之间的矛盾。"[①] 习近平新时代中国特色社会主义思想的重要内容，就是从理论和实践的结合上系统回答了新时代坚持和发展中国特色社会主义的总目标、总任务、总体布局、战略布局和发展方向、发展方式、发展动力、战略步骤、外部条件、政治保证等基本问题。这些都是最大的大局。对于大局，习近平突出强调要牢固树立"大局意识"和"大局观"。这里使用的当然是围棋术语。他明确提出："要坚持高度自觉的大局意识。"[②] "制定各方面决策部署，首先要有正确大局观，站在党和国家大局上想问题、看问题，特别要把所分管方面的工作同党中央重大决策部署衔接起来、统一起来。"[③] 从围棋的大局与大局观，思考治国理政中的大局与大局观，不仅可以看出二者的相通之处，更可以得到深刻的启发。

[①] 习近平：《决胜全面建成小康社会 夺取新时代中国特色社会主义伟大胜利》，人民出版社2017年版，第10页。
[②] 《习近平：办公厅工作要做到"五个坚持"》，人民网，2014年8月1日。
[③] 《对照检查践行"三严三实"情况 讨论研究加强党风廉政建设措施》，载《人民日报》2015年12月30日，第1版。

七 围棋中的以和为贵

围棋深受中国传统的价值观念影响。强调包容竞争、中庸为度、双方接受、攻守平衡、降低风险等。古代围棋理论一般不主张随意博杀，这与中华民族追求和合、中和的理念相一致，即注重利益调合与均衡，以中正、和谐为社会理想境界。这一点，在当今治国理政的实践中也得到了恰当的运用。习近平主席把"尚和合"的思想列为中国古代留下的具有永恒价值的内容之一。他指出："有着5000多年历史的中华文明，始终崇尚和平，和平、和睦、和谐的追求深深植根于中华民族的精神世界之中，深深溶化于中国人民的血脉之中。""'以和为贵''和而不同''化干戈为玉帛''国泰民安''睦邻友邦''天下太平''天下大同'等理念世代相传。"[①] 正是在这样的认识基础上，习近平提出了"坚持和平发展道路，构建人类命运共同体"的重要思想。他指出："没有哪个国家能够独自应对人类面临的各种挑战，也没有哪个国家能够退回到自我封闭的孤岛。""各国人民同心协力，构建人类命运共同体，建设持久和平、普遍安全、共同繁荣、开放包容、清洁美丽的世界。"[②] 这些思想，与坚定维护国家核心利益的原则立场辩证统一，形成了在当今世界大棋局中纵横捭阖的高度智慧形态。

---

① 《习近平谈治国理政》，外文出版社2014年版，第265页。
② 习近平：《决胜全面建成小康社会 夺取新时代中国特色社会主义伟大胜利》，人民出版社2017年版，第57页至第59页。

八 围棋中的创新精神

不断创新是围棋的本质特征之一，也是数千年来围棋生生不息、长盛不衰的重要内在动因。围棋由于本身变化量巨大，几近无穷，因此不可简单重复，以至"千古无同局"。围棋有定式即在布局和局部战斗中按稳妥次序、合理应对、正常步调，走出双方都能接受的棋形，经过反复检验，在一定阶段被公认的行棋套路和着法。围棋的定式约有一千多种。但在真正的博弈中，棋局变化无常，没有以不变应万变的可能，照搬定式反而会导致失败。高手过招有时并不按定式行棋，而是按情势的变化和自己的心得，走出新的复杂变化。这些新招经过检验和完善，也可能成为新的定式。围棋人机大战中，AlphaGo战胜人类棋手的种种创新着法，就是最新的例证。创新为先是发展的普遍规律。在当今治国理政的实践中，坚持全面深化改革，全面推进创新，就充分体现了这个道理。习近平强调指出："实践没有止境，理论创新也没有止境。世界每时每刻都在发生变化，中国也每时每刻都在发生变化，我们必须在理论上跟上时代，不断认识规律，不断推进理论创新、实践创新、制度创新、文化创新以及其他各方面创新。"[1] 习近平明确指出："创新是民族进步的灵魂，是一个国家兴旺发达的不竭源泉，也是中华民族最深沉的民族禀赋，正所谓'苟日新，日日新，又日新。'"[2] "在新一轮全球增长面前，惟改革者进，

---

[1] 习近平：《决胜全面建成小康社会 夺取新时代中国特色社会主义伟大胜利》，人民出版社2017年版，第26页。
[2] 《习近平谈治国理政》，外文出版社2014年版，第51页。

惟创新者强,惟改革创新者胜。"① 他指出:"自主创新是我们攀登世界科技高峰的必由之路。""我国科技发展的方向就是创新、创新、再创新。"正因为如此,必须把科技创新"摆在国家发展全局的核心位置"。习近平再一次用围棋的语言强调,实施创新驱动发展战略,一定要"下好先手棋,打好主动仗,对国家和民族具有重大战略意义的科技决策,想好了、想定了就要决断,不然就可能与历史机遇失之交臂,甚至可能付出更大代价"。② 这是具有深刻洞察和先见之明的博弈之策。

九 围棋中的生态意识

中国传统的围棋理论、文化,都把围棋看作是一个宇宙和自然的空间,其中发生的变化,犹如阴阳五行、日月星辰、四季寒暑、地理经纬、人文天象等等有序的运动。围棋博弈,最终还是要回归到崇尚自然、顺应自然、天人合一的境界。这种尊崇自然的思维方式,与当今治国理政中重视生态文明的科学理念,是高度吻合的。习近平总书记指出:"建设生态文明是中华民族永续发展的千年大计。必须树立和践行绿水青山就是金山银山的理念,坚持节约资源和保护环境的基本国策,像对待生命一样对待生态环境,统筹山水林田湖草系统治理,实行最严格的生态环境保护制度,形成绿色发展方式和生活方式,坚定走生产发展、生活富裕、生态良好的文明发展道路,建设美丽中国,为人民创造良好生产生活环境,为全球生态安全

---

① 《习近平谈治国理政》,外文出版社2014年版,第59页。
② 《习近平谈治国理政》,外文出版社2014年版,第122页至第123页。

作出贡献。"① 他强调："生态文明是人类社会进步的重要成果，是工业文明发展到一定阶段的产物，是实现人与自然和谐发展的新要求。中华民族历来强调天人合一，尊重自然。历史地看，生态兴则文明兴，生态衰则文明衰"。② 他关于"两座山"的辩证论述，更是振聋发聩，打动人心："我们既要金山银山，也要绿水青山；宁要绿水青山，不要金山银山；绿水青山就是金山银山。"③ 这是按照尊重自然、顺应自然、保护自然的理念，自觉坚持绿色发展、循环发展、低碳发展，把生态文明建设融入经济社会发展各方面、全过程的重要思想源泉。

十 围棋中的法治精神

围棋虽然千变万化、头绪繁多、错综复杂，但却依靠简单、明确、权威的规则保证博弈的合理、顺利进行。围棋规则的最大特点是与着法高度统一、融合，即使在没有裁判的情况下，靠棋手的自觉，也可以正常进行博弈。这一点，对当今治国理政是有启示意义的。全面加强法治建设，是"四个全面"战略布局的又一重要组成部分。在党的十九大报告中，习近平总书记指出："全面依法治国是中国特色社会主义的本质要求和重要保障。必须把党的领导贯彻落实到依法治国全过程和各方面，坚定不移走中国特色社会主义法治道路，完善以宪法为核心的中国特色社会主义法律体系，建设中国特色社会主义法

---

① 习近平：《决胜全面建成小康社会 夺取新时代中国特色社会主义伟大胜利》，人民出版社2017年版，第23页至第24页。
② 《习近平系列重要讲话读本：绿水青山就是金山银山》，人民网，2014年7月11日。
③ 《共建"丝绸之路经济带"》，载《人民日报海外版》，2013年9月9日，第1版。

治体系，建设社会主义法治国家。"① 他强调："不论处在什么发展水平上，制度都是社会公平正义的重要保证。"② "要努力形成办事依法、遇事找法、解决问题用法、化解矛盾靠法的良好法治环境，在法治轨道上推动各项工作。"③

---

① 习近平：《决胜全面建成小康社会 夺取新时代中国特色社会主义伟大胜利》，人民出版社2017年版，第22页。
② 《习近平谈治国理政》，外文出版社2014年版，第147页。
③ 《习近平谈治国理政》，外文出版社2014年版，第142页。